매체환경 변화와 검열금지

매체환경 변화와 검열금지

임 효 준

경인문화사

서 문

이 책은 2021년 2월 발표한 박사학위 논문인 「헌법상 검열금지 법리에 관한 연구-매체환경 변화와 관련하여-」를 수정·보완하여 펴낸 것입니다. 논문 발표 이후 진전된 논의를 반영하였고, 서술을 전반적으로 간결하게 다듬었습니다. 소주제들을 적절히 가감하였으며, 내용을 다시 구성한 부분도 있습니다.

검열금지 법리에 관한 학위논문을 쓰고 있다고 하였을 때, 가장 많이 접한 주변 반응은 '아직까지도 검열이 존재하느냐'는 것이었습니다. 실제로 우리나라의 경우 1987년 헌법에서 검열금지 조항이 부활한 이래, 2000년대 초중반까지는 영화, 음반 등과 관련하여 검열에 해당함을 이유로 한 일련의 위헌결정들이 내려졌지만, 이후 근래에 이르기까지 검열금지 법리는 상징적인 의미만을 지니는 듯 보이는 것이 사실입니다.

그러나 조금만 시선을 돌려보면, 검열은 결코 사라진 것이 아님을 쉽게 인지할 수 있습니다. 우리나라뿐만 아니라 전 세계적으로 시도되고 있는 인터넷상의 표현규제입법에 관하여는 '인터넷 검열'이라는 비판이 자주 들려 옵니다. 국제기구나 비정부기구들에서는 '새로운 형태의 검열'의 출현을 경계하여야 한다는 경고를 담은 문서들을 지속적으로 발표하고 있습니다.

이 책은 바로 이러한 의문에서 시작한 것입니다. 검열의 속성을 가진 표현규제행위가 사라진 것이 아닌데, 왜 검열금지 법리는 과거

vi

만큼 적극적으로 활용되지 못하고 있을까? 혹시 기존의 검열금지 법리가 오프라인 매체 시기에 배경을 두고 태동하였기에, 검열의 범주를 지나치게 좁게 설정한 것은 아닐까? 인터넷 매체가 주를 이루는 환경에서는 표현규제행위의 모습 역시 달라지게 되므로, 검열금지 법리가 겨누는 과녁도 교체해주어야 하는 것은 아닐까? 하는 의문들입니다. 그래서 이 책에서는 우선 검열의 외연을 넓히는 해석을 시도하고자 합니다.

이와 동시에, 이 책은 또 다른 목표도 하나 더 가지고 있습니다. 기존의 검열금지 법리에서 검열의 범주를 좁게 설정한 것은, '검열은 절대적으로 금지된다'는 명제에서 기인한 바가 커 보입니다. 검열에 해당하기만 하면 어떠한 사안에서라도 예외 없이 무조건 금지되어야 하므로, 검열의 범주를 쉽사리 넓히기 어려운 것입니다. 따라서 이 책은 검열의 외연을 확장함과 동시에, 확장된 검열의 외연 내에서 개별적이고 구체적인 사정들을 고려할 수 있는 해석 역시 제안해보고자 합니다.

검열에 관한 새로운 해석을 전개해 가는 작업은, 결코 혼자만의 힘으로는 불가능한 것이었습니다. 이 자리를 빌려 이 책이 나오기까지 긴 여정을 함께 해 주신 분들께 감사의 인사를 올리고자 합니다. 먼저 저를 헌법연구자의 길로 이끌어주시고 학문을 해 나감에 있어서는 물론 세상을 살아감에 있어서도 많은 가르침을 주시는 송석윤 지도교수님, 논문심사과정에서 때로는 냉철한 비판으로 때로는 따뜻한 격려로 아낌없는 조언을 해 주신 이효원 교수님, 전종익 교수님, 전상현 교수님, 황성기 교수님, 논문구상단계에서 여러 고민들을 함께 나누어 주신 이우영 교수님, 조동은 교수님께 진심으로 감사드립니다.

'연구공동체'라는 말을 실감하게 해 주신 지도반 선후배·동기분들과 헌법재판소 구성원분들, 바쁜 시간을 쪼개가며 몇 년째 헌법공부모임을 이어가고 있는 학우분들, 오랜 시간 서로 의지해가며 같은 길을 걸어가고 있는 친구들에게도 깊은 감사의 말씀을 드립니다. 또한 박사논문을 책으로 펴낼 수 있게 해 주신 서울대학교 법학연구소와 경인문화사에도 감사의 인사를 드립니다. 마지막으로 이 모든 과정을 묵묵히 지켜보면서 언제나 응원해주신 부모님과 동생에게, 평소에는 쑥스럽다는 핑계로 하지 못했던 사랑한다는 말씀을 전하고 싶습니다.

2021. 12.
임 효 준

〈목 차〉

서 문

제1장

서 론

제1절 연구의 목적 및 필요성

검열금지는 표현의 자유를 보장하는 가장 중요하고도 오랜 전통을 가진 헌법상 법리이다. 세계적으로 그 기원을 따지자면 1644년 발간된 밀턴의 「아레오파지티카(Areopagitica)」까지 거슬러 올라갈 수 있고, 미연방대법원에서는 1931년,[1] 독일 연방헌법재판소에서는 1966년[2]부터 본격적으로 관련 법리를 적용하기 시작하였다. 우리나라도 1960년 헌법에서부터 검열금지 조항을 도입하였고, 헌법재판소 역시 설립 초기인 1992년[3]부터 일찍이 검열금지원칙을 위헌심사 기준으로 삼아 최근까지 이를 적용해 오고 있다. 당연히 국내외를 막론하고 이 법리에 대한 학계에서의 논의도 상당히 축적되어 왔다. 그만큼 검열금지 법리[4]는 공고히 확립되어 있는 듯 보인다.

그러나 근래에 우리나라 헌법재판소는 '상업광고'에 관하여 표현물의 특성과 소비자의 법익 보호 등을 근거로 검열금지 법리의 적용 대상에서 배제하는 결정[5]을 내렸다가 다시 포함시키는 입장[6]으로

---

1) Near v. State of Minnesota ex rel. Olson, 283 U.S. 697 (1931).
2) BVerfGE 20, 162.
3) 헌재 1992. 6. 26. 90헌바26, 판례집 4, 362.
4) '사전검열금지원칙'이라는 용어가 보편적으로 사용되고 있다. 이는 제2장 제2절에서 자세히 살펴볼, 검열금지에 관한 기존의 해석론을 지칭하기에 적합한 표현으로 보인다. 그러나 이를 비판적 관점에서 검토하면서 새로운 대안적 해석을 제시하려는 이 책에서는, 검열 또는 검열금지에 관해 각각 '사전'성 또는 '원칙'성을 지니는 것으로만 국한하지 않고 보다 넓은 시각을 취하고자 하므로, 검열금지에 관한 해석론 전반을 포괄할 수 있는 '검열금지 법리'라는 용어를 사용하였다.
5) 헌재 2010. 7. 29. 2006헌바75, 판례집 22-2상, 232.
6) 헌재 2015. 12. 23. 2015헌바75, 판례집 27-2하, 627.

회귀한 바 있고, 이를 계기로 검열금지 법리의 적용이 제외되는 표현물 범주를 설정할 수 있는지에 관한 견해 대립이 일어나는 등 고전적이라고 생각되었던 이 법리의 면면을 새로운 관점에서 비추어 볼 필요성이 제기되고 있다.

또 한편으로는, 헌정현실의 발전과 더불어 매체환경의 변화로 인해 서적, 영화, 음반 등에 대해 행해졌던 전형적인 형태의 검열, 즉, '국가가 직접 표현의 발표 전에 그 내용을 심사하여 금지 여부를 결정하는 행위'는 찾아보기 힘들게 된 반면, 혐오표현이나 허위정보, 음란물 등을 규제하기 위해 '국가가 인터넷 서비스 제공자(ISP, Internet Service Provider)[7]를 통하여 인터넷에 이미 발표된 표현의 내용을 심사한 후 삭제 여부를 결정하도록 강제하는 행위'가 전 세계적으로 시도되고 있다. 이러한 행위들은 이른바 '인터넷 검열'이라고 지칭되고 인식될 만큼 과거의 검열과 실질적인 측면에서 다르지 않지만, 검열의 '시기'나 '주체'와 같은 형식적 요건을 갖추지 못하였다는 이유로 검열금지 법리에서 배제되고 있다.

이와 같은 현상들은 기존의 검열금지 법리가, 첫째, 검열의 요건을 지나치게 좁게 설정함과 동시에, 둘째, 그 요건 판단에 있어 양자택일(all or nothing)의 문제로 접근함으로써 구체적 타당성을 고려할 수 있는 여지를 두지 않은 것에서 기인한다. 그런데 현행 헌법상 검열금지 법리에 관한 제21조 제2항은 "언론·출판에 대한 허가[8]나 검

---

7) '인터넷 서비스 제공자'라는 용어는 그 맥락에 따라 다양한 범주를 지칭할 수 있지만, 이 책에서는 인터넷과 관련된 서비스, 즉, 인터넷에 접속할 수 있게 해 주는 서비스, 인터넷을 통해 정보를 제공하거나 정보의 유통을 매개하는 서비스 등을 이용자에게 제공하는 자를 통칭하는 용어로 사용하였다. 현행법상으로는, 전기통신사업자(「전기통신사업법」 제2조 제8호), 정보통신서비스 제공자(「정보통신망 이용촉진 및 정보보호 등에 관한 법률」 제2조 제1항 제3호), 온라인 서비스 제공자(「저작권법」 제2조 제30호) 등이 모두 이에 해당할 수 있다.

열[은]…인정되지 아니한다."라고만 규정하고 있을 뿐, 검열금지 법리의 요건과 효과에 관해 명시적으로 언급하고 있지 않다. 실제로 검열금지 법리는 문언에 의존해서라기보다는 헌법재판소의 해석론을 통해 형성되어 왔다. 그렇다면 이에 대한 대안적 해석을 시도하는 것도 얼마든지 가능하다고 할 것이다.

그동안 우리나라에서 검열금지 법리에 관해 진행된 연구들은, 헌법재판소에 의해 전개된 기존의 검열금지 법리를 당연한 명제로 받아들이는 전제 하에, 주로 국내외 판례를 정리하여 소개·평석하거나 특정 매체물에 대한 개별 법률상 심의제도를 해당 법리에 비추어 분석하는 경우가 많았다. 반면, 검열금지 법리의 요건과 효과 등 본질적인 측면에 관한 탐구는, 헌법재판소가 검열금지 법리를 채택한 초기에 행해진 몇 건의 연구9)를 제외하고는 거의 이루어지지 못했다. 최근 들어 국가에 의해 강제된 인터넷 서비스 제공자의 이른바 '사적 검열'에 관한 논의로써 검열금지 법리를 유연화하려는 시도들10)

---

8) 헌법재판소는, "언론의 내용에 대한 허용될 수 없는 사전적 제한이라는 점에서 위 조항 전단의 "허가"와 "검열"은 본질적으로 같은 것"이라고 파악하고 있다. 헌재 2001. 5. 31. 2000헌바43등, 판례집 13-1, 1167, 1179. 이 책에서도 '허가'가 '검열'과 다르지 않다는 전제 하에 논의를 진행하기로 한다.

9) 황도수, "표현의 자유에 대한 사전제한", 청암 정경식박사 화갑기념논문집 간행위원회 편, 「법과 인간의 존엄」, 박영사, 1997; 이인호, "표현의 자유와 검열금지의 원칙: 헌법 제21조 제2항의 새로운 해석론", 「법과사회」 제15권, 1997b; 양건, "헌법상 검열금지의 해석: 헌법재판소의 영화 사전심의 위헌결정에 대한 비판적 분석과 새로운 해석의 제시", 「법학논총」 제15집, 1998; 황성기, "사이버스페이스와 불온통신규제", 「헌법학연구」 제6권 제3호, 2000; 박경신, "사전검열법리와 정보통신윤리위원회의 활동사전검열법리와 정보통신윤리위원회의 활동: 법과학적 방법으로", 「인권과 정의」 제312호, 2002.

10) 이인호 외, 「정보통신기술의 발전과 기본권에 관한 연구」, 헌법재판소, 2014; 홍남희, "디지털 플랫폼에 의한 '사적 검열(private censorship)'", 「미디어와 인격권」 제4권 제2호, 2018; 최규환, 「인터넷콘텐츠호스트의 사적

이 행해지고 있는 정도이다.

　이러한 배경 하에 이 책에서는, 검열금지 법리가 오늘날 등장하고 있는 다양한 표현금지 행위 전반에 적용됨과 동시에 그 적용영역 내에서 구체적 타당성도 기할 수 있도록 하는 방안을 모색해 보고자 한다. 이를 통해 표현의 자유 이론을 최신화 함으로써 현실정합성을 높이고, 헌법재판소의 위헌심사 실무에 새로운 시각을 제시하는 한편, 전 세계적으로 퍼져나가고 있는 인터넷상 표현의 자유 규제 입법 시 고려요소에 관한 지침을 제시하는 데에도 기여하고자 한다.

검열에 대한 헌법적 검토」, 헌법재판연구원, 2019.

제2절 연구의 내용 및 방법

I. 연구범위 및 연구내용

1. 연구범위

'검열'이라는 용어는, "표현의 자유를 제약할 가능성이 있는 모든 행위를 공격하기 위해 무심코 사용되는 수사"[1]라는 지적이 존재할 정도로, 여러 맥락에서 다양한 범주로 지칭되고 있다. 따라서 검열에 관한 법리를 다루는 이 책에서는, 검열의 범주를 어디까지 파악할 것인가가 연구의 범위와 직결된다.

이 책에서 궁극적으로 제시하고자 하는 검열의 모습은 후반부에서 구체화될 것이지만, 연구의 범위를 설정하는 단계에서는 일단 '국가에 의해 행해지는, 표현의 내용 심사를 통한 금지 여부 결정 행위'라고 포괄적으로 상정해 볼 수 있다. 이에 의할 때, 이 책에서 다루는 범주는 다음과 같다.

첫째, '헌법상 검열'에 대해 다룬다. 현행법상 검열이라는 용어는 헌법 이외에 다른 일반 법률에서도 사용되는 경우가 있다. 가령, 「통신비밀보호법」 제2조 제6호나 「형사소송법」 제91조, 「공증인법」 제80조 등에서는 서류의 검열을, 「공직선거법」 제178조 제3항 등에서는 후보자별 득표수의 검열을, 「지방세법」 제23조 제2호 등에서는 등록면허세의 부과대상이 되는 면허의 검열을 규정하고 있다. 그러나 이들은 모두 "어떤 행위나 사업 따위를 살펴 조사하는 일"[2]을 지칭하

---

1) W. Wat Hopkins ed., *Communication and the Law*, 2009 ed., Vision Press, 2009, p.55.
2) 국립국어원 표준국어대사전, 검열1, https://stdict.korean.go.kr/search/searchVie

는 'inspection'의 의미이다. 헌법에서 금지하는 검열, 즉, 'censorship' 과는 그 개념이 다르다. 표준국어대사전도 이에 해당하는 뜻풀이를, "언론, 출판, 보도, 연극, 영화, 우편물 따위의 내용을 사전에 심사하여 그 발표를 통제하는 일. 사상을 통제하거나 치안을 유지하기 위한 것이다."³⁾라고 별도로 제시하고 있다. 이 책에서는 당연하게도 후자, 즉, 개별 표현의 내용을 심사하여 금지 여부를 결정하는 행위에만 관심을 가진다.

둘째, '국가에 의한 행위'에 초점을 둔다. 따라서 국가안보, 질서유지 등 국가적·사회적 법익, 즉, 공익의 보호를 목적으로 하는 행위만을 다루며, 일반 사인(私人)이 인격권이나 프라이버시, 저작권 등 개인적 법익을 이유로 표현의 금지를 구하는 행위는 제외한다.⁴⁾ 또한 공익 보호를 목적으로 하는 것이라고 하더라도, 국가와는 무관하게 신문사 편집과정이나 시민단체의 압력, 순수한 자율규제 등에 의해 이루어지는 행위는 다루지 않는다. 그러나 국가에 의한 것이라면 실제로 표현에 대한 심사를 행하고 금지 여부를 결정하는 주체는 따로 존재한다 하더라도 연구범위에 포함시킨다. 가령, 국가가 사법기관에 표현금지를 청구하거나, 사인에게 표현에 대한 심사의무를 강제하는 경우 등이 이에 해당할 수 있다.

셋째, '표현의 내용을 심사하여 금지 여부를 결정하는 행위'로 한

---

w.do?word_no=391695&searchKeywordTo=3(최종접속일: 2021.9.4.).
3) 국립국어원 표준국어대사전, 앞의 자료.
4) 이에 따라, 인터넷 서비스 제공자가 사생활 침해나 명예훼손 정보에 관하여 삭제나 30일 이내의 기간 동안 해당 정보에 대한 접근을 차단하는 조치(이른바 '임시조치')를 할 수 있는 제도도 큰 논란이 되고 있고(「정보통신망 이용촉진 및 정보보호 등에 관한 법률」 제44조의2, 제44조의3) 헌법재판소의 판단을 받은 바도 있으나(헌재 2012. 5. 31. 2010헌마88, 판례집 24-1하, 578; 헌재 2020. 11. 26. 2016헌마275등, 판례집 32-2, 502), 이 책에서 다루지는 않는다.

정한다. 이는 우선, 표현은 허용하되 이를 이유로 한 형사처벌이나 행정처분 등의 제재를 하는 행위는 제외함을 뜻한다. 다른 한편, 이른바 '자기검열' 또는 '간접검열' 역시 논의의 범위에서 제외한다. 검열에 대해 어떤 담론을 공론장에 나타나지 않게 하는 일체의 권력과정으로 이해하는 흐름이 과거부터 있어 왔으며,5) 최근에는 이를 이른바 '신 검열(new censorship)'이라는 개념으로 이론화하려는 시도들도 나타나고 있다.6) 이러한 관점에서는, 특정 표현물에 대한 등급분류7)는 물론 과세8)나 비용증대,9) 선별적 지원10) 등을 통해 표현을 스

---

5) 가령, Frederick Schauer, "The Ontology of Censorship", Robert C. Post ed., *Censorship and Silencing: Practices of Cultural Regulation*, Getty Publications, 1998, pp.147-168 참조.

6) 홍남희, "SNS 검열의 제도화 과정에 대한 연구: '신 검열(new censorship)' 논의를 통한 법적 검열 개념의 확장을 중심으로", 「커뮤니케이션이론」 제12권 제4호, 2016, pp.103-116 참조.

7) 등급분류까지 검열로 파악하는 견해로, 이재명, "상영등급분류제도의 헌법적 검토", 「중앙법학」 제21집 제4호, 2019, pp.33-35; 박경신, 「표현·통신의 자유: 이론과 실제」, 논형, 2013, pp.38-39 참조.

8) 검열금지 법리의 이론적 기초를 정립하였다고 할 수 있는 토마스 에머슨은 검열의 유형을 4가지로 제시하고 있는데, '출판사에 대한 과세'를 '충성심사(loyalty test)를 통한 고용거부나 특권박탈'과 함께, 가장 마지막 유형인 '간접적 검열'로 파악하고 있다. Thomas I. Emerson, "The Doctrine of Prior Restraint", *Law & Contemporary Problems*, Vol.20 No.4, 1955, pp.655-656 참조.

9) 비용-편익 분석에 기초하여, ① 두려움 주기(fear, 특정 표현에 처벌을 예정하여 단념시킴), ② 마찰저항 부과하기(friction, 특정 표현에 많은 비용이 들게 하여 포기시킴), ③ 많은 정보 흘리기(flooding, 수많은 정보를 낮은 비용에 흘려보내 특정 표현을 하는 데 더 많은 에너지를 소모시킴)라는 3가지 검열의 원리를 제시하는 견해가 존재한다. Margaret E. Roberts, *Censored: Distraction and Diversion Inside China's Great Firewall*, Princeton University Press, 2018, pp.37-44 참조.

10) "특정 작가에게 지원을 하지 않는 것은 지원이 없으면 대중에게 공개하기 어려운 처지에 있는 작가를 침묵시키는 것과 마찬가지라는 점에서 검열과 같은 효과를 가진다."라는 견해로, Owen M. Fiss, "State Activism and State Censorship", *Yale Law Journal*, Vol.100 No.7, 1991, pp.2096-2097.

스로 단념하게 만드는 것, 즉, '자기검열' 또는 '간접검열' 역시 검열에 포함시킨다. 이는 별도의 연구를 요하는 영역으로 기존의 법리를 되짚어보는 이 책에서는 여기까지 범위를 넓히지 않는다.

2. 연구내용

이 책은 크게 세 부분으로 이루어져 있다. 그동안 검열금지 법리가 전개되어 온 모습 및 매체환경의 변화로 인해 기존 법리의 적용영역 내외에서 발생한 한계점들을 짚어보고(제2장), 국외의 유사 법리 및 다양한 판결례, 입법례 등을 살펴봄으로써 기존 법리의 한계점을 극복할 수 있는 해석론 전개에 필요한 시사점을 얻은 뒤(제3장), 검열의 적극적 요건 중 시기 및 주체 요건으로 제시된 '행정권이 주체가 된 사전심사'라는 요소를 확장해석 함과 동시에, '절차적 보호장치'라는 검열의 소극적 요건을 도입하는 내용의 대안적 해석 방안을 제시해 본다(제4장). 각 장에서 다룰 내용을 간략히 살펴보면 다음과 같다.

제2장에서는 우선 검열금지 법리의 기원을 영국의 출판허가제 폐지 과정에서 등장한 밀턴과 로크 등의 사상이 미국 수정헌법 제1조 법리 및 각국의 성문헌법 조항으로 수용되는 모습에서 찾아보고, 사상의 자유시장 이론 및 표현에 대한 또 다른 제한 수단인 형사처벌과의 구별론 등을 통해 검열금지 법리의 이론적 기초를 살펴본다(제1절). 이후 우리나라에서 검열금지에 관한 조항이 헌법에 도입되고 개정되어 온 연혁을 시기별로 추적해 보고, 헌법재판소에 의해 절대적 성격의 원칙으로서 엄격한 요건을 요구하는 법리로 형성되고 전개된 흐름을 제시한다(제2절).[11] 이어서 이러한 기존의 법리가 '인터

---

11) 제2장 제2절의 내용은, 임효준, "검열금지의 법적 성격에 관한 재검토", 「언론과 법」 제18권 제2호, 2019b, pp.74-78, 88-90, 105-106; 임효준, "상업

넷 검열'의 대두 및 표현물 범주에 따른 예외 설정 시도 등으로 적용
영역 내외에서 한계를 맞이하게 된 상황과, 해석을 수정하는 방식으
로 그 한계를 극복할 필요성을 지적한다(제3절).

제3장에서는 국외의 판결례 및 입법례 등을 살펴봄으로써 검열금
지 법리에 관한 해석 수정에 있어서의 시사점을 얻는다. 먼저 우리나
라의 기존 법리와 매우 유사한 이해를 하면서도, 매체환경 변화에 따
라 법리의 변화도 꾀하고 있는 '독일' 및 '일본'의 논의에 관해 살펴본
뒤(제1절), 우리나라의 기존 법리와는 사뭇 다른 이해에 기초한 법리
를 전개해 온 '미국'의 논의에 관해 살펴본다(제2절).12) 이어서 보다
관점을 넓혀, 종래 검열금지에 관한 특유한 법리가 존재하지는 않았
지만, 최근 들어 특히 '인터넷 검열' 현상을 둘러싸고 참조될만한 단
편적인 판결례 및 입법례, 이를 통한 새로운 이론 등이 전개되고 있
는 다양한 국가 및 국제문서에 대해 살펴본다(제3절).

제4장에서는 우리나라에서 기존 법리의 한계를 해결하기 위해 지
금까지 제시되었던 다양한 대안적 해석들을 비판적 관점에서 검토해
본 뒤(제1절),13) 절대적 금지라는 '효과'의 측면에서는 기존 법리를 유
지하면서도 검열의 '요건'에 관한 해석을 수정하는 새로운 이해를 시
도해 본다(제2절). 검열의 적극적 요건 중 '시기' 요건에 관해서는, 표
현이 발표된 이후라고 하더라도, 그리고 '주체' 요건에 관해서는 행
정기관이 직접 행하는 경우가 아니라고 하더라도 검열금지 법리의

광고 제한 입법에 대한 헌법재판소의 완화된 심사기준: 헌법재판소 결정
의 동향 및 비판적 검토", 「헌법재판연구」 제3권 제2호, 2016b, pp.231-243
을 발전시킨 것이다.

12) 제3장 제1절 및 제2절의 내용은, 임효준, "검열금지 법리의 시기 요건에 관
한 재검토", 「법학논집」 제24권 제1호, 2019a, pp.120-126, 141-143; 임효준,
앞의 글(2019b), pp.78-81, 90-99를 발전시킨 것이다.

13) 제4장 제1절의 내용은, 임효준, 앞의 글(2019b), pp.99-109를 수정·보완한
것이다.

적용이 타당한 경우가 있음을, 각각 '표현 수용 단계'와 '표현 수용 이후 단계'로, 그리고 '사법기관'과 '사인'으로 나누어 살펴본다.14) 이후 검열의 소극적 요건으로 '절차적 보호장치'의 요소를 도입하는 논의를 진행해 본다. 검열의 적극적 요건에 해당하더라도, 검열의 전형적 해악에 따른 표현억제적 효과를 충분히 완화시킬 수 있는 절차적 보호장치를 갖추고 있는 경우라면 검열에 해당하지 않는 것으로 파악할 수 있다는 전제 하에, 이에 해당할 수 있는 여러 장치들을 모색해 볼 것이다(이상 제3절). 마지막으로 이상과 같이 제시한 검열금지 법리에 관한 새로운 대안적 해석을 도식화하여 기존 법리와 비교·대조해 보고, 새로운 대안적 해석에 따를 때 판단이 달라질 여지가 있는 기존의 헌법재판소 결정례를 검토해 보고자 한다(제4절).

II. 연구방법

이 책은 기본적으로 문헌연구방법으로 작성되었다. 일반적인 법학연구와 마찬가지로 규범에 관한 해석학적 접근을 주로 취하되, 필요한 부분에서는 아래와 같은 연구방법들도 함께 사용하였다.

첫째, 비교법적 연구방법이다. 이는 제3장에서 검열금지 법리에 관한 국외의 사례를 살펴보는 데 주로 사용되었다. 제1절에서 살펴볼 독일과 일본의 경우 우리나라와 같이 검열금지에 관한 명문의 헌법 조항이 존재하므로 해당 조항에 관해 일정한 해석론을 제시한 대표적인 결정 및 판결들을 살펴보는 방식으로, 제2절에서 살펴볼 미국의 경우 상당히 많은 수의 판례를 통해 우리나라의 검열금지 법리에 상응하는 사전제한금지법리가 형성되어 왔으므로 주제별, 시기별로 해당 판례들의 내용을 정리하는 방식으로 진행하였다. 제3절에

---

14) 제4장 제2절 및 제3절 중 '시기' 요건에 관한 내용은, 임효준, 앞의 글 (2019a), pp.114-120, 129-140, 144-146을 발전시킨 것이다.

서는, 검열금지 법리에 시사점을 주는 내용이 포함되어 있다면 단편적인 것들일지라도 최대한 다양한 국가와 국제문서의 사례를 수집하여 분석하고자 하였는데, 이는 인터넷의 연결로 국제화된 사회에서는 어느 한 곳의 검열이 모든 곳의 검열이 될 수 있다는 점을 고려한 것이다.[15] 비교법 연구를 함에 있어서는, 외국의 논의를 소개하는 것에 그쳐서는 안 되고, 우리나라의 특수한 헌법적 경험을 염두에 둔 상태에서 외국법과의 유사성과 차이점을 발견하여 법리 발전을 위한 기초 자료로 삼을 필요가 있으므로,[16] 각 절마다 우리나라 법리에 관한 시사점을 도출하여 정리하는 방식을 취하였다.

둘째, 헌정사적 연구방법이다. 헌정사 연구는 헌법규범의 해석만으로는 해결하기 어려운 헌법현실 내지 헌법문화의 문제를 찾기 위함이라고 할 수 있다.[17] 이는 제2장 제1절에서 영국의 출판허가제가 폐지되고 그 영향이 미국에 미치는 일련의 과정을 당대의 상황과 연관지어 봄으로써 검열금지 법리의 역사적 기원을 도출해 내는 작업 및 제2장 제2절에서 우리나라 헌법상 검열금지 조항의 연혁을 살펴보는 작업 등에 사용되었다. 특히 후자의 경우, 헌법 제·개정 당시 작성된 회의록이나 보고서 등 1차 자료를 최대한 많이 확보하여 소개하고자 하였다.

셋째, 사례 연구방법이다. 이는 제4장 제3절에서 검열의 적극적 요건에 대한 확장해석 가능성을 검토하면서 4가지 문제되는 범주에 해당하는 사례를 제시하는 부분 및 검열의 소극적 요건 도입 논의를 하면서 4가지로 설정된 범주에 해당하는 절차적 보호장치를 제시하

---

15) Lee C. Bollinger & Geoffrey R. Stone eds., *The Free Speech Century*, Oxford University Press, 2019, p.9 참조.
16) 박찬호, 「비교법 연구 방법론에 대한 고찰」, 한국법제연구원, 2006, p.12 참조.
17) 송석윤, "군민공치와 입헌군주제헌법: 비교헌정사적 연구", 「서울대학교 법학」 제53권 제1호, 2012, p.500 참조.

는 부분, 제4장 제4절에서 새로운 대안적 해석에 따를 때 그 판단이
달라질 수 있는 헌법재판소 결정례 2가지를 선별하여 분석하는 부분
등에 사용되었다. 사례 연구는 자칫 추상적으로 전개될 수 있는 논의
를 보다 구체적으로 진행할 수 있게 만들어 줄 뿐만 아니라, 현실과
동떨어지지 않은 이론 전개를 도모할 수 있게 하는 역할을 할 것이다.

　넷째, (학제)융합적 연구방법이다. 우선 표현의 자유에 관한 다른
이론인 범주구별식 접근방법과 이익형량식 접근방법의 비교(제2장
제3절), 인터넷 접근권 논의(제3장 제3절) 등을 검열금지 법리와 통섭
적인 관점에서 논의하였으며, 적법절차원칙 및 기본권의 대사인적
효력(제4장 제3절) 등 표현의 자유에 국한되지 않는 기본권 일반이론
을 함께 다루면서도 이 방법을 사용하였다. 무엇보다 커뮤니케이션
과정 모델(제4장 제2절 및 제3절) 등 사회과학, 그 중에서도 특히 커
뮤니케이션학에서 행해진 연구결과의 적극 활용을 시도해 본 부분
도 있다. 커뮤니케이션법제연구[18]에서는 법학이론에 관한 충분한
지식과 동시에, 커뮤니케이션 구조나 기능에 관한 올바른 이해를 갖
는 것도 중요하기 때문이다.

---

18) 커뮤니케이션법제연구는 1960년대 후반부터 미국, 일본 등을 중심으로 나
　　타났으며, '커뮤니케이션과 법의 문제를 통일적이고 체계적인 관점에서 고
　　찰하고 이해하려는 노력' 또는 '법과 저널리즘의 관점을 결합시키려는 노
　　력'에서 시작되었다. 이 연구의 영역에는, '전통적인 법학연구(traditional legal
　　research)'에 기초한 흐름들도 존재하지만, '사회과학의 방법을 사용한 경험
　　적이고 행태학적인 법학연구(empirical and behavioral legal research)'의 흐름
　　도 존재한다. 이러한 연구들에서는 일반법이론에서의 맥락을 이해함과 동
　　시에 커뮤니케이션의 역사나 구조, 사회적 기능에 관한 정확한 이해가 있
　　어야 평면적인 해석론에 치우치는 것을 막을 수 있다고 강조한다. Donald
　　M. Gillmor & Everette E. Dennis, "Legal Research in Mass Communication",
　　Guido H. Stempel & Bruce H. Westley eds., *Research Methods in Mass
　　Communication*, Prentice-Hall Inc., 1981, pp.321-325 참조.

제2장

검열금지 법리의 전개 및
매체환경 변화에 따른 한계

제1절 검열금지 법리의 기원 및 이론적 기초

Ⅰ. 검열금지 법리의 기원

1. 영국의 출판허가제 폐지

가. 영국의 「출판허가령」

검열의 시초는 12세기 후반 중세 교회에서 이단적 사상의 표현을 적발하기 위해 시행했던 '사문제도(査問制度, inquisition)'에서 찾을 수 있다. 이때까지는 주로 수기(手記)된 말을 통제하는 방식을 취하였기에, 발표 이후 검열(censura repressive)의 성격을 띠었다.1) 1450년경 구텐베르크에 의해 문서의 대량복제를 가능하게 한 인쇄술이 발명되면서 이러한 검열 방식에 한계를 느끼게 되자, 교회는 발표 이전 검열의 체제(censura praevia)를 구축하게 되었다.2) 1501년 교황 알렉산더 6세는 책의 무허가 인쇄를 금하는 칙령을 공포하였으며, 1559년에는 금서목록이 처음으로 나타났다.3) 비슷한 시기에 세속 군주들 역시 이에 따르게 되었다.

영국에서는 1529년 최초의 금서목록이 공표된 후, 1538년 왕실칙령으로 본격적인 검열이 시행되었다.4) 1557년부터는 서적상조합 왕실인가(royal charter)에 의해 서적상과 출판업자가 구성한 민간조직

---

1) 박용상, "헌법상 사전검열금지의 원칙", 「헌법논총」 제21집, 2010, pp.90-91 참조.
2) 박용상, 앞의 글(2010), pp.91-92 참조.
3) 정재황 외, 「사이버공간상의 표현의 자유와 그 제한에 관한 연구」, 헌법재판소, 2002, pp.58-59 참조.
4) Fred S. Siebert, *Freedom of the Press in England, 1476-1776*, University of Illinois Press, 1952, pp.44-45, 48-51; John Feather, *A History of British Publishing*, 2nd ed., Routledge, 2006, p.26 참조.

인 서적상조합(stationers' company)에게 독점적인 특허장을 줌으로써, 정부의 검열에 있어 수색 등의 활동을 수행하게 하였다.5) 이는 서적상조합이 출판현실을 잘 알고 있으며 조합 내부 규정에 따라 출판통제를 효율적으로 수행할 수 있다는 점을 이용한 것이었다.6) 이러한 체계는 1641년까지 점차 강화되면서 지속되었다.7) 검열 체계에 따르지 않았을 때 최종적인 처벌 여부는 성실재판소(Court of Star Chamber)8)에 의해 판단되었지만, 서적상조합은 불법 출판업자를 찾아내기 위해 어디든지 수색할 수 있는 권한과 불법 출판물을 찾아내어 파기할 수 있는 권한을 부여받고 있었다.9)

　성실재판소의 권력남용에 따른 반작용으로 영국 의회는 1641년 성실재판소를 폐지하였다.10) 그러나 청교도 혁명시기를 거치면서 영국 의회는 왕당파를 억압하기 위해 1643년 검열제도를 다시 도입하게 되는데,11) 이것이 바로 밀턴이 폐지를 주장한 「출판허가령(Licensing Order)」이다.

---

5) Fred S. Siebert, 앞의 책, pp.71-74; John Feather, 앞의 책, p.29-33 참조.
6) 뤼시앵 페브르·앙리 장 미르탱, 강주헌·배영란 역, 「책의 탄생: 책은 어떻게 지식의 혁명과 사상의 전파를 이끌었는가」, 돌베개, 2014, p.341 참조.
7) Anthony Gray, *Freedom of Speech in the Western World: Comparison and Critique*, Lexington Books, 2019, p.11 참조.
8) 국왕평의회(King's Council)의 재판권에 의하여 1487년 설립되었으며, 보통법재판소(Common Law Court)에서는 다루기 곤란한 정치적 범죄 등을 다루었다. 특히 국왕을 비롯한 지배계급을 비판하는 저항세력에 대하여 잔혹한 고문과 가혹한 처벌을 가한 것으로 악명이 높았다. 김범진, "명예훼손법의 기초이론에 관한 연구: 명예권의 역사, 이론 및 시사점", 서울대학교 박사학위논문, 2018, pp.24-25; 두산백과, 성실재판소, https://www.doopedia.co.kr/doopedia/master/master.do?_method=view&MAS_IDX=101013000734548(최종접속일: 2021.9.4.) 참조.
9) 로버트 하그리브스, 오승훈 역, 「표현 자유의 역사」, 시아출판사, 2006, pp.179-182 참조.
10) Fred S. Siebert, 앞의 책, p.166 참조.
11) Fred S. Siebert, 앞의 책, pp.186-187; John Feather, 앞의 책, pp.43-45 참조.

나. 밀턴의 「아레오파지티카」

오늘날 널리 받아들여지고 있는 검열금지 법리의 단초는, 1644년 존 밀턴(John Milton)이 출판허가령을 폐지하기 위해 발표한 「아레오파지티카」에서 찾을 수 있다. 당시 밀턴은 이혼을 원하고 있었으며, 이혼을 금지하는 엄격한 법적 장애들을 낮추기를 바라면서 여러 소책자들을 출판하였다. 그는 허가를 받지 않고 출판을 했다는 이유로 비판을 받았고, 영국 의회가 허가 없는 출판을 허용하도록 유도할 목적에서 이 글을 쓰게 되었다.[12] 이 글은 내용심사에 의한 출판의 검열이 허용될 수 없는 이유로, ① 출판물이 햇빛을 보기도 전에 재판을 받는다는 점, ② 무과실의 검열관은 있을 수 없다는 점, ③ 국민이 알아도 무방한 사항과 알아서는 안 될 사항을 당국이 선별하는 것은 국민에 대한 모욕이 된다는 점 등을 들고 있다.[13]

이러한 밀턴의 주장은 영국에서 1649년 「인민협약(The Agreement of the People)」으로 언론의 자유가 선언되는 데 기여하기는 하였지만,[14] 출판허가제의 폐지로 바로 이어지지는 못하였다. 왕정복고 후인 1662년 영국 의회는 기존의 검열을 다소 완화시킨 「출판허가법(Licensing Act)」을 제정하게 된다. 이에 의하면 일회성 인쇄물을 포함한 모든 출판물은 언론담당 조사관(Roger L'Estrange)의 인가를 받아야 했고, 서적상조합에게는 반정부적인 내용을 담은 출판물을 적발하는 권한이 다시 부여되었다. 단독으로 서적 수색에 나설 수 없고 정부 관료와 동행하게 된 점이 기존 체계와의 차이점이었다.[15] 이러

---

12) 박상익, "밀턴과 잉글랜드의 검열제", 「영국 연구」 창간호, 1997, pp.177-183; 이춘구, "사상의 자유시장 이론 전개의 법적 고찰: 연원과 현대적 발전을 중심으로", 「국가법연구」 제10집 제1호, 2014, pp.95-97 참조.

13) 존 밀턴, 임상원 역주, 「아레오파지티카」, 나남출판, 1998, pp.81-166; 박상익, 「언론 자유의 경전 아레오파기티카」, 소나무, 1999, pp.217-228 참조.

14) 박선영, "헌법 제21조", 한국헌법학회 편, 「헌법주석서 Ⅰ」, 법제처, 2010, pp.712-713 참조.

한 체계는 「출판허가법」이 1695년 폐지될 때까지 지속되었다.

다. 로크의 메모랜덤

1695년 영국에서 「출판허가법」을 폐지하게 된 것에는, 존 로크 (John Locke)가 1694년 작성하였던 메모랜덤(memorandum)이 큰 역할을 하였다. 이 메모랜덤에서 로크는 기준이 모호하고, 자유로운 교류에 방해가 되며, 실효성이 없다는 등 18가지의 다양한 사유를 제시하면서 검열을 비판하였다. 주요내용은 다음과 같다.16)

첫째, 언론정책과 관련한 사항이다. 검열은 권력자의 자의에 따라 언론을 근본적으로 통제할 수 있으므로 타당하지 않고, 저자는 사후에 법을 어길 경우 책임을 지면 된다. 둘째, 산업 및 경쟁정책과 관련한 지적이다. 서적상조합에게 독점권을 부여하는 것은 서적의 질을 낮추고 가격을 높이게 되는데, 이는 넓게 보면 공중에 해가 되고 좁게 보면 학자들의 교육 및 학문 활동을 해치는 부정적 효과가 크다. 셋째, 문화정책과 관련한 주장이다. 서적상조합에게 독점권을 주는 근거는 없으며, 고전의 경우는 더욱 그렇다. 이러한 로크의 주장으로 영국에서 「출판허가법」은 1695년 폐지되었고, 출판에 대한 주요 제한수단은 과세로 바뀌었다.17)

---

15) 「출판허가법」의 내용 및 이 법에 따른 실제 집행의 구체적인 양상은, John Feather, 앞의 책, pp.46-48; Fred S. Siebert, 앞의 책, pp.241-244, 257-259; 로버트 하그리브스, 앞의 책, pp.196-197 참조.

16) 당시 로크와 친분이 있던 에드워드 클락(Edward Clark)이 영국 의회에서 이 메모랜덤을 사용하였다고 한다. 해당 메모랜덤은 작성 당시 공개되지 않았고, 로크 사후에 유산상속자에 의해 공개되었다. Justin Hughes, "Locke's 1694 Memorandum(and More Incomplete Copyright Historiographies)", *Cardozo Arts & Entertainment Law Journal*, Vol.27 No.3, 2010, pp.555-556 참조.

17) John Feather, 앞의 책, pp.49-50 참조.

라. 밀의 「자유론」

앞서 살펴본 밀턴의 주장은 200여 년이 지난 1859년 「자유론(On Liberty)」을 발표한 존 스튜어트 밀(John Stuart Mill)에 의해서 다시 계승되었다. 밀은 「자유론」 제2장에서 거짓이나 비도덕적 이견을 억압할 목적으로 행해지는 검열제도를 비판하였다.

밀은 검열이 개인, 집단 또는 국가에 의해서 행해질 수 있다면서, 특히 국가에 의한 검열에 반대하는 이유를 4가지로 들고 있다. ① 검열받는 의견이 진리일 수 있는 점, ② 검열받는 의견이 부분적으로 오류라 해도 부분적 진리를 둘러싸고 격렬하게 충돌하는 것보다 진리의 절반을 소리 없이 억압하는 것이 더 무서운 결과를 낳는 점, ③ 검열받는 의견이 전적으로 오류라 해도 이는 옳은 의견이 도그마(dogma)가 되는 것을 막아주는 점, ④ 도그마로서 도전받지 않는 의견은 그 의미가 실종하거나 퇴색되어 결국 영향력을 상실하게 되는 점이 그것이다.[18]

마. 영국의 출판허가제 폐지에 대한 평가

영국에서 출판허가제가 폐지된 과정을 두고, 자유로운 언론에 관한 어떤 심오한 철학적인 결론에 의한 것이 아니라, 단지 집행 가능한 규제체계를 고안해낼 수 없었다는 현실에 기인한 것이라고 평가하는 견해가 존재한다.[19] 법이란 현실을 형성하기도 하지만 그와 동시에 현실을 반영하는 존재이기 때문에, 검열금지에 대해서도 그러한 법리가 생겨나게 된 사회적 힘에 주목할 필요가 있음을 강조하는

---

18) 존 스튜어트 밀, 이주명 역, 「자유에 대하여」, 필맥, 2008, pp.16-18, 37-100; 존 스튜어트 밀, 서병훈 역주, 「자유론」, 개정 2판, 책세상, 2018, pp.228-258; 정재각, 「왜 다시 자유여야 하는가? 밀의 자유론: 사유와 비판」, 박영사, 2019, p.68 참조.
19) Fred S. Siebert, 앞의 책, p.260 참조.

관점이다.[20]

이러한 견해들에 따르면, 영국에서 새로이 출판허가제가 도입되었던 것도 인쇄매체가 야기한 새로운 커뮤니케이션 환경이 기성의 권력에 위협적인 존재로 드러났기 때문이었지만, 이러한 출판허가제가 폐지된 것 역시 복제가 용이한 인쇄매체의 특성상 이른바 '해적판'의 증대로 인해 검열의 집행이 점차 어려워졌기 때문이라고 분석된다. 즉, 새로운 매체가 등장함에 따라 형성되는 새로운 환경이, 법리의 변화 역시 가져오게 만든다는 중요한 교훈을 제시해 준다는 것이다.

2. 미국 수정헌법 제1조에 대한 초기 이해

가. 블랙스톤의 「영국법 주해」

영국에서 「출판허가법」이 폐지되는 과정에서 등장한 밀턴과 로크 등의 주장은 이후 미국의 수정헌법 제1조의 도입 및 제3장 제2절에서 자세히 살펴볼 사전제한금지법리의 형성에 큰 역할을 하였다.[21] 미국 수정헌법 제정자들의 사상은 영국의 보통법에 강한 영향을 받고 있었고, 특히 그 분야에 영향력 있는 권위자였던 윌리엄 블랙스톤(William Blackstone)의 이론이 중요하게 작용하였다.[22]

블랙스톤은 1769년 「영국법 주해」에서 "언론의 자유는 자유로운 국가에 필수적"이라고 하면서도, "그 본질은 출판에 대한 사전제한

---

20) 이하, 이인호, "뉴미디어의 발전과 언론자유법의 새로운 전개", 「헌법논총」 제8집, 1997a, p.373 참조.

21) 가령, 미연방대법원은 1961년 Times Film 판결에서 사전제한의 위험성을 설명하기 위해 「아레오파지티카」를 명시적으로 인용하고 있다. Times Film Corp. v. City of Chicago, 365 U.S. 43, 67 (1961) 참조.

22) 블랙스톤의 이론이 미연방헌법에 반영되는 모습을 다룬 문헌으로, W. Wat Hopkins ed., 앞의 책, pp.57-59 참조.

(prior restraint)을 하지 않는 것에 있는 것이지, 출판된 후 형사처벌 (subsequent punishment)로부터의 자유에 있는 것은 아니다."라는 견해를 피력하였다. 모든 자유인은 원하는 생각을 대중에 공개할 권리를 가지지만, 만약 부적절하거나 명예훼손적이거나 불법적인 것을 출판한다면 그에 대한 결과를 책임져야 한다는 것이다.[23]

즉, 그에 의한 언론의 자유란 출판 이후에는 책임이 있는 것을 전제로 사전제한이 없을 것만을 뜻하였는데, 이에 대해서는 1695년에 「출판허가법」이 폐지된 후 영국에서 사전제한은 이미 사라졌으므로 더 이상 존재하지 않는 제한에서 벗어나는 자유를 제안한 것에 불과하다거나,[24] 오히려 표현의 자유를 좁게 해석하게 됨으로써 사후처벌을 허용하게 되었다는 비판이 행해지기도 한다.[25] 어찌되었든 블랙스톤의 견해에 따라 이 시기에 언론의 자유는 곧 '사전제한으로부터의 자유'를 의미한다는 견해가 널리 받아들여졌다.

나. 미국 수정헌법 제1조 제정자들의 이해

영국의 식민지였던 미국에서도 1662년부터 영국에서 2명의 검열관이 파견되어 사전허가 없이는 서적을 발간하지 못하였으며, 영국에서 「출판허가법」이 폐지된 이후에도 출판허가제는 지속되다가 1719년에 이르러서야 폐지되었다.[26]

1791년 언론 또는 출판의 자유를 제한하는 법률을 제정할 수 없

---

23) William Blackstone, *Commentaries on the Laws of England: (Volume 4) A Facsimile of the First Edition of 1765-1769*, The University of Chicago Press, 1979, pp.150-153 참조.
24) 앤서니 루이스, 박지웅·이지은 역, 「우리가 싫어하는 생각을 위한 자유: 미국 수정헌법 1조의 역사」, 간장, 2010, p.29 참조.
25) 김옥조, 「미디어 법」, 2009년 개정판, 커뮤니케이션북스, 2009, p.56; 문재완, 「언론법」, 늘봄, 2008, pp.307-308 참조.
26) 박용상, 앞의 글(2010), p.94 참조.

다는 내용을 포함하는 수정헌법 제1조 제정 당시, 헌법제정자들의
주관적 의도가 무엇이었는지에 관해 헌법사학자들의 견해는 일치하
고 있지 않다. 그러나 앞서 살펴본 바에 비추어 표현의 자유의 보장
을 곧 사전제한의 금지와 등식화했던 당시의 지배적인 생각을 반영
한 것이며, 정부에 대한 비판적 표현행위를 선동죄(sedition)로서 처
벌했던 보통법상의 원칙까지 배격한 것은 아니라고 보는 견해가 상
당한 지지를 받고 있다.27)

　미국 법원의 최근 판결 중에도 "영국에서 처음 전개되고 식민지
미국에 도입되었을 때의 표현의 자유는 오직 출판에 대한 사전제한
을 금지하는 것만을 의미하였고, 출판 이후 형사적 문제에서 책임을
부담하는 것으로부터의 자유에까지 이르지 않았다. 20세기가 지나면
서, 표현에 영향을 주는 연방 또는 주의 거의 모든 행위에 적용될 수
있는 보다 친숙한 다층적 심사체계가 보통법적 접근을 대체하였다."28)
라는 판시가 행해진 바 있다. 즉, 역사적으로 수정헌법 제1조에 대한
첫 이해는 사전제한금지에 한정되어 있었다고 할 수 있으며, 이를
두고 사전제한금지법리와 표현의 자유의 보호는 거의 하나라거나,29)
사전제한금지법리는 수정헌법 제1조의 채택으로 명문화되었다고30)
일컫는 견해들도 존재한다.

---

27) L. Levy, "Liberty and the First Amendment: 1790~1800", Lawrence M. Friedman
　　& Harry N. Scheiber eds., *American Law and the Constitutional Order:*
　　Historical Perspective, Harvard University Press, 1988, pp.99-106; L. H. Tribe,
　　American Constitutional Law, 2nd ed., Foundation Press, 1988, p.1039; 안경
　　환, "표현의 자유와 사전제한: 미국 헌법이론을 중심으로", 「인권과 정의」
　　제153호, 1989, p.17; 양건, "표현의 자유", 한국공법학회 편, 「미국헌법과
　　한국헌법」, 대학출판사, 1989, pp.127-128 참조.
28) Citizens United v. Schneiderman, 882 F. 3d 374, 386 (2d Cir. 2018).
29) Jeffery A. Smith, "Prior Restraint: Original Intentions and Modern Interpretations",
　　William and Mary Law Review, Vol.28 No.3, 1987, p.470 참조.
30) 안경환, 앞의 글, p.19 참조.

이와 같은 관념은 현행 규범들에서도 그 흔적을 찾아볼 수 있다. 먼저 미국의 거의 모든 주 헌법에는 "자유의 남용에 대해 책임을 진다면, 어떤 주제에 대해서도 자신의 의견을 말하고 쓰고 출판할 자유가 있다."[31]라는 내용의 조항이 규정되어 있다. 또한 1969년 채택된 「미주인권협약(American Convention on Human Rights)」 제13조도 제2항에서 "사상과 표현의 자유를 행사함에 있어 사전검열을 받지는 아니하나 사후적 책임부과에는 복종하여야 한다."라면서, 사후적인 책임부과는 "타인의 권리 또는 신용의 존중" 또는 "국가안보, 공공질서 또는 공중보건이나 도덕의 보호"를 보장하는 데 필요한 범위 내에서 법률에 의해 명시적으로 규정될 것을 요구하고 있다.[32]

다. 미국 법원의 초기 판례들

19세기 말에서 20세기 초까지 표현의 자유에 관한 사안이 본격적으로 다루어지기 시작한 미국 각급 법원의 초기 판결들에서도, 이와 같은 이해를 엿볼 수 있다. 가령, 미연방대법원은 최초의 언론관계 사건이라고 일컬어지는 1907년 Patterson 판결에서 "수정헌법 제1조의 주목적은 출판에 대한 사전의 모든 제한을 방지하는 데 있는 것이지, 공공복리에 어긋난다고 생각되는 표현에 대한 결과적인 처벌을 막는 것은 아니다."[33]라고 판시하였다.

당시에 법원들에서 통용되었던 사전제한의 개념을 탐구한 문헌에 따르면, 제3장 제2절에서 살펴볼 현재의 미연방대법원의 이해보다 훨씬 좁았음을 알 수 있는데, ① 출판을 위해 승인이 필요한 내용

---

31) 가령, 「버지니아 주 헌법」 Section 12, 「뉴욕 주 헌법」 Article Ⅰ. 8, 「캘리포니아 주 헌법」 Section 2. 이는 1776년 「버지니아 권리장전」에도 규정되어 있던 내용이다.
32) 이 조항의 번역은, University of Minnesota Human Rights Library, 미주인권협약, http://hrlibrary.umn.edu/instree/K-zoas3con.html(최종접속일: 2021.9.4.) 참조.
33) Patterson v. Colorado, 205 U.S. 454, 462 (1907).

에 관하여 상당한 재량을 행사하는, ② 정부 검열자에게, ③ 모든 예정된 출판물을 제출해야 하는 것으로서, ④ 출판에 앞서, ⑤ 개별적인 출판물에 대해 부과되는 것이라고 이해하고 있었다고 한다.[34] 이는 제2장 제2절에서 살펴볼 우리나라 헌법재판소가 취하는 검열의 요건과 유사하다.

이에 따라, 시민들의 공청회에서 다음 날 배포하기로 결정한 주간지를 시 경찰이 압수한 사건,[35] 시의회가 모든 신문에 대하여 사전제출의무를 부과하여 허가를 득하도록 하는 조례를 통과시킨 사건,[36] 시 경찰국이 반유대주의적(anti-semitism) 내용을 담고 있다는 이유로 주간신문사에 대해 가두판매금지명령을 한 사건[37] 등에서, 출판 후 형사처벌을 가하면 될 것이라는 점을 주된 논거로 하여 출판물을 사전에 제한하는 것은 수정헌법 제1조에 의해 허용되지 않는다는 판결이 내려진 바 있다.

반면, 명확히 법리로까지 형성되었다고 할 수는 없지만, 법원의 금지명령 또한 사전제한으로 기능할 가능성이 있음을 인정한 판결들 역시 나오고 있었다. 살인범에 대한 재판이 진행되는 도중에 그 이야기를 본뜬 연극이 상영되려고 하자 법원이 내린 상영금지명령,[38] 주지사 선거 출마자가 2달 전 불출마 선언을 하였다는 사실을

---

34) W. Wat Hopkins ed., 앞의 책, pp.59-60, 68 참조. 이와 유사하게, 고전적인 사전제한은 '① 모든 범주의 말, 콘텐츠, 출판에 대한 정부의 심사, ② 정부가 어떤 콘텐츠가 수용가능한지 선택, ③ 대중에게 유통되기 전 정부 검열관에게 콘텐츠를 금지할 수 있는 권한 부여'라는 요소로 이루어진다고 분석하는 문헌으로, Robert E. Trager et al., *The Law of Journalism and Mass Communication*, 4th ed., CQ Press, 2014, pp.66-67 참조.
35) Ulster Square Dealer v. Everett Fowler, 58 Misc. 325 (1908).
36) Star Co. v. Brush, 104 Misc. 404 (1918).
37) Dearborn Pub. Co. v. Fitzgerald, 271 F. 479 (N.D. Ohio. 1921).
38) Dailey v. Superior Court of City and County of San Francisco, 112 Cal. 94 (1896).

보도하려는 신문사에 대한 법원의 금지명령[39] 등을 다룬 사건들에서, 법원이 검열자로 행동하는 것은 검열의 폐지라는 목표에 위반된다거나 법원을 통해 이루어지는 검열이 정부에서 이루어지는 검열보다 덜 부당하지 않다는 판시를 통해 금지명령이 파기된 바 있다.

3. 검열금지에 관한 성문헌법 조항의 등장

미국 수정헌법 제1조의 제정과 비슷한 시기에, 유럽대륙에서는 성문헌법 조항에 검열금지에 관한 내용이 명시적으로 등장하기 시작하였다. 1791년 「프랑스 헌법」은 제1장에서 "헌법은 출판에 앞서 어떠한 검열이나 심사를 받지 않은 채 의견을 말하고 쓰고 인쇄하고 출판할 자유를 자연권이자 시민권으로 보장한다."[40]라는 규정을 두었다. 1831년 「벨기에 헌법」도 제18조에서 출판의 자유에 대해 정하면서 "검열제도를 두는 것은 절대로 금지한다."[41]라는 조항을 두었다.

비슷한 시기에 독일에서도 1849년 「프랑크푸르트 국가헌법」(이른바 '파울교회 헌법') 제4장 제143조 제2문에서 "출판의 자유는 어떠한 상황이나 어떠한 방법에 의해서도 검열·허가·담보제공·국가적 의무부과, 인쇄업 및 서적업의 제약, 우편 금지, 기타 자유로운 소통을 저해하는 행위 등의 예방적 조치에 의해 제한되거나 정지되거나 폐기되지 않는다."[42]라고 규정하면서 검열금지에 관한 조항이 규정

39) Howell v. Bee Publishing Company, 100 Neb. 39 (1914).
40) 이 조항의 영문 번역은, The Constitution of 1791, https://wp.stu.ca/worldhistory/wp-content/uploads/sites/4/2015/07/French-Constitution-of-1791.pdf(최종접속일: 2021.9.4.) 참조.
41) 이 조항의 영문 번역은, Belgium's Constitution of 1831 - Constitute, https://constitute-staging.appspot.com/constitution/Belgium_1831.pdf?lang=en(최종접속일: 2021.9.4.) 참조.
42) 이 조항의 번역은, 김학성·박용숙, 「세계 각국의 헌법전」, 북스힐, 2018,

되기 시작하였다. 여기서는 각종 출판에 대한 검열을 금지하면서 이를 '예방적 조치'의 한 사례로 언급하고 있음을 알 수 있다. 1850년 「프로이센 헌법」도 제27조에서 "모든 프로이센인은 말과 문서, 인쇄물 그리고 그림에 의한 표현을 통해 자신의 의견을 자유로이 표명할 권리를 가진다. 검열제도는 도입될 수 없다. 출판의 자유에 대한 다른 모든 제한은 오로지 법률에 의하여야 한다."[43]라는 조항을 두고 있었다. 다른 제한과는 구별하여 검열의 도입을 금지하는 별도의 규정을 둔 것이 특기할 만하였다.

이후 1919년 「독일 라이히 헌법(바이마르 헌법)」(이하 '바이마르 헌법') 제118조 제2항에서는 "검열은 실시되지 아니한다. 다만, 영화에 대해서는 법률에 의해 달리 규정할 수 있다. 또한 저속한 문학 및 외설문학을 단속하기 위해서, 공개적인 전시와 공연의 경우 청소년을 보호하기 위해서 법률에 의한 조치가 허용된다."[44]라고 규정하여, 검열을 원칙적으로 금지하되 영화 등 일부의 표현물에 대해서는 예외를 허용하는 조항을 두었다. 1949년 제정된 현행 「독일 기본법」은 제5조 제1항에서 "누구든지 자기의 의사를 말과 글 및 그림으로 자유로이 표현·전달하고, 일반적으로 접근할 수 있는 정보원으로부터 방해받지 않고 정보를 얻을 권리를 가진다. 출판의 자유와 방송과 영상으로 보도할 자유는 보장된다. 검열은 허용되지 아니한다."[45]라

---

p.145 참조.

43) 이 조항의 번역은, 양태건 번역, 송석윤 감수, "1850년 프로이센 헌법", 「서울대학교 법학」 제54권 제2호, 2013, p.218 참조.

44) 이 조항의 번역은, 송석윤, 「위기시대의 헌법학: 바이마르 헌법학이 본 정당과 단체」, 정우사, 2002, p.375; 김학성·박용숙, 앞의 책, p.118 참조.

45) 이하 이 책에서 인용한 각국 헌법 조항의 번역은, 특별한 인용이 없으면 국회도서관, 「세계의 헌법: 40개국 헌법 전문」, 제3판, 2018에 따르되, 온라인 학술DB인 HeinOnline에서 제공하는 World Constitutions Illustrated 서비스(http://lps3.heinonline.org.libproxy.snu.ac.kr/HOL/Index?collection=cow&set_as_cursor=clear(최종접속일: 2021.9.4.))를 통해 각 조항의 현행 영문본

고 규정하여 예외조항을 삭제하였다.

한편, 1946년 공포된 「일본국 헌법」에서도 제21조 제2항에 "검열
은 금지된다."라는 규정을 두는 등 오늘날 대부분 국가의 헌법에서
는 각국이 지향하는 이데올로기에 상관없이 모두 표현의 자유를 규
정하고 있으며, 대체로 검열금지에 관한 조항 역시 두고 있다.[46)]

II. 검열금지 법리의 이론적 기초

검열금지 법리의 이론적 기초를, ① 사상의 자유시장 이론과 ② 절
차적 관념에서의 문제점, 크게 두 가지 차원에서 찾는 견해가 있다.[47)]
이 중 후자는 특히 사법절차적 보호를 결여하고 있다는 의미로서 사
후처벌과 구별되는 측면에서 도출되는 문제점들을 일컫는다. 이하
에서는, 이와 같은 '사상의 자유시장 이론'과 '사후처벌과의 구별론'
두 가지 큰 틀에 따라 구체적 내용을 살펴보기로 한다.

1. 사상의 자유시장 이론

표현의 자유를 보호하는 근거로는, 통상적으로 토마스 에머슨
(Thomas I. Emerson)이 제시한, 진리발견(사상의 자유시장 이론,
attainment of truth), 자아실현(self-fulfillment), 민주적 의사결정에 참
여(자기지배, participating in decision making), 안정된 공동체사회 건
설(건전한 분열과 합의간의 조화, precarious balance between healthy
cleavage and necessary consensus) 등이 일컬어진다.[48)] 우리나라 헌법

을 대조하여 확인함.

46) 박선영, 앞의 글(2010), p.715 참조.
47) 안경환, 앞의 글, pp.19-20 참조.
48) Thomas I. Emerson, "Toward a General Theory of the First Amendment", *Yale*

재판소도 "언론·출판의 자유가 보장되지 않는다면, 사상은 억제되고 진리는 더 이상 존재하지 않게 될 것"[49]이라거나, "언론의 자유는 개인적 가치인 자기실현의 수단임과 동시에 정치적 의사결정에 참여하는 사회적 가치인 자기통치를 실현하는 수단"[50]이라고 하여, 이 근거들을 대부분 수용하고 있다.

검열금지 법리는 그 중 사상의 자유시장 이론에 핵심을 두고 있다. 사상의 자유시장 이론에 따르면, 어떤 사상과 견해가 옳고 그른지, 또는 가치 있고 가치 없는 것인지를 평가하고 결정하는 것은 국가가 아니라 '사상의 자유시장'이다. 설령 유해한 사상이나 표현이라 하더라도 그 해악의 교정은 사상의 자유시장에서 대립되는 사상이나 표현에 의한 경합을 통해 이루어져야 한다. 검열이 허용되면 의사표현 자체를 불가능하게 함으로써 일정한 내용에 대한 공중의 평가의 기회를 미리 봉쇄해 버리게 되므로, 사람들이 다양한 의견에 접촉할 수 있는 기회를 빼앗는다.[51]

미연방대법원에서는 일찍이 1919년 Abrams 판결에서 Holmes 대법관이 "바람직한 최선은 사상의 자유로운 교환에 의해 더 잘 얻을 수 있다는 것 - 즉, 진리에 대한 가장 좋은 시험은 시장에서의 경쟁 속에서 자신을 받아들이게 할 수 있는 사상의 힘이 있는지 보는 것"[52]이라는 의견을 피력함으로써 사상의 자유시장 이론을 수용하였고, 우리나라 헌법재판소 역시 "시민사회 내부에서 서로 대립되는

Law Journal, Vol.72 No.5, 1963, pp.878-886 참조.
49) 헌재 1998. 4. 30. 95헌가16, 판례집 10-1, 327, 338.
50) 헌재 1999. 6. 24. 97헌마265, 판례집 11-1, 768, 775.
51) Thomas I. Emerson, 앞의 글(1955), p.657; Michael I. Meyerson, "Rewriting Near v. Minnesota: Creating a Complete Definition of Prior Restraint", *Mercer Law Review*, Vol.52 No.3, 2001b, p.1141; 김철수 외, 「주석헌법」, 개정2판, 법원사, 1996, p.206 참조.
52) Abrams v. United States, 250 U.S. 616, 630 (1919) (Holmes, J., Dissenting).

다양한 의견과 사상의 경쟁메커니즘에 의하여 그 표현의 해악이 해소될 수 없을 때에만 비로소 국가의 개입은 그 필요성이 인정되는 것"[53]이라고 하여 이러한 관념을 채택하고 있음을 암시한 바 있다.

2. 사후처벌과의 구별론

가. 사전제한과 사후처벌의 구별에 관한 논의

검열금지 법리는, 표현의 자유를 제한하는 여러 수단들 가운데 '사전제한'과 '사후처벌'을 대조함으로써 그 차이점을 강조하는 이론으로도 설명되어 왔다. '표현을 하기 위해 행정기관에 의한 내용심사를 통해 허가를 받도록 하는 법체계'는 '이미 행해진 표현에 대해 사법기관에 의한 재판으로 형사처벌 여부가 결정되도록 하는 법체계'와 서로 구별되는 것이며, 전자가 후자보다 표현억제적인 효과 측면에서 더 강하기 때문에 더 엄격한 법리가 적용되어야 한다는 것이다.[54]

물론 이때 후자에 해당하는 법률이란, 일정한 범주의 표현을 금지하고 위반 시 형사처벌하는 내용의 입법을 의미하는 것이며, 행정처분과 다름없을 정도로 입법 내용 자체가 특정한 표현물을 금지하는 '처분적 법률'에는 이르지 않는 것을 전제한다. 처분적 법률은 입법기관 직접 특정한 화자를 침묵시키거나 또는 특정한 출판을 금지하는

---

53) 헌재 1998. 4. 30. 95헌가16, 판례집 10-1, 327, 340.

54) Jenneth J. Arenson, "Prior Restraint: A Rational Doctrine or an Elusive Compendium of Hackneyed Cliches", *Drake Law Review*, Vol.36 No.2, 1986, p.266; Steve Helle, "Prior Restraint by the Backdoor: Conditional Rights", *Villanova Law Review*, Vol.39 No.4, 1994, pp.834-835; Ariel L. Bendor, "Prior Restraint, Incommensurability, and the Constitutionalism of Means", *Fordham Law Review*, Vol.68 No.2, 1999, pp.307-308; 켄트 미들턴·윌리엄 리, 강명일 역, 「공공 커뮤니케이션 법」, 커뮤니케이션북스, 2014, pp.137-138; 안경환, 앞의 글, p.20 참조.

법을 제정하는 것으로서, 결국 사전제한에 해당하게 될 것이다.[55]

그동안 사전제한이 사후처벌보다 표현억제적 효과를 갖는 이유에 대해서는 여러 문헌들에서 다양한 관점으로 주장되어 왔는데, 가장 대표적으로 토머스 에머슨의 견해[56] 및 미카엘 마이어슨(Michael I. Meyerson)의 견해[57]를 들 수 있다. 이하에서는 위 두 견해를 포함하여, 사전제한에 대해 더 엄격한 법리가 전개되어야 하는 이유로 공통적으로 제시되고 있는 요소들을 몇 가지 항목으로 나누어 정리해보고자 한다.

나. 사전제한과 사후처벌의 구별점

(1) 위법성 판단의 객관성 보장의 정도

사전제한은 사후처벌보다 표현의 위법성 판단 시 객관성을 담보하기 어려운 측면을 지닌다. 사전제한을 행하는 행정기관의 경우 규제를 위해 존재한다는 기관의 성격상 근시안적인 관점에서 언론을 억제하려는 성향을 지니는 반면, 사후처벌을 행하는 사법기관은 규제 목적으로부터 자유롭고 헌법적 이슈들을 판단하기에 필요한 정치적 독립성을 유지하고 있으며 장기적인 안목을 가짐과 동시에 과도한 편협성으로부터 탈피할 수 있기 때문이다.[58]

---

55) Michael I. Meyerson, "Neglected History of the Prior Restraint Doctrine: Rediscovering the Link between the First Amendment and the Separation of Powers", *Indiana Law Review*, Vol.34 No.2, 2001a, p.340; 김하열, 「헌법강의」, 박영사, 2018, pp.479-480 참조.
56) 자세한 내용은, Thomas I. Emerson, 앞의 글(1955), pp.655-660 참조.
57) 자세한 내용은, Michael I. Meyerson, 앞의 글(2001b), pp.1135-1145 참조.
58) Martin H. Redish, "The Proper Role of the Prior Restraint Doctrine in First Amendment Theory", *Virginia Law Review*, Vol.70 No.1, 1984, pp.76-77; Alec Harrell, "Who Cares about Prior Restraint? And Analysis of the FCC's Enforcement of Indecency Forfeiture Orders", *Southern California Law Review*,

미연방대법원에서는 "검열을 업무로 하는 검열관은 독립된 부서로서의 법원보다 헌법적으로 보호되는 자유로운 표현의 이익을 덜 고려하게 된다는 위험을 내재한다."[59]라거나, "[법원의 재판에 있어서는] 결정을 내리는 자가 정부로부터 독립한 기관에 소속되고 법관이나 배심은 적극적인 검열에 관하여 하등 개인적 이해를 갖지 않음에 반하여, 검열관은 정부 조직의 한 부분이고 그의 책임 때문에 검열을 선호하는 제도적 편견을 투영하게 될 위험이 존재한다."[60]라는 의견이 제시된 바 있다. 우리나라 국가인권위원회 역시 2010년 "행정기관은 사법부와 달리 정치권력으로부터 독립성이 보장되어 있지 않아, 그 판단이 자의적이거나 정치권력을 비호하는 용도로 동원될 가능성이 있다."[61]라는 입장을 밝힌 바 있다.

(2) 표현자의 절차 참여의 정도

사전제한이나 사후처벌 모두 특정 표현의 위법성 판단을 전제로 한 것이다. 이 판단은 권력분립의 관점에서 보았을 때, 사법기관이 정식 재판 절차를 통해 행하는 것이 원칙이다.[62]

사후처벌이 이루어지는 과정은 다음과 같은 시간 순서를 보인다. "① 입법기관이 금지되는 표현을 정의하는 일반적이고 추상적인 법을 제정한다. ② 표현이 행해진다. ③ 행정기관은 수사, 기소 등 법적

Vol.70 No.1, 1996, p.261; Henry P. Monaghan, "First Amendment "Due Process"", *Harvard Law Review*, Vol.83 No.3, 1970, pp.522-523 참조.

59) Freedman v. Maryland, 380 U.S. 51, 57-58 (1965).

60) A Quantity of Books v. Kansas, 378 U.S. 205, 223 (1964) (Harlan, J., Dissenting).

61) 국가인권위원회 상임위원회 결정, 정보통신심의제도에 대한 개선권고, 2010. 10. 18.

62) Edward L. Carter & Brad Clark, "Death of Procedural Safeguards: Prior Restraint, Due Process and the Elusive First Amendment Value of Content Neutrality", *Communication Law and Policy*, Vol.26, 2006, p.237 참조.

인 절차를 시작한다. ④ 사법기관이 최종적으로 그 표현의 합법성을 판단한다."63) 즉, 행정기관은 사법기관에 판단을 구할 수만 있을 뿐 종국적인 표현의 위법성 판단을 할 수는 없고, 이에 관한 판단은 사법기관에 의해 이루어지게 된다. 이와 같은 권력분립의 전형적 구조하에서는, 표현의 위법성 판단에 있어 표현자의 절차 참여가 충분히 보장된다고 할 수 있다. 표현자는 대립당사자 구조로 형성된 사법절차에서 일방 당사자로서 의견제출이나 청문의 기회를 보장받을 수 있으며, 1차적 결정에 대해 불복을 제기할 수도 있기 때문이다. 이에 따라 사후처벌 절차에 있어서는 일방적인 판단이 이루어지거나 표현의 자유가 과도하게 제약될 염려가 상대적으로 적다고 할 수 있다.

반면 사전제한의 경우, 표현의 위법성에 관한 종국적인 판단이 사법기관의 개입 없이 행정기관에서 먼저 이루어지게 되고, 사법기관은 사후에 행정기관의 판단에 위법·부당한 점이 없는지를 심사할 수 있을 뿐이다. 이는 권력분립의 전형을 벗어난 구조를 보이는 것이며, 이에 따라 사후처벌에 비해 표현의 위법성 판단에 있어 표현자의 절차 참여가 부족해 질 수밖에 없다. 행정절차의 경우, 사법절차와 달리 적정성보다 신속성이 강조되므로, 목적달성에 편도되어 이해관계인의 이익을 소홀히 할 가능성이 크기 때문이다.64)

주의할 점은 여기서 말하는 사법기관이란, 당연하게도 대립당사자 구조 하에서 당사자의 의견제출이나 청문, 불복의 기회 등이 보장되는 한편, 입증책임이나 무죄추정, 증거법칙 등의 법리가 엄격히 적용되고 관련된 이익형량을 충실히 수행하는 기관일 것을 전제로

---

63) Michael I. Meyerson, 앞의 글(2001a), pp.339-340 참조.

64) J. C. Jeffries, Jr., "Rethinking Prior Restraint", *Yale Law Journal*, Vol.92 No.3, 1983, pp.422-426; David S. Bogen, "First Amendment Ancillary Doctrines", *Maryland Law Review*, Vol.37 No.4, 1978, pp.682-683; Martin H. Redish, 앞의 글, pp.63-66; 황도수, 앞의 글, p.191 참조.

한다.65) 형식상으로는 사법기관에 해당하지만 사법절차의 본질이라고
할 수 있는 위와 같은 요소가 결여되어 있는 경우라면, 이 맥락에서
말하는 진정한 의미의 사법기관에 해당한다고 보기 어려울 것이다.

(3) 추측성 판단의 정도

표현이 일반 대중에게 공개되어 그 영향이 구체화된 후에 이루어
지는 사후처벌과 달리, 사전제한은 해당 표현에 관한 일반 대중의
평가를 알 수 없는 상황에서 행해지게 되므로 그 영향을 구체적 근
거 없이 과장하여 파악할 여지가 크다.66) 특정한 표현이 발표되기
이전에는 그에 수반하는 위험에 대한 평가가 추측에 근거한 추상적
인 일반화를 통해 이루어질 수밖에 없기 때문이다. 이러한 점은, 사
전제한의 경우 사후처벌과 달리 그 과정이 비공식적·비공개적으로
이루어질 수밖에 없다는 점에서도 기인하는 측면이 있다.67) 미연방
대법원도 "그 개인이 무엇을 말할지는 사전에 알기 어렵기 때문에,
[사전제한이 행해지는 경우] 합법적인 표현과 위법적인 표현 사이의
선은 엄청난 위험을 감수한 채로 제멋대로 그어지게 된다."68)라고
판시한 바 있다.

---

65) 박용상, "영화에 대한 사전검열의 금지", 김용준헌법재판소장화갑기념논
   문집간행위원회 편, 「재판의 한 길」, 박영사, 1998, pp.148-149; 양건, 앞의
   글(1989), pp.140-141; J. C. Jeffries, Jr., 앞의 글, pp.416-417 참조.
66) 박용상, 앞의 글(2010), p.124; 김한성, "언론·출판의 자유의 절차적 보호",
   「미국헌법연구」 제5권, 1994, pp.5-7; 존 노왁·로널드 로툰다, 이부하 역, 「표
   현의 자유와 미국헌법」, 한국학술정보, 2007, pp.122-125; Vincent Blasi,
   "Toward a Theory of Prior Restraint: The Central Linkage", *Minnesota Law
   Review*, Vol.66 No.1, 1981, pp.51-52; Martin H. Redish, 앞의 글, pp.66-70 참조.
67) Richard Favata, "Filling the Void in First Amendment Jurisprudence: Is There
   a Solution for Replacing the Impotent System of Prior Restraints?", *Fordham
   Law Review*, Vol.72 No.1, 2003, pp.177-178; 양건, 앞의 글(1998), pp.221-222
   참조.
68) Southeastern Promotions, Ltd. v. Conrad, 420 U.S. 546, 559 (1975).

(4) 표현의 시의성에 미치는 영향의 정도

사후처벌을 위해 모든 표현자에 대한 수사나 기소를 하는 것은 불가능한 반면, 사전제한은 모든 표현물이 국가에 의해 심사될 것을 요구한다.[69] 또한 사전제한의 체계 하에서 행정기관에 의해 내려진 표현의 위법성에 대한 판단은, 사후적으로 사법기관에 의해 그 효력이 상실될 여지가 존재하지만, 일단 그러한 판단이 내려졌다는 사실만으로 한시적 기간 동안 이에 복종하도록 만든다.[70]

이러한 점은 결국 표현의 발표 시기를 표현자가 정할 수 없게 만들 뿐만 아니라, 사전제한을 통과한 시점 또는 사전제한이 추후 위법한 것으로 밝혀진 시점에는 해당 표현을 이미 시의성을 상실한 것으로 만들기도 한다.[71] 우리나라 헌법재판소는 "특정한 쟁점이나 사건에 대한 자신의 의견을 표명하는 것과 관련해서는 그 대상과의 연관성이 밀접한 시기에 그 사건에 알맞은 의견을 표시하는 '시의성'이 매우 중요한 요소를 차지하므로, 표현의 '시의성'을 최대한 보장할 필요가 있다. 이는 해당 표현에 대한 반론과 토론을 통하여 '사상의 자유시장'에서 자정작용이 이루어지도록 하는 것과도 연관되어 있는 표현의 자유의 중요한 기능이다."[72]라고 판단한 바 있으며, 미연

---

69) 켄트 미들턴·윌리엄 리, 앞의 책, p.138; Ariel L. Bendor, 앞의 글, pp.309-310; David S. Bogen, 앞의 글, p.682 참조.

70) 박경신, 앞의 글(2002), p.82; 황성기, "불법정보에 대한 방송통신위원회의 취급거부·정지·제한명령제도의 헌법적 및 합헌적 해석·적용의 방향: 한총련 웹사이트 폐쇄사건을 중심으로", 「법학평론」 제6권, 2016, pp.19-20; András Koltay, "The Possibilities of the Restraint of Media Consent Prior to Publication", *Hungarian Yearbook of International Law and European Law 2014*, 2014, p.426 참조.

71) 안경환, 앞의 글, p.20; 황도수, 앞의 글, pp.188-189; 이인호, 앞의 글(1997b), pp.260-261; 정필운, "언론·출판의 자유의 제한 체계", 「연세법학연구」 제14권 제1호, 2004, pp.245, 250; David S. Bogen, 앞의 글, p.682 참조.

72) 헌재 2012. 5. 31. 2010헌마88, 판례집 24-1하, 578, 590.

방대법원에서도 "시민이 쟁점사안에 관하여 의견을 갖는다는 것은 민주주의 정부의 운영에 중요한 것이다. 어떤 경우에는 하루 이틀의 지체가 결정적일 수 있다."[73]라는 의견이 제시된 바 있다.

한발 더 나아가면, 사전제한은 그것이 존재한다는 사실 자체만으로도 자신의 표현을 국가에 드러내야 한다는 심정적 부담 때문에 아예 단념하게 만드는 효과 역시 가져올 수 있다.[74] 미연방대법원은 이를 두고 "사후제한은 표현의 자유를 '위축(chill)'시키지만, 사전제한은 표현의 자유를 '동결(freeze)'시킨다."[75]라는 언급도 한 바 있다.

Ⅲ. 소결

1. 검열금지 법리의 근거

지금까지 살펴본, 밀턴, 로크, 밀의 주장, 사상의 자유시장 이론, 사후처벌과의 구별론 등을 종합해 보면, 검열금지 법리는 표현의 자유를 제한하는 여러 유형의 수단들 중에서도 표현의 내용을 심사하여 금지 여부를 결정하는 형태가, 가장 큰 해악, 즉, 강한 표현억제적 효과를 갖는다는 데 근거를 두고 있음을 알 수 있다. 제시된 해악의 내용들은 파악하는 관점에 따라 다양하게 범주화될 수 있을 것이나, 이 책에서는 아래와 같이 크게 4가지 요소로 구분해 보고자 한다.

2. 검열의 해악 4가지

첫째, '자의성'이다. 이 요소는, '검열은 권력자의 자의에 따라 언

---

73) A Quantity of Books v. Kansas, 378 U.S. 205, 224 (1964) (Harlan, J., Dissenting).
74) 이인호, 앞의 글(1997b), p.249; 박경신, 앞의 책, p.28 참조.
75) Nebraska Press Association v. Stuart, 427 U.S. 539, 559 (1976).

론을 근본적으로 통제할 수 있으므로 타당하지 않다'는 로크의 주장과, '무과실의 검열관은 있을 수 없으므로 진리에 해당하는 표현까지 금지될 가능성이 존재한다'는 밀턴 및 밀의 주장, 사후처벌과의 구별론 중 표현의 위법성 판단 시 객관성이 담보되지 않는다는 측면 등을 통해 도출해 볼 수 있는 것으로, '권력자에 의한 자의적 결정가능성'이 존재한다는 점이 검열의 전형적 해악에 해당할 수 있음을 의미한다.

둘째, '일방성'이다. 이 요소는, 사후처벌과의 구별론 중 표현자의 절차 참여가 충분히 보장되지 않는다는 점, 즉, 대립당사자 구조의 형성 및 의견제출, 청문 등의 기회 보장, 불복가능성 허용 등이 제대로 이루어지지 못한다는 측면을 통해 도출해 볼 수 있는 것으로, '표현 금지 여부 결정 과정에서 상대방 당사자인 표현자가 배제'된다는 점이 검열의 전형적 해악에 해당할 수 있음을 의미한다.

셋째, '비공개성'이다. 이 요소는, '설령 진리가 아니거나 유해한 표현이라고 하더라도 그에 대한 평가는 사상의 자유시장에서 이루어짐이 타당하다'는 사상의 자유시장 이론 및 그 근거가 되었다고 할 수 있는 밀턴 및 밀의 주장, 사후처벌과의 구별론 중 예측에 기초한 판단이 행해질 수밖에 없는 측면 등을 통해 도출해 볼 수 있는 것으로, 해당 표현에 대해 '일반 대중에 의한 평가 기회를 상실'시킨다는 점이 검열의 전형적 해악에 해당할 수 있음을 의미한다.

넷째, '시기지연성'이다. 이 요소는, '일정 기간 특정한 표현을 금지하는 것은 그 자체로도 부당할 뿐만 아니라 다른 의견이 도그마가 되는 것을 막아줄 수도 없다는 점에서 문제가 된다'는 밀턴 및 밀의 주장, 검열이 이루어지면 해당 표현에 있어 가장 적절한 시기에 일반 대중의 평가를 받을 기회를 상실하게 된다는 사상의 자유시장 이론, 사후처벌과의 구별론 중 표현의 시의성에 막대한 영향을 미침은 물론 이를 넘어서 아예 시의성을 상실시킬 수도 있다는 측면 등을 통해 도출해 볼 수 있는 것으로, '표현의 시기를 지연'시킨다는 점이 검열의 전형적 해악에 해당할 수 있음을 의미한다.

3. 검열의 변모 가능성

다만, 앞서 살펴본 영국의 출판허가제 폐지에 대한 평가에서 확인할 수 있듯이, 표현의 내용을 심사하여 금지 여부를 결정하는 수단 중에서도 특히 위와 같은 4가지 해악의 요소들을 갖는 것으로서 금지되어야 하는 행위가 구체적으로 어떠한 것인지는, 당대의 매체환경에 따라 다양하게 나타날 수 있다고 하겠다. 가령, 앞서 살펴본 것처럼 영국의 출판허가제 하에서는 국가가 직접 개별 출판물들을 금지시키는 행위까지 행한 것이 아니라 서적상조합에게 출판에 대한 특권을 부여하고 이들을 이용하는 방식을 취하였다. 또한 독일의 「바이마르 헌법」 시기에는 영화, 전시, 공연과 같은 특정한 표현물의 경우 검열이 허용되기도 하였다.

이러한 점들은, 검열금지 법리의 본질이 위에서 본 강한 표현억제적 효과를 구성하는 4가지 요소가 있는 표현의 자유 제한 수단을 허용하지 않으려는 것에 있으며, 어떠한 수단이 이에 해당하는지에 대한 판단은 시대와 상황 등에 따라 달라질 수 있음을 시사한다.

제2절 한국에서의 검열금지 법리의 전개

Ⅰ. 헌법상 검열금지 조항의 연혁

1. 제헌헌법

제헌헌법은 제13조에서 "모든 국민은 법률에 의하지 아니하고는 언론, 출판, 집회, 결사의 자유를 제한받지 아니한다."라고만 규정하고, 검열금지 조항은 별도로 두지 않았다.

그러나 제헌헌법 기초 작업을 하였던 유진오가 위 규정을 해설한 문헌에는, "언론의 자유는 영국에 있어서 17세기 말에 검열법(Licensing Act)의 폐지와 함께 대개 확립되었으며, 근대에 이르러서는 각국의 권리선언 또는 헌법에 거의 예외 없이 규정됨에 이르른 것"이라며, "출판의 자유에 대한 가장 큰 침해는 검열제도인데 이는 부득이한 경우가 아니면 행하지 않는 것이 본조의 취지에 부합"[1]한다고 기재되어 있다. 즉, 헌법상 표현의 자유에 관한 조항에 명시적 문언이 없더라도, 검열금지의 취지는 포함되어 있다는 설명이다.

이러한 해석 기조는 1960년 개헌 직전시기까지 이어졌는데, "영국에 있어서 출판물의 사전검열을 폐지함으로써 사상발표의 자유가 확립되었던 사례를 보더라도, 검열제도는 원칙으로 부정하는 것이 타당할 것이며, 군사상 치안상 부득이한 경우에 한해서 법률로써 규정해야 할 것이다(미국수정 1조, 일본 21조, 서독 5조, 오스트리아 13조 등은 검열제도를 금지하였다.)."[2]라는 서술로부터도 이를 확인할 수 있다.

---

1) 유진오, 「(신고)헌법해의」, 일조각, 1953, pp.74-76.
2) 문홍주, 「한국헌법론」, 일조각, 1960, p.97.

2. 1960년 헌법

1960년 헌법에 이르러서야 헌법에 검열금지 조항이 명시적으로 도입되었다. 그런데 해당 조항이 처음 도입되었을 때는 표현의 자유와 관련된 제13조에 규정된 것이 아니라, 기본권에 대한 일반적 법률유보에 관한 제28조 제2항 단서의 일부로 규정되었다. 그 문언이 "규정할 수 없다."라고 되어 있는 점에서, 미국 수정헌법 제1조에 가장 근접한 규정이라고 평가하는 견해가 존재한다.3)

제13조 모든 국민은 언론, 출판의 자유와 집회, 결사의 자유를 제한받지 아니한다.
제28조 ② 국민의 모든 자유와 권리는 질서유지와 공공복리를 위하여 필요한 경우에 한하여 법률로써 제한할 수 있다. 단, 그 제한은 자유와 권리의 본질적인 내용을 훼손하여서는 아니되며 언론, 출판에 대한 허가나 검열과 집회, 결사에 대한 허가를 규정할 수 없다.

이때부터 헌법상 금지되는 검열이란 '사전'검열을 의미하는 것이며 법률에 의할지라도 인정되지 않는 '절대적 금지'를 의미한다는 이해들이 등장하기 시작한다.4) 헌법의 개정이유에서도 "국민의 기본적 권리의 보장을 강화한 것으로, 자유권에 대한 유보조항을 삭제하여 이를 제28조에 통일적으로 규정하는 동시에, 국민의 자유와 권리를 제한하는 법률도 자유와 권리의 본질적인 내용을 훼손하지 않도록 하고, 언론·출판·집회·결사의 사전허가 또는 검열제를 금지함."이라는 표현이 등장한다(밑줄은 필자).

다만, 헌법 개정 시 국회 논의 과정을 살펴보면, 위 조항의 문언

---

3) 박용상, 「표현의 자유」, 현암사, 2002, p.69 참조.
4) 한태연, 「신헌법」, 개정판, 법문사, 1960, pp.176-177 참조.

을 성안한 자들은, 출판물이 이미 출판된 이후에도 (형벌법규에 위반한 경우라면 형사소송법에 의한 압수나 몰수는 가능하지만) 출판물의 판매금지, 폐간, 정간 등은 법률로써 규정할 수 없다는 점 역시 염두에 두고 있었음을 알 수 있다.5)

3. 1962년 헌법

1962년 헌법에서는, 기본권에 대한 일반적 법률유보 조항에 포함되어 있었던 검열금지 조항을 분리해내어 표현의 자유 조항에서 함께 규정하는 형식을 취하였다. 아래와 같은 규정 내용은 1969년 헌법에서도 유지되었다.

> 제18조 ① 모든 국민은 언론·출판의 자유와 집회·결사의 자유를 가진다.
> ② 언론·출판에 대한 허가나 검열과 집회·결사에 대한 허가는 인정되지 아니한다. 다만, 공중도덕과 사회윤리를 위하여는 영화나 연예에 대한 검열을 할 수 있다.

검열에 관한 별도의 일반적인 금지 규정을 두면서도 영화와 연예에 대해서는 예외적으로 허용하는 단서를 둔 것이 특기할 만한데,6)

---

5) 국회 제35회(임시회), 본회의 제34차 회의 회의록, 1960. 6. 11., pp.14-15, 헌법개정안기초위원장 정헌주의 발언내용 참조.

6) 이에 따라 1961년 「공연법」에 이어 1962년 「영화법」, 1967년 「음반에 관한 법률」은 검열을 시행하는 규정을 두었다. 특히 「영화법」의 경우 1962년부터 1995년까지 "해당 부분을 삭제하여도 상영에 지장이 없다고 인정될 때에는 그 부분을 삭제하고 심의필을 할 수 있다."라는 내용의 조항이 존재하였고, 이에 따라 해당 기간 심의대상이 되었던 영화 가운데 57%가 삭제 지시를 받았다고 한다. 한위수, "영화등급제와 표현의 자유", 「세계헌법연구」 제8호, 2003, pp.83-85; 박선영, "영화에 대한 사전심의의 위헌 여부", 「법조」 제483권 제12호, 1996, p.132 참조.

그 기원은 여러 경로에서 찾아진다.

1961년 5월 16일 선포되었던 「군사혁명위원회 포고」 제1호 제3항에서는 "언론·출판·보도 등은 사전 검열을 받아야 한다. 혁명에 관련된 일체기사는 사전에 검열을 받으며 외국통신의 전재도 이에 준한다."라고 규정하고 있었고,[7] 이후 「비상조치법」 제3조에 의해 헌법 제28조 제2항을 포함한 헌법상 제약의 효력이 정지된 뒤 내려진 「국가재건최고회의령」 제15호 제2항은 "⑴ 언론 출판 보도 등은 국가보안상 유해로운 기사, 논설, 만화, 사진 등을 공개하여서는 안 된다. 단, 영화, 연예 및 기타 일체의 문화예술행사는 사전검열을 받아야 한다."라고 하여, 언론, 출판, 보도 등에 대한 사전검열은 폐지하면서도 영화, 연예, 기타 문화예술행사에 대한 사전검열만큼은 유지하였다.[8]

1962년 헌법 개정 당시에는 6가지 큰 쟁점이 선별되어 논의되었고, 그 중 세 번째 쟁점이었던 '자유권의 내용과 보장방식'의 세부쟁점 중 하나로 '자유권에 관한 유보규정을 어떻게 할 것인가'가 제시되었으며, 그 소쟁점 중 하나가 '특히 언론 출판 집회 결사의 자유에 관하여 어떻게 규정할 것인가'였다. 헌법개정안에 대한 전국 단위의 공청회를 개최함에 있어서도 공통된 첫 번째 논제로 '기본권보장의 원칙을 어떻게 할 것인가, 특히 언론 출판 집회 결사의 자유를 어떻게 규정할 것인가?'가 제시되었다.

이에 관한 여러 의견들이 제시되었지만, 당시 위 쟁점을 다루었던 헌법심의위원회의 제2분과위원회에서는 허가제·검열제의 경우 특별한 조항이 없더라도 그 자체가 헌법에 위반되는 것이므로 오히려 예외적으로 허가제·검열제를 허용할 필요가 있는 표현물 유형만을 헌법에 규정하는 것이 더 타당하다는 결론을 도출해 내었다.[9]

---

7) 1964년 6월 3일 「계엄사 포고」 제1호도 동일한 내용을 규정하였다. 한병구, 「언론과 윤리법제」, 증정판, 서울대학교 출판부, 2000, pp.349-350 참조.
8) 박일경, 「혁명정부와 헌법」, 진명문화사, 1961, pp.17-18 참조.

헌법 개정 후 이에 관한 해석론을 전개했던 문헌들 중에는, 영화나 연예에 대해 검열을 허용하였던 사유를 당시 영화나 연예가 퇴폐적 경향으로 흐르고 있었던 사실이나 대중에게 미치는 영향이 직접적이고 강하다는 점을 들어 설명한 것이 있었다.[10] 또한, 다른 나라에서도 이러한 예외는 인정하고 있다는 점을 지적하면서, 일반적 법률유보 조항에 의해서도 예외가 인정될 수 있다는 견해 역시 존재하였다.[11]

4. 1972년 헌법

1972년 헌법에서는 다시 언론·출판에 대한 허가나 검열을 금지하는 내용의 조항을 삭제하고 제18조에서 "모든 국민은 법률에 의하지 아니하고는 언론·출판·집회·결사의 자유를 제한받지 아니한다."라는 조항만을 두었다. 그러나 당시 문헌들은, 이러한 개헌에도 불구하고 기존 헌법과 동일하게 검열은 원칙적으로 금지되되 영화, 연예에 대해서는 허용된다고 대부분 해석하고 있었다. 다만, 명문규정이 없는 상황에서 어떠한 법리에 따라 위와 같은 해석을 도출해 내는지 여부에 대해서는 다양한 입장이 있었는데, 크게 다음의 세 가지로 대별해 볼 수 있겠다.

첫째, 법률에 의한 예외가 인정될 수 있는 (묵시적인) 헌법상 원칙으로 이해하는 견해가 있었다. 이 견해는 "헌법에 언론·출판의 자유가 보장되면 허가와 검열을 금하는 규정이 없더라도 응당 허가·검열이 금지되는 것으로 해석하는 것이 원칙일 것"이라고 하면서도, "국

---

9) 대한민국국회, 「헌법개정심의록」 제1집, 1967a 중 헌법개정위원회 전문위원회의록 제5차, 1962. 8. 2., pp.348-352, 367 중 전문위원 이경호의 발언내용 참조.
10) 박일경, 「신헌법해의」, 진명문화사, 1963, pp.120-122 참조.
11) 문홍주, 「한국헌법」, 법문사, 1971, pp.202-203 참조.

가사회가 제거하지 않으면 아니 될 위해가 야기될 만한 명백하고도 현재적인 위험을 줄 특히 예외적인 경우에는 법률로써 허가·검열제를 실시하는 것은 허용될 수" 있으며 이에 해당하는 것이 기존의 헌법에서 허용하였던 "영화와 연예에 대한 검열"12)이라고 본다.

둘째, 기본권의 내재적 한계로 이해하는 견해가 있었다. 이 견해는 "검열은 표현의 자유에 대한 제약으로 원칙적으로는 부인"되지만, "자유의 관념에 병행하는 책임의 관념이 형성되어지기 위하여는 자유에 내재하는 본질적 제약으로서 특히 대중에 대한 영향이 강한 영화나 연예에 대하여는 검열의 필요성이 인정된다."13)라는 입장을 취한다.

셋째, 검열로부터의 자유를 표현의 자유라는 기본권의 한 내용으로서 구성하는 견해가 있었다. 이 견해에서는 "검열로부터의 자유는 언론의 자유에 있어서 그 핵심에 속"하지만 "영화나 연극에 있어서와 같이 대중의 감정에 시각에 의한 직접적인 반응을 주는 자유에 있어서는 그 사후의 통제는 아무런 효과가 없기 때문"에 "영화와 연극에 대해서는 검열이 인정"14)될 수 있다고 본다.

5. 1980년 헌법

1972년 헌법에서 삭제된 검열금지 조항은 1980년 헌법에서도 부활되지 못하였다. 이를 두고 헌법성립과정에서 각 정당과 사회단체의 다양한 개정안이 제시되었음에도 불구하고 처음부터 정부가 개헌 과정에서 주도권을 의도적으로 장악하였기 때문으로 파악된다는 평가가 존재한다.15)

---

12) 김기범, 「한국헌법」, 교문사, 1973, pp.200-201.
13) 갈봉근, 「유신헌법론」, 한국헌법학회, 1976, p.161.
14) 한태연, 「헌법학」, 2정판, 법문사, 1977, pp.327-328.
15) 임승은, "헌법상 표현의 자유와 검열금지원칙", 서울대학교 석사학위논문,

실제로 국회 헌법개정심의특별위원회의 논의 내용을 살펴보면, 국회 내부나 공청회 과정에서 검열금지 조항이 부활되어야 한다는 의견이 압도적으로 많았음을 알 수 있다.16) 정부가 발간한 「헌법연구반 보고서」에서도 "검열제의 금지규정을 두지 아니하므로 인하여 표현의 자유가 사전제한을 배제하는 데 있다는 기본적 성격까지도 무시하는 폐단이 있었"음을 지적함과 동시에 검열금지 조항을 부활시키자는 의견이 있었다고 기재하면서, 외국의 입법례까지 제시되어 있다.17)

다만, 영화, 연예에 대해 예외를 허용할 것인가를 두고서는, 매체환경의 변화로 앞으로 가장 중요한 언론·출판은 영화, 연예가 될 것인 점, 다른 언론·출판과 마찬가지로 자율심의에 맡기는 것이 타당한 점 등을 들어 예외로 허용해서는 안 된다는 견해18)와, 영화, 연예는 다른 언론·출판과는 성질이 다른 점, 서독 등 외국의 입법례를 보아도 청소년 보호 등을 위해 영화에 대해서는 검열을 행하고 있는 점 등을 들어 공중도덕과 사회윤리를 위해서는 영화, 연예에 대해서 법률로 규제할 수 있도록 규정해야 한다는 견해19)가 대립하고 있었다.

2011, p.17 참조.

16) 국회 제103회, 헌법개정심의특별위원회 제7차 회의(공청회) 회의록, 1980. 1. 16., pp.17-18, 공술인 김택현(대한변호사협회 대표)의 발언내용; 국회 제103회, 헌법개정심의특별위원회 제9차 회의(공청회) 회의록, 1980. 1. 19., p.27, 공술인 이덕수(변호사)의 발언내용; 국회 제103회, 헌법개정심의특별위원회 제10차 회의(공청회) 회의록, 1980. 1. 22., p.14, 공술인 정한상(부산일보 편집국장)의 발언내용 및 p.20, 공술인 정시영(변호사)의 발언내용; 국회 제103회, 헌법개정심의특별위원회 제11차 회의(공청회) 회의록, 1980. 1. 23., p.15, 공술인 류만곤(대한변호사회 대표)의 발언내용 등 참조.

17) 법제처 편, 「헌법연구반 보고서」, 1980, pp.123-126 참조.

18) 국회 제103회, 헌법개정심의특별위원회 제20차 회의 회의록, 1980. 5. 9., pp.19-21, 채문식 위원의 발언내용 참조.

19) 국회 제103회, 헌법개정심의특별위원회 제7차 회의(공청회) 회의록, 1980. 1. 16., p.14, 공술인 양호민의 발언내용; 국회 제103회, 헌법개정심의특별위원회 제8차 회의(공청회) 회의록, 1980. 1. 18., p.24, 공술인 김계환의 발언

결국 "검열제를 금지하는 규정을 두는 경우 사회윤리나 공중도덕에 직접적인 심대한 영향을 미치는 영화, 연예나 미성년자의 도덕적 품성과 정서생활에 관련된 출판물도 검열을 할 수 없게 되어 현실적으로 많은 문제가 발생한다. 우리의 현실문제에 비추어 볼 때 이들에 대하여는 검열제를 인정하는 것이 국가이익에 합당한 것이라는 것이 대부분의 의견인 것 같다."[20]라는 이유로 검열금지 조항은 그 자체가 부활되지 못하였다.

그러나 헌법 개정 이후 이를 해석한 문헌들은 대부분, 비록 헌법에 명시적인 검열금지 조항은 규정되어 있지 않지만 자유와 권리의 본질적인 내용을 침해할 수 없다는 조항은 두고 있으므로 검열금지 원칙이 부인된 것은 아니라는 입장을 취하고 있었고,[21] 또한 1980년 제정된 「언론기본법」 제2조 제2항에서 "언론에 대한 허가나 검열은 헌법이 정하는 경우 이외에는 인정되지 아니한다."라고 규정하고 있어 헌법에서 정하는 비상계엄의 경우를 제외하고는 검열이 허용되지 않는 것으로 일응 해석할 여지는 존재하였다고 할 것이다. 그러나 「영화법」, 「공연법」 등에 의한 영화, 연예에 대한 검열제는 그대로 실시되고 있었다.

6. 1987년(현행) 헌법

현행 헌법은 제21조 제2항에서 검열금지 조항을 다시 규정하였다. 앞서 본 바와 같이 검열금지 조항이 삭제되었던 시기에도 헌법상 검열이 전면적으로 허용된다고 해석되어 온 것은 아니었지만, 실

내용: 국회 제103회, 헌법개정심의특별위원회 제20차 회의 회의록, 1980. 5. 9., pp.4, 21, 소위원장 윤재명의 발언내용 참조.
20) 법제처 편, 앞의 책, pp.126-127.
21) 박용상, "한국의 언론법사(하)", 「법조」 제32권 제2호, 1983, p.41; 팽원순, 「매스코뮤니케이션법제이론」, 법문사, 1984, p.90; 권영성, 「(시론집)한국적 헌법문화」, 법문사, 1999, pp.104-105 참조.

제로는 검열이 긴급조치 등을 통해 자행되었던 점을 상기한다면 해
당 조항이 다시 부활할 것은 큰 의미가 있다고 볼 수 있다.[22] 당시 제
시되었던 여러 헌법개정안 중 민주정의당안에는 "영화나 연예에 대
하여 청소년보호와 공중도덕 및 사회윤리의 침해를 예방하기 위하여
법률이 정하는 바에 따라 검열을 허용한다."라는 내용이 포함되어 있
었으나, 통일민주당안이나 헌법학교수안은 오히려 "영화, 연예에 대
한 허가·검열은 인정되지 아니한다."는 확인적 내용을 규정하려 하였
고, 결국 신한민주당안과 한국국민당안에 따라 표현물의 종류를 언급
하지 않는 일반적인 허가·검열금지 조항을 두게 되었다.[23]

제21조 ① 모든 국민은 언론·출판의 자유와 집회·결사의 자유를 가진다.
② 언론·출판에 대한 허가나 검열과 집회·결사에 대한 허가는 인정되지
아니한다.

다만, 헌법 제77조 제3항은 대통령이 비상계엄을 선포한 경우 언
론·출판의 자유에 대해 특별조치를 취할 수 있도록 규정하고 있는
바, 현행 헌법 하에서도 이러한 극히 예외적인 상황에서는 검열이
허용될 수 있다고 볼 여지도 있다.[24]

7. 개헌논의

지금까지 살펴본 검열금지 조항의 연혁을 간략히 정리해 보면,

---

22) 박선영, 앞의 글(2010), p.710 참조.
23) 각 정당의 헌법개정시안의 내용은, 국회 제135회, 헌법개정특별위원회 제7
    차 회의 회의록(부록), 1987. 8. 31., pp.1-118 참조.
24) 박용상, 앞의 글(2010), p.204; 박선영, 앞의 글(2010), p.695; 김철수 외, 앞
    의 책, p.207; 이종훈, "상업광고에 대한 사전검열의 헌법적 문제: 헌법재
    판소 판례이론을 중심으로", 「헌법실무연구」 제17권, 2017, pp.16-17 참조.

1960년 헌법에서 기본권에 관한 일반적 법률유보 조항의 일부로 처음 명문화된 뒤, 1962년 헌법부터는 표현의 자유 조항으로 위치를 옮기면서도 영화나 연예에 대한 검열을 허용하는 예외를 두었고, 1972년 헌법에서는 완전히 삭제되었다가, 현행 헌법에 이르러서야 일체의 예외 없는 규정으로 부활하였다고 할 수 있다. 결국 기본권 제한에 관한 다른 조항과 구별된 별개의 조항에서, 적용이 제외되는 표현물 종류를 명시하지 않은 채 일반적 금지 조항으로 규정된 것은 현행 헌법부터이며, 그만큼 이와 같은 형태로 규정된 역사는 그리 오래되지 않았음을 알 수 있다.

이후 몇 차례 본격적으로 진행된 개헌 논의에서 검열금지 조항에 대해서는 특별히 개정의견이 제시된 바 없었으며,[25] 2018. 3. 26. 문재인 대통령이 발의하였다가 폐기된 헌법개정안에서도 검열금지 조항과 관련된 개정조항은 "제20조 언론·출판 등 표현의 자유는 보장되며, 이에 대한 허가나 검열은 금지된다."와 같은 문구로 성안되어, 특별한 사정이 없는 한 현행 헌법과 같은 형태의 검열금지 조항은 당분간 지속될 것으로 보인다.

다만, "검열의 중요요소를 헌법에 명시하고, 청소년보호를 위한 사전심사가 가능하도록 헌법에 그 근거를 예외적으로 둘 것인가를 검토할 필요가 있다."[26]라거나, "언론·출판에 대한 허가·검열금지는 절대적 금지라는 헌법재판소의 해석에 의하여 검열금지의 예외를 설정하기 어려운 실정인데, 헌법개정에 즈음하여 청소년 보호나 행형 목적 등을 위한 예외적 검열조항의 신설은 충분히 검토해 볼 수 있다."[27]라는 견해도 존재하고는 있는 상황이다.

---

25) 그동안 현행 헌법 제21조의 개정 방안과 관련하여 각종 자문위원회에서 논의된 내용을 정리한 문헌으로, 조소영, "언론기본권과 개헌", 「언론과 법」 제17권 제2호, 2018, pp.21-27 참조.
26) 정재황, "헌법개정과 기본권", 「저스티스」 통권 제134-2호, 2013, p.182.

II. 검열금지 법리의 형성

1. 헌법재판소 결정에 의한 법리의 정립

지금까지 본 바와 같이, 검열금지 조항은 현행 헌법을 비롯하여 몇 차례 명문화된 적이 있었지만, 금지되는 '검열'의 요건 및 검열에 해당하면 발생하게 되는 '금지'의 효과 등에 대해서는 구체적으로 규정된 바 없었다. 헌법재판소도 "현행 헌법은 명문으로 언론에 대한 검열금지원칙을 선언하면서, 헌법이 금지하는 검열이 구체적으로 어떠한 것인지에 대하여는 규정하고 있지 않다."[28]라고 판시한 바 있다. 따라서 우리나라에서 헌법상 검열금지 법리는 개별 사건에 대한 헌법재판소의 결정들이 집적되면서 정립되었다고 할 것이다.[29] 이하에서는 그동안의 헌법재판소 결정들을 시기별로 살펴보면서, 우리나라에서 검열금지 법리가 형성되고 전개되어 온 과정을 개관하고자 한다.

2. 검열금지를 언급한 초기 결정례

헌법재판소는 1992년 두 건의 결정을 통하여 처음으로 검열금지를 언급하였다. 정기간행물 납본제도(90헌바26 결정)와 교과서 검정제도(89헌마88 결정)에 관한 사건이었는데, 검열금지란 표현의 '내용'을 이유로 한 제한이 있을 때 적용되는 법리임을 전제로 하여, 두 건

---

27) 이준상, "지정토론문", 제8회 한국법률가대회 제1세션 제1분과 세미나, 「저스티스」 통권 제134-2호, 2013, p.218.
28) 헌재 2005. 2. 3. 2004헌가8, 판례집 17-1, 51, 58.
29) 이노홍, "상업적 광고규제와 표현의 자유 보호론 재검토", 「홍익법학」 제17권 제1호, 2016, p.221; 김배원, "언론·출판의 자유와 사전검열금지원칙", 「공법학연구」 제16권 제1호, 2015, p.72; 임승은, 앞의 글, pp.3-4 참조.

모두 표현의 '방법'에 관한 제한이기 때문에 해당 법리가 적용되지 않는다고 판단하였다.

검열금지의 요건이나 효과에 관한 구체적인 내용은 아직 등장하지 않았지만, 헌법상 금지되는 검열의 개념은 이 두 결정부터, "개인이 정보와 사상을 발표하기 이전에 국가기관이 미리 그 내용을 심사·선별하여 일정한 범위내에서 발표를 저지하는 것"이라고 제시되었다.[30] 특히 검열의 시기에 관해 '사전' 검열만을 의미한다는 설시 부분은 이후의 결정들에서 계속 유지되고 있다(아래 인용 참조). 다만, 이 두 결정들은 검열의 주체에 관해 '국가기관'이라고만 지칭하고 있었는데, 이는 '행정권'이라고 명시한 이후의 결정들과 차이를 보이는 부분이다.

"언론·출판에 대한 이 검열금지는 사전검열금지만을 의미한다는 것이 세계의 자유민주주의국가에 있어서 일반적인 경향이다. 언론·출판에 대한 검열금지라 함은 의사표현이 외부에 공개되기 이전에 국가기관이 그 내용을 심사하여 특정한 의사표현의 공개를 허가하거나 금지시키는 이른바 사전검열의 금지를 말한다."[31](이상, 밑줄은 필자)

3. 검열금지의 요건과 효과를 설정한 결정례

헌법재판소는 1996년에 이르러 공연윤리위원회에 의한 영화 사전심의제도에 관한 사건에서 처음으로 검열금지 법리를 적용하여 위헌으로 판단하였는데(93헌가13등 결정), 이 결정에서 해당 사안과 직접 관련이 없는 내용을 포함하여 검열금지 법리 전반에 관해 설시하였고 이는 그 이후 결정들에서도 재차 인용되면서 법리의 확립에 초석이 되었다.

---

30) 헌재 1992. 11. 12. 89헌마88, 판례집 4, 739, 759.
31) 헌재 1992. 6. 26. 90헌바26, 판례집 4, 362, 370-371.

가. 검열금지의 요건 설정

(1) 검열의 개념

우선 이 결정은 "검열은 행정권이 주체가 되어 사상이나 의견 등이 발표되기 이전에 예방적 조치로서 그 내용을 심사, 선별하여 발표를 사전에 억제하는, 즉, 허가받지 아니한 것의 발표를 금지하는 제도를 뜻한다."[32]라고 하여, 1992년의 두 결정에서 제시한 검열의 개념을 다소 조정하여 제시하고 있다.

검열의 시기에 관해 '사전'검열을 의미한다는 점은 동일하게 유지되었지만, 검열의 주체에 관해서는 '국가기관'이 아니라 '행정권'이라고 좁혀서 판시하고 있다. 이러한 변화의 배경에 관한 논거는 별도로 언급되지 않았다.[33] 다만, 이 결정의 다른 부분 판시에서는 여전히 '국가기관'이라고 언급한 부분[34]도 존재하는 등 혼란을 보이고 있다.

이를 두고, "검열의 주체를 행정권에 한정시킨 듯한 인상을 주는 표현이 있으나, 이 사건에서 문제된 것이 공연윤리위원회이기 때문에 그러한 표현을 썼을 뿐 검열의 주체를 행정기관에 한정시킨 것은 아니라고 해석할 수 있다."[35]라는 견해도 존재한다. 그러나 아래에서 살펴볼 이후의 결정부터는 '국가기관'이라는 표현이 일체 사라지고 '행정권'이라는 표현만이 남게 된바, 헌법재판소는 검열의 주체를 명시적

---

32) 헌재 1996. 10. 4. 93헌가13등, 판례집 8-2, 212, 222.

33) 같은 평가로, 김형성, "간행물 심의와 표현의 자유", 「성균관법학」 제17권 제2호, 2005, p.53; 권용진·임영덕, "의료광고 사전심의제도에 관한 법적 고찰", 「유럽헌법연구」 제10호, 2011, p.433; 양건, 앞의 글(1998), p.221; 정필운, 앞의 글, p.237 참조.

34) 헌재 1996. 10. 4. 93헌가13등, 판례집 8-2, 212, 223-224 참조.

35) 홍성방, "영화법 제12조 등에 대한 위헌결정(1996년 10월 4일 선고, 93 헌가 13, 91 헌바 10 결정)", 「한림법학 FORUM」 제6권, 1997, p.16.

으로 국가기관 중 '행정기관'만으로 좁힌 것이라고 보아야 할 것이다.

(2) 검열의 4가지 요건

다음으로 이 결정은 검열에 해당하기 위한 4가지 요건도 최초로 설정하였다. '허가를 받기 위한 표현물의 제출의무', '행정권이 주체가 된 사전심사절차', '허가를 받지 아니한 의사표현의 금지', '심사절차를 관철할 수 있는 강제수단'이 그것이다. 이렇게 설정된 요건이 현재까지 변함없이 유지되면서 검열금지 법리에 따른 위헌성 심사에 있어 핵심적 내용이 되고 있다. 다만, 이러한 요건을 설정한 근거도 별도로 언급하지는 않았다.

> "검열금지의 원칙은 모든 형태의 사전적인 규제를 금지하는 것이 아니고, 단지 의사표현의 발표여부가 오로지 행정권의 허가에 달려있는 사전심사만을 금지하는 것을 뜻한다. 그러므로 검열은 일반적으로 허가를 받기 위한 표현물의 제출의무, 행정권이 주체가 된 사전심사절차, 허가를 받지 아니한 의사표현의 금지 및 심사절차를 관철할 수 있는 강제수단 등의 요건을 갖춘 경우에만 이에 해당하는 것이다."[36](밑줄은 필자)

(3) 검열에 해당하지 않는 행위

이 결정은 여기에서 한발 더 나아가, "검열을 수단으로 한 제한은 법률로써도 허용될 수 없는 것이기 때문에 검열의 의미는 다음과 같이 제한적으로 해석하여야 함이 마땅하다."[37]라고 부연하면서, 검열에 해당하지 않는 표현의 자유 제한 수단을 제시하고 있다.

먼저 '사후심사나 검열의 성격을 띠지 아니한 그 외의 사전심사는 검열에 해당하지 아니한다'고 보면서, 이 경우 '기본권제한의 일

---

36) 헌재 1996. 10. 4. 93헌가13등, 판례집 8-2, 212, 223.
37) 헌재 1996. 10. 4. 93헌가13등, 판례집 8-2, 212, 223.

반적 원칙인 헌법 제37조 제2항에 의해 상충하는 다른 법익과의 교량과정을 통하여 허용 여부가 결정된다'고 설시하고 있다. 이에 이어서 '사후적인 사법적 규제는 금지하는 것이 아니므로, 사법절차에 의한 영화상영의 금지조치(예컨대 명예훼손이나 저작권침해를 이유로 한 가처분 등)나 형벌규정(음란, 명예훼손 등)의 위반으로 인한 압수는 검열금지의 원칙에 위반되지 아니한다'는 점과, '심의기관에서 영화의 상영 여부를 종국적으로 결정하는 것이 아니고 미리 등급을 심사하는 것이라면 사전검열이 아니'라는 점을 밝히고 있다.[38]

나. 검열금지의 효과 설정

헌법재판소는, 지금까지 살펴본 93헌가13등 결정에서 "언론·출판의 자유에 대하여는 검열을 수단으로 한 제한만은 법률로써도 허용되지 아니 한다."[39]라고 밝힌 데 이어서, 이 결정과 같은 달에 선고되었던 음반 사전심의제에 관한 결정(94헌가6 결정)에서 "비록 헌법 제37조 제2항이 국민의 자유와 권리를 국가안전보장·질서유지 또는 공공복리를 위하여 필요한 경우에 한하여 법률로써 제한할 수 있도록 규정하고 있다고 하여도 언론·출판의 자유에 대하여는 검열을 수단으로 한 제한만은 법률로써도 절대 허용되지 아니 한다", "헌법 제21조 제2항은 언론 출판에 대한 검열을 절대적으로 금지하고 있다"[40] 등과 같이 판단함으로써, 검열에 해당하기만 하면 예외 없이 절대적으로 금지된다는 점을 명시적으로 언급하였다. 이로써 검열금지 법리는 그 효과까지 확고히 설정되게 되었다.

---

38) 헌재 1996. 10. 4. 93헌가13등, 판례집 8-2, 212, 223-225 참조.
39) 헌재 1996. 10. 4. 93헌가13등, 판례집 8-2, 212, 223.
40) 헌재 1996. 10. 31. 94헌가6, 판례집 8-2, 395, 402.

4. 확립된 법리를 반복적으로 적용한 결정례

이후에는 앞서 소개한 1996년의 두 결정(93헌가13등 결정, 94헌가 6 결정)을 일반론으로 인용하고 이 법리를 개별 사안들에 적용함으로써 검열금지 법리에 위반된다고 판단한 일련의 위헌결정례들이 나오게 되었다. 심의받지 않은 음반에 대한 판매·배포·대여 목적의 보관 행위 금지 및 위반 시 처벌 규정,41) 비디오물 사전심의 규정,42) 비디오물 복제 시 사전심의 규정(심의받지 않은 복제 비디오물에 대한 대여·상영·보관 등 금지 및 위반 시 처벌과 필요적 몰수·추징 규정 포함),43) 영화 등급분류보류제도 규정,44) 비디오물 등급분류보류제도 규정,45) 외국 비디오물 수입추천 규정,46) 외국 음반 수입추천 규정47) 등에 관한 위헌결정들이 이에 해당한다.

Ⅲ. 검열금지 법리의 구체화

1. 적용을 배척한 결정에 의한 법리의 정교화

위와 같이 검열금지 법리에 위반되어 위헌이라고 판단한 결정들은 해당 법리에 대한 특별한 검토 없이 이를 기계적으로 적용한 경우가 많아 법리의 구체화에 큰 기여가 있었다고 하기 어려운 반면,

---

41) 헌재 1997. 3. 27. 97헌가1, 판례집 9-1, 267.
42) 헌재 1998. 12. 24. 96헌가23, 판례집 10-2, 807; 헌재 1999. 9. 16. 99헌가1, 판례집 11-2, 245.
43) 헌재 2000. 2. 24. 99헌가17, 판례집 12-1, 107.
44) 헌재 2001. 8. 30. 2000헌가9, 판례집 13-2, 134.
45) 헌재 2008. 10. 30. 2004헌가18, 판례집 20-2상, 664.
46) 헌재 2005. 2. 3. 2004헌가8, 판례집 17-1, 51.
47) 헌재 2006. 10. 26. 2005헌가14, 판례집 18-2, 379.

오히려 검열금지 법리가 적용되는 사안이 아니라고 판단된 결정들을 통해 해당 법리가 정교하게 다듬어져 왔다고 할 수 있다. 이러한 결정들은 특히 요건을 충족시키지 못한다거나 적용대상에 해당하지 않는다는 이유로 검열금지 법리의 적용을 배척하여 온바, 아래에서는 이를 통한 해당 법리가 구체적인 모습을 띠게 된 경과에 대해 살펴보고자 한다.

2. 요건 한정에 관한 결정례

가. 표현의 '방법' 제한의 제외

앞서 본 바와 같이, 헌법재판소는 검열금지를 최초로 언급한 90헌바26 결정에서부터 표현의 '내용'에 근거한 규제가 아니라면 검열이 아니라고 보았는데, 이러한 입장은 이후에도 유지되어 표현의 '방법'만 제한하는 경우 검열에 해당하지 않는다는 결정들이 선고되었다. 음반 제작에 필요한 일정한 시설기준을 설치하도록 하는 규정,[48] 일정한 장소에 광고물을 설치하기 전에 그 종류·모양·크기·색깔, 표시 또는 설치의 방법 및 기간 등을 규제하는 규정[49] 등에 대한 위헌심사에 있어 검열금지 법리를 적용하지 않은 결정들이 이에 해당된다.[50]

---

48) 헌재 1993. 5. 13. 91헌바17, 판례집 5-1, 275.
49) 헌재 1998. 2. 27. 96헌바2, 판례집 10-1, 118.
50) 이에 대해서는, "심사의 강도가 아닌 심사척도의 적용 여부를 정하는 요건으로 작용한다는 차이가 있으나, 표현의 내용을 이유로 표현의 자유를 제한하는 법률에 대해서는 표현방법에 대한 제한의 경우보다 헌법적으로 용인될 여지가 더 적다는 즉, 합헌성 추정을 깨고 위헌으로 판단될 여지가 더 크다는 일관된 헌법재판소의 입장이 반영되어 있다."라고 평가하는 견해가 있다. 이우영, "표현의 자유 법리와 헌법재판소의 위헌법률심사기준", 「서울대학교 법학」 제53권 제2호, 2012, pp.297-298.

나. '사법기관'에 의한 행위의 제외

헌법재판소는 2001년 선고된 2000헌바36 결정에서, 사법기관인 법원이 민사소송법상 임시의 지위를 정하는 가처분의 일환으로 행하는 방송프로그램의 방영금지 가처분에 대하여, "행정권에 의한 사전심사나 금지처분이 아니라 개별 당사자간의 분쟁에 관하여 사법부가 사법절차에 의하여 심리, 결정하는 것이므로, 헌법에서 금지하는 사전검열에 해당하지 아니한다."[51]라고 판단하였다.

앞서 살펴본 바와 같이, 헌법재판소는 검열을 행하는 주체에 관해 1992년 선고된 90헌바26 결정에서 '국가기관'으로 설정하였다가 1996년 선고된 93헌가13등 결정부터 '행정권'이라고 명시해 오고 있었는데, 이 결정으로 이러한 입장을 유지함과 동시에 행정기관이 아닌 사법기관이 행하는 행위는 검열에 해당할 수 없다는 점을 명시적으로 밝혔다. 또한 이 결정은 "개별 당사자간의 분쟁에 관하여 사법부가 사법절차에 의하여 심리, 결정하는 것"임을 강조함으로써, 사인이 자신의 법익 침해를 주장하며 사법기관에 표현의 금지를 구하는 절차의 경우, '일반적으로 허가를 받기 위한 표현물의 제출의무'라는 검열의 방법 요건 역시 결여하게 된다고 판단하고 있다.

다. '등급분류' 방식의 제외

헌법재판소는 검열의 요건 중 하나로 개별 표현물의 금지 여부를 결정하는 절차일 것임을 요구하고 있는바, 표현물에 대해 그 자체를 금지하지는 않고 등급만을 부여하는 등급분류 방식의 사전심사는 검열에 해당하지 않음을 분명히 하였다.

---

51) 헌재 2001. 8. 30. 2000헌바36, 판례집 13-2, 229, 233-234.

"청소년들이 이용할 수 없는 등급을 부여받게 되면 당시의 시점에서는 이용 연령 제한으로 인해 그 연령에 해당하는 자들에게는 그에 대한 접근이 차단되지만, 그 공개나 유통 자체가 금지되는 것은 아니기 때문에 시간이 경과하여 이용 가능한 연령이 되면 그 접근이나 이용이 자유로워진다. 이러한 점에서 등급분류는 표현물의 공개나 유통 자체를 사전적으로 금지하여 시간이 경과하여도 이에 대한 접근이나 이용을 불가능하게 하는 사전검열과는 다르다."52)

3. 적용대상 한정에 관한 결정례

가. 적용대상 한정 시도의 배경

기존 법리에 따르면 검열의 요건에 해당하기만 하면 그러한 표현의 자유 제한 수단은 절대적으로 금지되는 효과가 있으므로, 이를 허용하는 것이 구체적으로 타당한 사안이 있더라도 헌법적으로 정당화하는 것이 불가능하다. 이러한 관점에서 기존 법리에 대해서는, 공익과 사익을 적절하게 조화시키기에 지나치게 경직적이라는 지적이 이어져 왔다.53)

이에 따라 헌법재판소는 이를 회피하기 위한 시도를 하기 시작하였는데, 바로 일정한 범주를 설정하여 이에 해당하는 표현물의 경우 검열금지 법리의 적용대상에서 배제하려는 것이었다. 검열금지 법리가 전개된 초기에는 영화54)나 비디오물55) 등에 대해서도 이러한

---

52) 헌재 2007. 10. 4. 2004헌바36, 판례집 19-2, 362, 372-373.
53) 이인호, "표현의 자유", 헌법재판연구원 편, 「헌법재판 주요선례연구 1」, 헌법재판연구원, 2012, p.149; 임승은, 앞의 글, pp.46, 79; 이종훈, 앞의 글, pp.19-20 참조.
54) 헌재 2001. 8. 30. 2000헌가9, 판례집 13-2, 134, 153-155, 재판관 송인준의 반대의견 참조.
55) 헌재 2005. 2. 3. 2004헌가8, 판례집 17-1, 51, 65-67, 재판관 송인준의 합헌

논의가 있었지만, 본격적인 논의는 2000년대 후반 이후부터 '상업광고'를 둘러싸고 치열하게 이루어졌다. 아래에서는 이를 중심으로 살펴보기로 한다.

나. 상업광고에 대한 헌법재판소 결정의 흐름

(1) 개관

상업광고에 대해서도 검열금지 법리가 적용되어야 하는지 여부에 대한 논의는 2008년 선고된 2005헌마506 결정부터 본격적으로 시작되었고, 가장 최근인 2020년 선고된 2017헌가35등 결정에 이르기까지 총 6건의 결정에서 해당 쟁점이 다루어졌다.

이 쟁점에 관해 헌법재판소 결정들에서 제시된 견해는, 크게 ① 상업광고도 헌법 제21조 제1항 및 제2항의 '언론·출판'에 해당하므로 검열금지 법리의 적용대상이 된다는 견해, ② 같은 조 제1항의 '언론·출판'에는 해당하지만 제2항의 '언론·출판'에는 해당하지 않으므로 검열금지 법리의 적용대상이 아니라는 견해, ③ 같은 조 제1항 및 제2항의 '언론·출판'에 해당하지 않으므로 검열금지 법리의 적용대상이 아니라는 견해로 정리해 볼 수 있다(이하 각각 '견해 ①', '견해 ②', '견해 ③').

(2) 검열금지 법리 적용 배제 시도

2008년 선고된 2005헌마506 결정의 법정의견(재판관 7인)은 견해 ①을 취하여 상업광고도 검열금지 법리의 적용대상이 된다고 보았으나,56) 견해 ②를 취한 재판관 1인의 반대의견57)과 견해 ③을 취한 재

의견 참조.
56) "방송광고가 언론·출판의 자유, 즉, 표현의 자유 보호의 대상이 됨은 물론이다. 헌법 제21조 제2항은, 언론·출판에 대한 허가나 검열은 인정되지 아

판관 1인의 별개의견58)이 존재하였다.

이러한 상황에서 2010년 선고된 2006헌바75 결정에서는, 2005헌마506 결정 중 재판관 1인의 반대의견의 영향을 받아 견해 ②가 법정의견(재판관 4인)이 되기에 이르렀다. 이 견해에서는 검열금지 법리는 절대적 성격의 원칙이라는 점과 검열행위 자체의 요건을 제한하여 적용해 왔다는 점을 근거로 들어, 검열금지 법리의 적용대상 역시 한정될 필요가 있다고 판단하였다.

> "우리 재판소는 사전검열금지원칙을 적용함에 있어서 행정권이 주체가 된 사전심사절차의 존재를 비롯한 4가지 요건을 모두 갖춘 사전심사절차의 경우에만 절대적으로 금지하여 사전검열행위 자체의 범위를 헌법 제21조의 진정한 목적에 맞는 범위 내로 제한하여 적용해 왔다. 이와 같이 사전검열금지원칙을 적용함에 있어서는 사전검열행위 자체의 범위를 제한하여 적용해야 할 뿐만 아니라 사전검열금지원칙이 적용될 대상 역시 헌법이 언론·출판의 자유를 보장하고 사전검열을 금지하는 목적에 맞게 한정하여 적용해야 할 것이다.
>
> 그렇지 않으면 표현의 대상이나 내용, 표현매체나 형태 등이 어떠하건 간에 헌법 제21조 제1항의 언론·출판에 해당하기만 하면 동조 제2항에 따라 이에 대한 사전검열은 무조건 금지된다는 결론이 되거나, 헌법이 표현의 자유를 보장하고 사전검열을 금지하는 진정한 목적에 전혀 맞지 않게 사전검열금지원칙을 운용하는 결과가 될 수 있[기 때문이다.]"59)

니한다고 규정하고 있다. 따라서 이러한 사전검열은 절대적으로 금지된다." 헌재 2008. 6. 26. 2005헌마506, 판례집 20-1하, 397, 410.

57) 헌재 2008. 6. 26. 2005헌마506, 판례집 20-1하, 397, 421-423, 재판관 목영준의 반대의견 참조.

58) 헌재 2008. 6. 26. 2005헌마506, 판례집 20-1하, 397, 417-418, 재판관 조대현의 별개의견 참조.

59) 헌재 2010. 7. 29. 2006헌바75, 판례집 22-2상, 232, 255.

이러한 전제에서 이 결정은 상업광고, 특히 문제된 건강기능식품 광고는 아래와 같은 특성을 지니므로, 검열의 목적 및 충돌하는 법익 등을 고려할 때 검열금지 법리의 적용대상이 될 수 없다고 판단하였다.

"건강기능식품의 허위·과장 광고를 사전에 예방하지 않을 경우 불특정 다수가 신체·건강상 피해를 보는 등 광범위한 해악이 초래될 수 있고, 사후적인 제재를 하더라도 피해 회복이 사실상 불가능할 수 있어서 실효성이 별로 없다는 문제가 있다. 반면에 건강기능식품 광고는 사상이나 지식에 관한 정치적·시민적 표현행위 등과 별로 관련이 없고, 사전에 심사한다고 하여 예술활동의 독창성과 창의성 등이 침해되거나 표현의 자유 등이 크게 위축되어 집권자의 입맛에 맞는 표현만 허용되는 결과가 될 위험도 작다.

그러므로 입법자가 국민의 표현의 자유와 보건·건강권 모두를 최대한 보장하고, 기본권들 간의 균형을 기하는 차원에서 건강기능식품의 표시·광고에 관한 사전심의절차를 법률로 규정하였다 하여 우리 헌법이 절대적으로 금지하는 사전검열에 해당한다고 보기는 어렵다."[60]

그러나 위 견해가 법정의견이 된 것은, 쟁점별 결정방식이 아닌 주문별 결정방식을 취하고 있는 헌법재판소의 태도 하에서 합헌이라고 판단한 재판관 7인 중 다수에 해당하는 4인이 취한 의견이었기 때문이다. 상업광고가 검열금지 법리의 적용대상이 되는지 여부만 놓고 본다면, 견해 ③이 1인(재판관 1인의 별개의견[61]), 견해 ①이 4

---

60) 헌재 2010. 7. 29. 2006헌바75, 판례집 22-2상, 232, 256.
61) "건강기능식품의 기능성에 대한 표시·광고는 '민주사회의 다양한 의사를 말이나 글로 표현하여 공표하는 것'이 아니어서 헌법 제21조의 "언론·출판"에 해당된다고 볼 수 없[다.]" 헌재 2010. 7. 29. 2006헌바75, 판례집 22-2

인(재판관 2인의 별개의견 및 재판관 2인의 반대의견)이어서, 헌법재판소가 2005헌마506 결정에서 취했던 견해 ①을 변경한 것이라고까지 해석하기는 어렵다.

견해 ①을 취했던 재판관 2인의 별개의견은 "표현의 자유의 보호대상이 되는 상업광고 중에서 사전검열금지원칙의 적용이 배제되는 영역을 따로 설정할 수 있는지, 설정한다면 그 구별기준은 무엇인지 의문이 아닐 수 없다."라며, "상품이나 상품광고의 특수성, 이에 대한 규제의 필요성 등의 요소는 과잉금지원칙에 의한 위헌성 여부 심사에 있어서 고려할 요소이지, 사전검열금지원칙의 적용대상인지 여부를 가리는 데 있어서의 판단요소는 아니라고"[62] 판단하였다. 역시 견해 ①을 취했던 재판관 2인의 반대의견은 "헌법 제21조 제1항과 제2항의 '언론·출판'은 다른 개념으로 볼 수 없다."[63]라고 판단하였다.

(3) 검열금지 법리 적용으로 회귀

그러나 이러한 적용대상 한정 시도는 오래가지 못하였는데, 2015년에 선고된 의료광고 사전심의제도에 관한 2015헌바75 결정에서 -2006헌바75 결정의 법정의견과 동일한 취지로 견해 ②를 취한 재판관 1인의 반대의견도 존재하였으나- 다시 견해 ①을 취하면서, 2006헌바75 결정의 법정의견을 배척하는 판시를 한 바 있다. 그 근거로 현행 헌법은 과거 헌법과 달리, 영화, 연예 등의 표현물에 대해 검열이 허용될 수 있는 예외규정을 두고 있지 않은 점, 적용대상의 판단기준이 자의적일 수밖에 없는 점 등을 들고 있다.

상, 232, 261, 재판관 조대현의 별개의견.

62) 헌재 2010. 7. 29. 2006헌바75, 판례집 22-2상, 232, 258, 재판관 이강국, 재판관 송두환의 별개의견.

63) 헌재 2010. 7. 29. 2006헌바75, 판례집 22-2상, 232, 262, 재판관 이공현, 재판관 김종대의 반대의견.

"현행 헌법이 사전검열을 금지하는 규정을 두면서 1962년 헌법과 같이 특정한 표현에 대해 예외적으로 검열을 허용하는 규정을 두고 있지 아니한 점, 표현의 특성이나 규제의 필요성에 따라 언론·출판의 자유의 보호를 받는 표현 중에서 사전검열금지원칙의 적용이 배제되는 영역을 따로 설정할 경우 그 기준에 대한 객관성을 담보할 수 없어 종국적으로는 집권자에게 불리한 내용의 표현을 사전에 억제할 가능성을 배제할 수 없게 된다는 점 등을 고려하면, 현행 헌법상 사전검열은 예외 없이 금지되는 것으로 보아야 한다."[64]

이후 2016헌가8등 결정은 -역시 2006헌바75 결정의 법정의견과 동일한 취지로 견해 ②를 취한 재판관 1인의 반대의견도 존재하였으나- 2006헌바75 결정의 법정의견을 명시적으로 변경하면서 다시 견해 ①을 취하였다.[65] 이후 2019헌가4 결정[66]에서 전원일치로 견해 ①을 취한 뒤 이러한 입장이 가장 최근에 선고된 2017헌가35등 결정[67]까지 유지되면서, 검열금지의 적용대상 한정에 관한 논란은 일단락된 것으로 보인다.

---

64) 헌재 2015. 12. 23. 2015헌바75, 판례집 27-2하, 627, 639.
65) 헌재 2018. 6. 28. 2016헌가8등, 판례집 30-1하, 313.
66) 헌재 2019. 5. 30. 2019헌가4, 공보 제272호, 636.
67) 헌재 2020. 8. 28. 2017헌가35등, 판례집 32-2, 78.

제3절 기존 법리의 한계 및 대안적 해석의 필요성

Ⅰ. 기존 법리의 한계

지금까지 살펴본 바와 같이 기존의 검열금지 법리는, 한편으로는 '검열'의 요건을 좁게 설정함으로써 적용영역을 한정하고, 다른 한편으로는 그 효과를 절대적인 '금지'로 구성해 왔다.

검열의 요건을 좁게 설정하는 데에는, 검열에 해당하기 위한 4가지 요건인, '허가를 받기 위한 표현물의 제출의무', '행정권이 주체가 된 사전심사절차', '허가를 받지 아니한 의사표현의 금지', '심사절차를 관철할 수 있는 강제수단' 중 헌법재판소가 검열의 개념을 제시할 때부터 상정되어 있었던 2번째 요건, 즉, '행정권이 주체가 된 사전심사절차'라는 요소가 특히 작용하였다고 할 수 있다. 이 요소에 따르면, '표현의 발표 전'이라는 시기 요건과 '행정기관'이라는 주체 요건을 갖춘 것만 검열에 해당할 수 있게 된다. 대신 기존 법리에서는, 이와 같이 좁게 설정된 검열의 4가지 요건을 모두 충족하기만 하면, 다른 요소들은 더 나아가 살필 필요 없이 무조건 금지된다고 본다.

이러한 기존 법리의 이해는 오늘날 매체환경의 변화에 따라, 적용영역 외에서도, 내에서도 일정한 한계를 보이고 있는바, 이하에서는 차례대로 살펴보기로 한다.

1. 기존 법리 적용영역 외의 한계

제2장 제1절에서 살펴본 것처럼 검열금지 법리는, 표현의 내용을 심사하여 금지 여부를 결정하는 행위 중에서도, 권력자에 의한 자의적 결정가능성이 존재한다는 '자의성', 표현 금지 여부 결정 과정에

서 표현자가 배제된다는 '일방성', 일반 대중에 의한 평가 기회를 상실시킨다는 '비공개성', 표현의 시기를 지연시킨다는 '시기지연성'과 같은 표현억제적 요소가 특히 강한 행위가 일어나지 않도록 하기 위해 도입된 것이었다. 따라서 기존의 검열금지 법리가 제시하는 요건인 '표현의 발표 전'에 '행정기관'에 의해 이루어지는 행위 이외에도 실질적으로 위와 동일한 성질을 가지는 행위가 존재한다면, 같은 법리가 적용됨이 타당할 것이다. 그럼에도 기존의 검열금지 법리는, 위와 같이 설정된 주체나 시기에 관한 형식적 요건을 갖추지 못한 것으로 판단되면 그 자체로 검열금지 법리가 적용될 가능성을 배제시켜 버린다. 이러한 문제점은 특히 최근 급격히 대두되고 있는 이른바 '인터넷 검열'과 관련하여 두드러지게 나타난다.

가. '인터넷 검열'의 대두

표현이 이루어지는 주된 매체와 공간이 인터넷으로 변화함에 따라, 오늘날 검열이 언급되는 주된 장(場) 역시 인터넷에서 이루어지는 표현의 규제로 옮겨가고 있다는 지적이 있다.[1] 인터넷은 다른 어떤 매체보다도 자유로운 표현의 기회를 더욱 가져온다고 생각되어 왔지만, 근래 들어서는 오히려 점점 검열의 도구가 되어 가고 있다는 것이다.[2]

(1) 이른바 '중국식 모델'의 확산

이러한 이른바 '인터넷 검열'의 가장 전형적이자 강력한 사례로는, '방화장성(防火長城, the Great Firewall)'이라고도 일컬어지는 중국의 인터넷 통제 정책을 들 수 있다. 1998년 인터넷을 이용한 중국

---

1) 최규환, 앞의 책, p.76; 이인호 외, 앞의 책, p.201 참조.
2) Dawn C. Nunziato, "The Beginning of the End of Internet Freedom", *Georgetown Journal of International Law*, Vol.45 No.2, 2014, p.384 참조.

민주당(China Democracy Party) 창립 운동이 일어나자, 체제 위협을 느낀 중국공산당은 강력한 인터넷 통제를 위해 이른바 '진둔공청(金盾工程, '황금방패(Golden Shield) 프로젝트')'을 시작하였는데, 2008년까지 3단계에 걸쳐 진행된 결과 만리장성(the Great Wall)에 빗대어 '방화장성'이라 불리는 네트워크 기반 통제 시스템을 구축하게 되었다. 이 시스템은 중국 정부가 민감하게 느끼는 모든 외부 인터넷 웹사이트를 중국내 연결망으로 접속할 수 없게 만드는 것이다.3) 구체적인 방식은 다음과 같다.

일반적으로 인터넷 이용자가 웹사이트에 접속하는 과정은, 주소창에 영문 웹사이트 주소(Uniform Resource Locator, URL)를 입력하면, 도메인 네임 서버(Domain Name System, DNS)가 이를 숫자로 된 인터넷 프로토콜(Internet Protocol, IP) 주소로 변환함으로써 그 IP 주소에 해당하는 웹사이트를 표출하는 방식을 취하게 된다. 그런데 중국의 방화장성은, 중국 내에서 인터넷을 이용하는 경우 DNS가 URL을 IP 주소로 변환하는 과정에서 중국 정부가 미리 작성한 목록상의 IP 주소에 해당할 경우 변조(poisoning) 작업을 진행함으로써 해당 웹사이트로 접속하지 못하게 만든다. 이처럼 DNS 변조가 행해지는 경우, 인터넷 이용자는 무응답 혹은 부정확한 메시지가 표출되는 페이지만을 보게 된다.4)

가령, 중국에서 금지된 '뉴욕타임즈(New York Times)'에 접속하려면, DNS를 통해 URL인 'www.nytimes.com'이 이에 해당하는 IP 주소인

---

3) 김진용, "중국의 정보혁명: 모바일 인터넷 통제와 정치 안정성", 「세계정치」 제27호, 2017, pp.212-215; 김진용, "중국의 인터넷 통제 메커니즘", 「정보화정책」 제20권 제1호, 2013, pp.71-72 참조.

4) 레베카 매키넌, 김양욱·최형우 역, 「인터넷 자유 투쟁」, 커뮤니케이션북스, 2013, pp.49-55; Christopher Stevenson, "Breaching the Great Firewall: China's Internet Censorship and the Quest for Freedom of Expression in a Connected World", *Boston College International and Comparative Law Review*, Vol.30 No.2, 2007, pp.536-541, 548-550, 556-557 참조.

'151.101.65.164'로 변환되어야 하는데, 그 변환이 차단되어 '페이지를 표시할 수 없습니다'와 같은 문구가 나타난다. 마찬가지로 '구글 (Google)' 웹사이트의 경우 접속 자체는 가능하고 일반적인 키워드를 검색하면 결과 페이지도 정상적으로 표출이 되나, '천안문 광장 학살'과 같은 정치적으로 민감한 키워드를 검색하면 그 결과 페이지는 표출되지 않는다.

전 세계의 인터넷 검열에 대해 연구하는 학문적 협력단체인 오픈 넷 이니셔티브(OpenNet Initiative)는, DNS 변조 등을 비롯한 방식으로 국가적 차원에서 인터넷 검열을 행하는 나라의 수가 2000년대 초반에는 몇 개 국가에 그쳤지만 2012년에는 42개국으로 급격히 증가하였다고 밝힌 바 있으며,[5] 미국의 비정부기구로서 언론자유지수와 인터넷 자유지수를 발표하고 있는 프리덤하우스(Freedom House)도 2018년 「Freedom on the Net」 보고서에서, 국가가 그들이 해롭다고 여기는 다양한 유형의 콘텐츠를 필터링 기술을 이용하여 삭제하거나 차단하는 이른바 '중국식 모델'이 전 세계적으로 확산되고 있다고 지적하였다.[6]

(2) 우리나라의 'n번방 방지법'을 둘러싼 논란

우리나라 역시 예외는 아니다. 뉴욕타임즈 등 주요 외신들은 2008년 이후 한국 사회에서 소셜미디어(social media)에 대한 감시와 검열이 일상화되고 있음을 비판적으로 다루어 오고 있었고,[7] 근래에는

---

5) OpenNet Initiative, Global Internet Filtering in 2012 at a Glance, 2012. 4. 3., https://opennet.net/blog/2012/04/global-internet-filtering-2012-glance(최종접속일: 2021.9.4.) 참조.

6) Freedom House, Freedom on the Net 2018: The Rise of Digital Authoritarianism, https://freedomhouse.org/report/freedom-net/2018/rise-digital-authoritarianism (최종접속일: 2021.9.4.) 참조.

7) The New York Times, "Korea Policing the Net. Twist? It's South Korea", 2012. 8. 12., https://www.nytimes.com/2012/08/13/world/asia/critics-see-south-kore

2020. 12. 10. 시행된 「전기통신사업법」 개정법 조항을 둘러싸고, 인터넷 검열 논란이 일기도 하였다.

이 개정법 조항은, 불법적으로 신체를 촬영한 영상이 모바일 메신저를 통해 공유·판매된 이른바 'n번방 사건'이 발생하자 이에 대응하기 위해 도입된 것인데, 부가통신사업자에게 자신이 운영·관리하는 정보통신망을 통하여 유통되고 있는 불법촬영물 등을 삭제하거나 접속차단할 의무를 강화함과 동시에 유통방지를 위한 기술적·관리적 조치의무를 부과하고, 위반 시 과징금부과 및 형사처벌하는 것을 그 내용으로 한다(제22조의5, 제22조의6, 제95조의2 제1호의2 및 제1호의3 참조). 개정 전 조항에는 불법촬영물 등의 유통사실을 '신고나 삭제요청' 등으로 '명백히' 인식한 경우에 '삭제·접속차단' 등을 할 의무만 존재하였다. 그러나 개정법은 '대통령령으로 정하는 기관이나 단체의 요청'에 의해 알게 된 경우에도 의무를 부과하며, '명백히' 인식한 경우로 한정하지도 않고 있다. 또한 '유통방지를 위한 기술적·관리적 조치의무'도 추가되었다.

기술적·관리적 조치로, 「전기통신사업법 시행령」은 키워드 필터링(제30조의6 제2항 제2호[8])이나 해시값/DNA값 필터링(같은 항 제3호[9]) 등을 규정하고 있다. 키워드 필터링은 정보의 제목이나 파일명 등이 특정 금칙어를 포함하는지 비교하여 걸러내는 기술이고, 해시값/DNA값 필터링은 동영상의 특징값을 분석하여 만들어진 데이터

---

a-internet-curbs-as-censorship.html(최종접속일: 2021.9.4.)

8) "이용자가 검색하려는 정보가 이전에 법 제22조의5제1항에 따라 신고·삭제요청을 받은 불법촬영물등에 해당하는지를 이용자가 입력한 검색어와 그 불법촬영물등의 제목·명칭 등을 비교하는 방식으로 식별하여 검색결과를 삭제하는 등 검색결과 송출을 제한하는 조치"

9) "이용자가 게재하려는 정보의 특징을 분석하여 방송통신심의위원회에서 불법촬영물등으로 심의·의결한 정보에 해당하는지를 비교·식별 후 그 정보의 게재를 제한하는 조치"

베이스에 기반한 필터링 기술이다.[10]

이를 두고, 표현물의 위법성 판단이 부가통신사업자에 의해 이루어지고, 삭제 및 접속차단 과정에서 법원의 판단도 전혀 개입되지 않으며, 이의제기 등의 절차도 보장되어 있지 않다는 점에서, 사적 검열을 강제하는 입법이라는 관점이 나오고 있으며,[11] 2021년 3월에는 헌법소원심판도 청구되었다.[12] 이러한 입법 시도는 현재 불법촬영물 등 한정적인 표현물 범주에 대해서만 행해지고 있지만, 얼마든지 표현물 전반으로 확장될 여지도 있다고 하겠다.

그런데 이와 같이 인터넷상에서 이루어지는 표현의 내용을 심사하여 금지 여부를 결정하는 행위에 대해서는, 기존 법리에 따라 좁게 설정된 요건의 한계로 인해 정작 검열금지 법리를 적용할 수조차 없는 상황이다. 이하에서는 이러한 한계점을, 시기 요건과 주체 요건으로 나누어 자세히 살펴보고자 한다.

나. 검열의 시기 요건의 한계
인쇄매체로 대표되는 오프라인 매체의 경우, 정보생산-인쇄-판매

---

10) 사단법인 오픈넷, 부가통신사업자에 불법촬영물 유통방지 의무 지우는 전기통신사업법 시행령 개정령안에 대한 의견서 제출, 2020. 9. 20., https://opennet.or.kr/18773(최종접속일: 2021.9.4.) 참조.
11) 사단법인 오픈넷, 앞의 글(2020. 9. 20.); 임석순, "통신사업자의 불법게시물 유통방지의무: 이른바 'n번방 방지법'과 독일 네트워크단속법(NetzDG)의 비교를 중점으로", 「고려법학」 제98호, 2020, p.123; 허진성, "온라인서비스제공자의 불법정보 삭제·차단의무에 대한 연구: 전기통신사업법과 정보통신망법의 개정 내용을 중심으로", 「언론과 법」 제19권 제2호, 2020, p.63 참조.
12) 사단법인 오픈넷, 정보매개자에게 일반적 감시의무 지우는 전기통신사업법 제22조의5 제2항은 위헌! 오픈넷, n번방 방지를 빙자한 인터넷 검열감시법에 대해 헌법소원 청구, 2021. 3. 15., https://opennet.or.kr/19463(최종접속일: 2021.9.4.) 참조.

의 과정이 일정한 시간적 간격을 두고 일어나므로, 국가를 대표하는 행정기관이 발표 전에 내용심사절차를 이행하는 것이 가능할 수 있었다. 그러나 이와 달리 인터넷은 그 매체적 특성상, 표현이 발표되기 이전 시점에서 행해지는 검열의 제도화와 그 적용이 사실적, 기술적으로 불가능하다.13)

먼저 인터넷에서는 표현을 하는 순간, 즉, 표현을 '게시'하거나 온라인상에 '업로드(upload)'하는 순간 네트워크를 타고 광범위한 의사소통의 구조 속에 놓이게 된다. 따라서 표현물을 사전에 제출하게 하는 것이나 이를 심사하여 금지 여부를 결정하는 것은 현실적으로 불가능하다.14)

다른 한편으로는, 1회의 발표에 의하여 표현 내용이 종결되지 않는 특성도 가진다. 다 대 다(多:多)의 소통이 표현자와 수용자의 구분 없이 실시간으로 이루어지며, 한번 발표된 표현물이라고 하더라도 지속적인 복제, 변형, 삭제 등이 쉽게 일어난다. 헌법재판소도 "인터넷은 공중파방송과 달리 "가장 참여적인 시장", "표현촉진적인 매체""라면서, "진입장벽이 낮고, 표현의 쌍방향성이 보장되며, 그 이용에 적극적이고 계획적인 행동이 필요하다는 특성을 지닌다."15)라고 파악한 바 있다. 이러한 과정을 통해 표현물의 재해석(reinterpretation)과 매개(intermediation)가 지속적으로 발생하게 되며, 표현자의 의도와 관계없이 사회적으로 수용되는 현상을 보이기도 한다.16)

---

13) 황성기, 앞의 글(2000), pp.176-179; 황승흠, "사이버 포르노그라피에 관한 법적 통제의 문제점", 「정보와 법연구」 제1호, 1999, pp.133-134; 이인호 외, 앞의 책, pp.200-201, 204-207 참조.
14) 최규환, 앞의 책, p.88 참조.
15) 헌재 2002. 6. 27. 99헌마480, 판례집 14-1, 616, 632. 헌재 2019. 11. 28. 2016헌마90, 판례집 31-2상, 484, 508, 재판관 이선애, 재판관 이종석, 재판관 이영진의 반대의견에서도, "개방성, 상호작용성, 탈 중앙통제성, 접근의 용이성, 다양성 등"을 인터넷이 보유하고 있는 특성으로 파악하고 있다.
16) 황용석, "표현매체로서 SNS(Social Network Service)에 대한 내용규제의 문

이러한 상황에서 국가로서는, 인터넷상에 이미 이루어진 표현을 수용하지 못하도록 하거나 사후에 삭제하는 등의 방식을 통해 장래를 향한 추가적인 유통을 막음으로써, 공론장에서 그 표현에 대한 사상경쟁을 발표 전에 억제하는 것과 유사한 결과를 도모하고자 하게 된다.17) 그러나 단순히 '표현의 발표 전'이라고 설정된 기존 법리에 따른 검열의 시기 요건으로는, 이러한 행위들을 포착해 낼 수 없다.

다. 검열의 주체 요건의 한계

(1) 국가에 의한 직접적인 표현금지의 불가능성

역시 인쇄매체로 대표되는 과거의 오프라인 매체를 생각해 보면, 대중을 상대로 하는 표현행위가 이를 전문적으로 행하는 소수의 사람들에 의해 집중적으로 이루어졌고, 인쇄작업에는 물리적 장소가 필요했기 때문에 자신이 속해 있는 사법관할권 안에서 출판이 이루어지는 것이 보통이었다. 이 덕분에 소수의 사람들을 대상으로 표현물의 제출의무를 부과하는 것이 가능했다고 할 수 있다.18)

그러나 인터넷을 이용한 표현행위에는 비용이 거의 들지 않기 때문에 대중을 상대로 하는 표현행위를 누구나 할 수 있게 되었다. 물리적인 공간적 제약도 사라져 전 세계 어디에서나 어느 곳을 대상으로 하여서든 표현행위를 할 수 있게 되었으며, 심지어 익명이나 자동화된 프로그램으로 표현행위를 하는 것도 가능해졌다.19) 이는 특정

제점 분석: 법률적·행정적 규제를 중심으로", 「한국언론정보학보」 통권 제58호, 2012, pp.109-110 참조.

17) 최규환, 앞의 책, pp.89-91; Tim Wu, "Is the First Amendment Obsolete?", Lee C. Bollinger & Geoffrey R. Stone eds., *The Free Speech Century*, Oxford University Press, 2019, p.272 참조.

18) 최규환, 앞의 책, pp.68-69; 홍남희, 앞의 글(2016), p.124 참조.

19) 문재완, "인터넷상 사적 검열과 표현의 자유", 「공법연구」 제43집 제3호,

국가가 해당 표현행위의 표현자를 상대로 일일이 표현물을 제출할 의무를 부과함으로써 그 내용을 심사하는 것이 더 이상 불가능함을 보여준다.

(2) 신(新)형태의 표현규제정책 및 이른바 '우회적 검열'

그런데 다른 한편으로는, 인터넷 매체를 통한 표현행위의 경우 과점적인 지위를 차지하는 소수의 인터넷 서비스 제공자들의 지배 영역 하에 있는 '서버'와 '네트워크' 그리고 그들이 제공하는 '플랫폼' 등의 서비스를 통해서만 가능하다는 특징도 갖는다.[20] 이러한 상황에서 국가는, 당연히 표현자를 직접 규제하기보다 이들의 표현을 유통시키는 단계에 있는 인터넷 서비스 제공자를 통해 표현행위를 규제하는 방식을 취할 유인이 생기게 된다.[21] 바로, 인터넷 서비스 제공자로 하여금 정보를 걸러내는 문지기(gate keeper) 역할을 수행하도록 하는 것이다.[22]

인터넷 서비스 제공자는 자신의 서비스 범위 내에 있는 표현물에 대해서만 이러한 역할을 수행하게 되는 것이므로, 국가보다 특정한 표현물을 식별하고 차단하는 역량이 훨씬 뛰어나다.[23] 또한 지역별로 다른 콘텐츠 금지 기준으로 인한 문제들에 대해 '지오-블라킹(geo-blocking)'

2015, p.185; Jack M. Balkin, "Free Speech is Triangle", *Columbia Law Review*, Vol.118 No.7, 2018, p.2020 참조.

20) 최규환, 앞의 책, p.41 참조.

21) Jack M. Balkin, "Old-School/New-School Speech Regulation", *Harvard Law Review*, Vol.127 No.8, 2014, p.2308; Seth F. Kreimer, "Censorship by Proxy: The First Amendment, Internet Intermediaries, and the Problem of the Weakest Link", *University of Pennsylvania Law Review*, Vol.155 No.1, 2006, p.14 참조.

22) 문재완, 앞의 글(2015), p.185; 김종현, 「이른바 '가짜뉴스'에 관한 헌법적 연구」, 헌법재판연구원, 2019, pp.74-75; Christopher S. Yoo, "Free Speech and the Myth of the Internet as an Unintermediated Experience", *George Washington Law Review*, Vol.78 No.4, 2010, p.697 참조.

23) Jack M. Balkin, 앞의 글(2018), p.2019; Seth F. Kreimer, 앞의 글, p.27 참조.

등 차등화된 기준을 설정할 수도 있다.[24] 국가로서는 표현자인 인터넷 이용자를 직접 규제하지 않고 사인인 인터넷 서비스 제공자를 참여시킨다는 점에서, 대중들의 저항감을 줄이는 동시에 비용을 외부화하는 효과도 도모할 수 있다.[25] 이로 인해, 국가의 다양한 규제 요구에 직면한 인터넷 서비스 제공자가 이용자의 표현물에 대해 삭제, 차단 등 다양한 방식으로 개입하여 조치를 취하는 것을 포괄하는 용어로 '콘텐츠 모더레이션(content moderation)'이라는 표현도 생겨난 실정이다.[26]

이러한 점에 착안하여, 표현규제정책을 구(舊)형태와 신(新)형태로 대별하는 견해도 존재한다. 이 견해에 의하면, '구형태의 표현규제정책(old-school speech regulation)'은 주로 표현자를 대상으로 하여 민·형사상의 법적 책임을 묻거나 각종 행정적 제재와 같은 전통적인 강제조치를 취하는 것이었던 반면, '신형태의 표현규제정책(new-school speech regulation)'은 디지털 인프라(digital infrastructure)를 대상으로 하여 표현물의 유통을 예방하는 장치를 강구한다는 데에서 구별된다.[27]

이 견해는 신형태의 표현규제정책이 '우회적 검열(collateral censorship)'의 출현을 가져온다고 지적한다. 이는 국가가 특정한 사인인 A(대표적으로, 인터넷 서비스 제공자)에게 다른 사인인 B(대표적으로, 인터넷 이용자)의 표현을 찾아내어 차단할 의무를 지우고, 그렇지 않으면 A를 제재하겠다는 형태로 구현된다.[28] 우회적 검열은 고전적 검열과

---

24) 홍남희, 앞의 글(2018), p.146; Monika Bickert, "Defining the Boundaries of Free Speech on Social Media", Lee C. Bollinger & Geoffrey R. Stone eds., *The Free Speech Century*, Oxford University Press, 2019, p.262 참조.

25) 홍남희, 앞의 글(2016), pp.118-120; Seth F. Kreimer, 앞의 글, p.27 참조.

26) 홍남희, 앞의 글(2018), pp.138-139; 김민정, "소셜미디어 플랫폼상의 혐오표현 규제", 「방송문화연구」 제32권 제1호, 2020, pp.11-12 참조.

27) Jack M. Balkin, 앞의 글(2014), pp.2297-2298 참조.

28) Jack M. Balkin, 앞의 글(2014), pp.2309-2310 참조.

기술적으로 완전히 동일한 것은 아니지만, 표현의 내용을 심사하여
금지 여부를 결정하는 행위가 사법기관의 판단 없이 특정한 주체에
의해 일방적으로 이루어지는 점, 그 과정에서 사전고지나 이의제기
등 적법절차의 보호도 결여되어 있는 점, 대부분의 의사소통이 소수
의 인터넷 플랫폼에서 이루어지는 현실을 고려할 때 이들의 표현금
지만으로도 다른 경로를 통한 표현이 어렵게 된다는 점 등에서, 고
전적 검열의 많은 특징들을 공유한다고 지적되고 있다.29)

　　오히려 우회적 검열의 상황에서 표현을 직접 금지하는 주체인 인
터넷 서비스 제공자로서는, 자신의 서비스가 정상상태에서 지속적으
로 제공된다는 외관을 창출해 내기 위해 표현금지 행위를 보이지 않
도록 만들 것이라는 점에서, 고전적 검열보다 훨씬 표현억제적 효과
가 있다고도 분석되기도 한다.30) 우회적 검열은, 실제로는 국가가 인
터넷 서비스 제공자를 '사인(私人)화 된 관료(privatized bureaucracy)'로
내세워 고전적 검열을 시도하는 것에 다름 아니라는 것이다. 이 견
해는 이를 두고 '디지털 사전제한(digital prior restraint)'이라고 칭하
며, 21세기 디지털 세계가 결국 16, 17세기의 사전제한을 재창조해
낸 것이라고 비판한다.31)

　　이상에서 본 바와 같이, 인터넷상에서는 기존의 국가에 의한 검
열과 유사한 행위가, 직접적으로는 사인에 해당하는 인터넷 서비스
제공자에 의한, 그러나 그 배후에서 국가가 행하는 형태로 이루어지
게 된다. 그러나 국가를 대표하는 '행정기관'에 의한 행위라고만 설
정된 기존 법리에 따른 검열의 주체 요건으로는, 이와 같은 행위들

---

29) Jack M. Balkin, 앞의 글(2014), pp.2318-2319; András Koltay, *New Media and
　　Freedom of Expression: Rethinking the Constitutional Foundations of the
　　Public Sphere*, Hart Publishing, 2019, pp.77-78 참조.
30) Jack M. Balkin, 앞의 글(2014), pp.2341-2342 참조.
31) Jack M. Balkin, 앞의 글(2018), pp.2016-2019, 2028-2029 참조.

을 포착해 낼 수 없는 한계가 있다.

2. 기존 법리 적용영역 내의 한계

가. 기존 법리의 지나친 경직성

다른 한편으로 기존 법리는, 그 적용영역 내에서 구체적 타당성을 기할 수 없다는 한계도 보인다. 표현의 내용을 심사하여 금지 여부를 결정하는 행위가 '표현의 발표 전'에 '행정기관'에 의해 이루어지는 경우라 하더라도, 개별·구체적인 절차를 어떻게 구성하느냐에 따라 검열금지 법리의 근거가 되었던 4가지 해악, 즉, 자의성, 일방성, 비공개성, 시기지연성의 요소들이 약화되는 경우가 있을 수 있다. 그럼에도 기존 법리는 이러한 사정을 일체 감안하지 않고 좁게 설정된 검열의 요건에 해당하기만 하면, 무조건 예외 없이 절대적으로 금지된다고 보아 왔다. 이러한 입장은 법리적으로 간단명료할 수는 있지만 지나치게 경직적이어서 그만큼 부작용도 낳을 수 있다.[32]

실제로 그동안 헌법재판소에서 검열금지 법리에 위배되는지 여부가 문제된 사안들에서는, 정작 중요하다고 할 수 있는 개별 제도에 대한 섬세한 검토가 이루어지는 대신, 그 위헌심사의 방점이 헌법재판소가 제시한 검열의 요건을 형식적으로 충족하는지 여부에만 찍혀 있었다.

나아가 이는 개별법상 표현물들에 대한 심의제도를 입법적으로 설계하는 데에도 부정적인 영향을 미쳐 왔다. 헌법재판소가 설정한 검열 개념에 해당하는 규제를 일률적으로 회피하기 위해, 거의 모든 종류의 표현물들에 대한 심의제도가 '행정기관'에 의한 '표현의 발표 전' 심사를 일체 배제한 채 판박이 식으로 입법해 온 측면이 있기 때

---

32) 김문현, "영화에 대한 검열의 허용여부 및 검열의 개념", 「고시연구」 제26권 제9호, 1999, pp.86-87 참조.

문이다. 대표적으로 '음악영상물(뮤직비디오)'에 대한 심의제도의 경우, 표현물의 특성상 발표 전의 시점에 심의가 이루어져야 함이 타당함에도 헌법재판소가 제시한 검열금지 법리를 의식한 탓에 일정 기간 동안 실효성 없는 발표 후 심의 방식이 채택된 바 있다.[33] 이러한 제도는 표현의 자유 보장은 물론 청소년 보호 등의 공익 목적 양자를 모두 달성하기 어렵게 만든다.

제3장 제2절에서 살펴볼 내용과 같이, 사전제한에 대해 절대적 금지가 아닌 강한 위헌성 추정만을 하고 있는 미연방대법원의 법리에 대해서도, 사전제한에 해당한다는 이유로 무조건 강한 위헌성 추정을 할 것이 아니라 보다 개별적인 접근이 필요하다는 비판들이 존재한다. 지나치게 단순화된 사전제한금지법리의 공식으로는 수정헌법 제1조에 관한 어려운 과제를 해결할 수 없다는 것이다.[34] 같은 맥락에서, 사전제한금지법리는 그 역사적 기능을 제외한다면 더 이상 수정헌법 제1조의 독자적 범주로서 일반화된 유용성이 담보되지 않으므로 구체적인 사안에 초점이 맞추어져야 한다는 주장들이나,[35] 사전제한에 대해 지나치게 단순하고 모든 것을 쓸어 담는 형태의 추정을 하는 것이 적절한지 의문을 제기하는 입장들도 존재한다.[36]

---

33) 자세한 내용은, 임효준, "매체물의 특성을 고려한 심의제도 구축에 관한 시론적 연구", 「미디어와 인격권」 제2권, 2016a, pp.278-282; 임효준, "음악영상물 심의제도의 연혁 및 외국의 입법례: 현행 심의제도 개선에 관한 시사점 도출을 위하여", 「입법과 정책」 제10권 제1호, 2018, pp.236-244, 251 참조.

34) Martin H. Redish, 앞의 글, pp.53-55, 99-100 참조.

35) J. C. Jeffries, Jr., 앞의 글, p.420; Paul A. Freund, "The Supreme Court and Civil Liberties", *Vanderbilt Law Review*, Vol.4 No.3, 1951, p.539; Geoffrey R. Stone et al., *The First Amendment*, 4th ed., Wolters Kluwer Law & Business, 2012, p.142 참조.

36) William Medlen, "Inside Edition: Out of a Prior Restraint and above the Law?", *Loyola of Los Angeles Entertainment Law Review*, Vol.13 No.1, 1992, pp.185-186 참조.

나. 표현물 범주에 따른 예외 설정의 부당성

제2장 제2절에서 살펴본 것처럼, 헌법재판소가 상업광고라는 일정한 표현물 범주에 대하여 검열금지 법리의 적용대상에서 제외하려는 시도를 하였던 것도, 위와 같은 한계와 무관하지 않다. 「바이마르 헌법」의 영향을 받아 1962년 헌법에서 영화와 연예에 대한 명시적인 예외조항을 둔 것이나, 이후 현행 헌법 전까지 검열금지에 관한 조항이 삭제된 상황에서도 여전히 영화와 연예에 대해서는 검열이 허용된다고 해석되어 왔던 것도, 같은 맥락에서 이해해 볼 수 있다. 학계에서도 그동안 '일정한 표현물 범주를 설정'함으로써 검열금지 법리의 구체적 타당성을 일부 기하려는 노력이 있어 왔다. 그러나 결론적으로 이러한 시도는 여러 가지 측면에서 난점을 보인다고 하겠다. 이하에서는 표현물 범주에 따른 예외를 인정하는 견해들의 내용을 먼저 살펴보고, 이어서 비판점들을 짚어보기로 한다.

(1) 표현물 범주에 따른 예외를 설정하는 견해

이 견해들에서 예외에 해당하는 표현물 범주를 설정하기 위한 기준으로 제시한 것은, '검열금지의 목적', '표현물의 특성', '충돌되는 다른 법익' 등이었다. 이러한 기준에 의할 때, 이 견해들은 공통적으로 상업광고가 검열금지 법리의 예외에 해당하는 표현물 범주에 속할 수 있는 대표적인 것이라고 한다.

'검열금지의 목적'이라는 관점에서 살펴보면, 상업광고의 주된 의도는 공중의 의견형성에 기여하는 것이 아니라 경쟁에서 우위를 차지하는 것에 있으므로 검열을 행한다고 하여 관제의견이나 지배자에게 무해한 여론만이 허용되는 결과가 나타나지 않는다고 한다.[37]

또한 '표현물의 특성'이라는 관점에서 살펴보면, 상업광고는 공권

---

37) 이동진, "전문직 표시·광고규제의 몇 가지 쟁점: 의료광고를 중심으로", 「의료법학」 제17권 제2호, 2016, pp.196-198 참조.

력에 의한 규제에 의해 일시적으로 위축되더라도 결국은 영리를 추구할 수 있는 방안을 찾아낼 가능성이 매우 높은 반면, 이로 인한 피해를 사후에 교정하기는 어려운 특성을 갖는다고 한다.38)

마지막으로 '충돌되는 다른 법익'이라는 관점에서 보더라도, 상업광고는 건강권이나 재산권, 소비자 및 청소년 보호 등 중요한 법익에 막대한 영향력을 미칠 수 있는바 이들과의 균형을 기할 필요성이 다른 표현물에 비해 더욱 강하다고 한다.39)

다만, 상업광고 중에도 광고주체의 성격과 주된 목적, 광고대상의 성격(공적 내용을 대상으로 하는지 여부), 광고의 파급효과(국민 모두에게 영향을 주는지 여부), 광고를 받아들이는 자의 범위 등에 따라 어느 정도 공익적이거나 공익과 관련이 있는 광고가 있을 수 있으므로, 이를 가려내어 이에 해당하지 않는 순수한 상업광고만 검열금지의 적용범위에서 배제할 필요가 있다는 견해도 존재한다.40)

그 밖에 영화 또는 그와 유사한 특성을 지닌 표현물의 경우에도, 청소년에 대한 심대한 영향, 관람자에 대한 강한 자극, 해로운 영향 발생 시 회복 불가능, 음란물 규제의 필요성 등으로 인해 검열의 필요성이 있으므로, 일정한 절차적 보호의 요건을 전제로 예외를 인정할 수 있다는 견해 역시 존재한다.41)

---

38) 장석권, "광고 사전심의 제도의 위헌성에 대한 헌법적 고찰: 의료기기 광고 사전심의 제도의 위헌성에 대한 검토를 중심으로", 「법학논집」 제23권 제1호, 2018, pp.250, 252-253 참조.

39) 이노홍, 앞의 글, pp.235-236 참조.

40) 권순현, "상업광고에 관한 헌법상 제한의 원리", 「토지공법연구」 제69집, 2015, pp.398-399 참조.

41) 양건, 앞의 글(1998), pp.226-227; 양건, 「헌법강의」, 제7판, 법문사, 2018, pp. 658-659 참조. 이 견해에서는 결국 표현의 자유에 관한 법리를 다음과 같은 3단계로 구성해야 한다고 주장한다. "① 허가·검열은 원칙적으로 금지하되 매체에 따라 예외가 인정된다. ② 법원에 의한 사전제한은, 허가·검열에 해당하지는 않지만 사후제한보다 엄격한 요건 하에 인정된다. ③

(2) 표현물 범주에 따른 예외 설정에 대한 비판

(가) 범주구별식 접근방법에 따른 기준의 자의성

그러나 이처럼 일정한 범주의 표현물을 구분해 내어 이에 대한 검열금지 법리의 예외를 인정하는 견해는, 그 범주를 '어떤 경우에 무엇을 근거로 설정하느냐'라는 기준설정의 자의성 문제를 발생시 킨다.

이는 표현의 자유 제한 입법에 대한 위헌심사 방식으로 '범주구 별식 접근방법(categorical approach)'을 택할 때 필연적으로 나타나는 문제점이다. '범주구별식 접근방법'이란, 표현의 범주를 정하여 구분 하고, 그 범주에 따라 보호받지 못하는 표현과 보호받는 표현, 그리 고 보호받는 표현 중에는 다시 적용되는 심사기준에 차등을 두는 방 식을 의미한다. 범주를 설정함에 있어 선제적으로 형량의 요소가 개 입된다는 점에서 '정의적 형량방식(definitional balancing)'이라고도 불린다.

반면, 이에 대비되는 '비교형량식 접근방법(balancing approach)'이 란, 이러한 범주화를 전제하지 않고 모든 표현에 대한 제한 수단을 일 단 동등한 형량의 대상에 놓고, 대응되는 다른 이익과 비례적 형량 과 정을 통해 최종적 판단을 도출하는 방식이다. 구체적인 형량의 내용이 사안별로 달라진다는 점에서 '사안별 형량방식(ad hoc balancing)'이라 고도 불린다.[42)]

범주구별식 접근방법은 범주가 정해져 있다는 점에서 일견 장래

사후제한은 기본권 제한의 일반적 요건에 의해 인정하되, 이중(二重)기준 의 원칙에 따라 우월적 지위를 보장한다."

42) 이상, Joseph Blocher, "Categoricalism and Balancing in First and Second Amendment Analysis", *NYU Law Review*, Vol.84 No.2, 2009, pp.381-398; T. Barton Carter et al., *Mass Communication Law in a Nutshel* , 8th ed., West Academic Publishing, 2020, pp.16-20; Mark Tushnet, *Advanced Introduction to Freedom of Expression*, Edward Elgar Publishing, 2018, pp.22-29 참조.

의 판단에 대한 가이드라인을 더 많이 제공하는 것처럼 보이지만, 이는 오히려 그러한 범주를 정의하는 것의 어려움 때문에 또 다른 불확실성을 야기한다. '정의적 형량방식'으로도 불리는 것에서 알 수 있듯이, 이 방법도 형량의 요소가 완전히 배제되어 있지 않은데, 형량을 행하는 시점이 요건을 설정하는 시점, 즉, 개별 사안을 보기 전이므로, 그 형량은 추상적으로 행해질 수밖에 없기 때문이다. 이러한 모호성 때문에, 실질적으로 문제되는 범주에 해당하는 것과 다를 바 없는 표현의 자유 제한 수단이라도 해당 범주에 해당하지 않는다고 판단될 가능성이 상존하고, 이러한 경우 개별 사안에 관한 심사는 진행해 볼 기회조차 상실하게 된다.

(나) 상업광고 전반을 예외로 파악하는 것의 부당성

위와 같은 문제점은, 전형적으로 검열금지 법리의 예외에 해당한다고 상정되고 있는 상업광고에 관한 경우만 보아도 잘 드러난다. "광고는 이미 현대의 경제적, 사회적 제도로 자리 잡았고 광고의 경제적 측면의 요소와 사회적 측면의 요소는 상호 배타적인 것이 아니"[43]라는 지적에서 볼 수 있듯이, 상업광고 중에서도 얼마든지 정치적, 시민적 표현행위에 해당하는 것이 존재할 수 있다. 그만큼, 상업광고를 정치적 영역과 따로 떼어 내어 분리하거나, 공익적 요소를 포함한 것과 그렇지 않은 것으로 구분하는 것은 어렵다.[44]

또 상업광고 역시 독창성과 창의성을 요구하므로, 고전적 표현행

---

43) W. R. Lane & J. T. Russell, *Advertising: A Framework*, Prentice Hall, 2001, pp.330-331.

44) 조소영, "상업적 언론(Commercial Speech)을 진정한 표현의 자유권화하기 위한 헌법적 논의", 「법조」 제52권 제9호, 2003, pp.213-215; 이재진, "표현으로서의 광고의 보호 정도에 대한 탐구: 인격권 관련 판례에 대한 분석을 중심으로", 「한국언론정보학보」 통권 제32호, 2006, pp.340-342; 문재완, 앞의 책, pp.303-304 참조.

위와 비교하여 인격발현이나 개성신장에 미치는 효과가 중대하지
않다고 단정하기도 어렵다.[45] 상업광고는 단시간에 사람들의 이목
을 끎과 동시에 구매 욕구까지 자극시켜야 하므로, 그 본질상 새로
운 표현 방식과 내용을 끊임없이 시도할 수밖에 없기 때문이다.[46]
이로 인해 상업광고를 "반엘리트주의의 대중예술"[47]이라고 칭하는
견해까지 등장하고 있다.

　이처럼 불명확한 기준으로 새로운 표현물이 등장할 때마다 검열
금지 법리의 적용대상이 되는지 여부를 판단해 내는 것은 불가능에
가깝다고 하겠다. 이러한 상황에서 일정한 범주에 속하는 표현물 전
체가 검열금지 법리의 적용대상이 되는지를 선제적으로 판단하는
것은, 오로지 기본권 제한에 대한 한계원칙으로만 기능해야 하는 검
열금지 법리가 오히려 기본권 제한의 근거로 이용되는 결과를 낳을
수도 있다.[48]

　(다) 헌법 제21조 문언상 한계 일탈가능성
　표현물 범주에 따른 예외를 인정하는 견해는 헌법 제21조의 문언
에도 명백히 반할 여지가 있다. 아무리 헌법 해석에 있어서 다양한

---

45) 문재완, 앞의 책, p.308; 김웅규, "상업적 광고에 관한 센트럴 허드슨기준에
　　대한 비판적 분석과 대안", 「홍익법학」 제13권 제4호, 2012, pp.211-212 참
　　조. 헌재 2010. 7. 29. 2006헌바75, 판례집 22-2상, 232, 258-259, 재판관 이
　　강국, 재판관 송두환의 별개의견도 "건강기능식품 광고의 경우도 광고 문
　　안 등을 만들 때 독창성이나 창의성, 예술성이 있는 표현을 얼마든지 사
　　용할 수 있는 것"이라고 지적한 바 있다.
46) Alex Kozinski & Stuart Banner, "Who's Afraid of Commercial Speech?",
　　Virginia Law Review, Vol.76 No.4, 1990, p.627; Joanna Krzemińska, 앞의 글,
　　p.2 참조.
47) T. C. O'Guinn et al., *Advertising and Integrated Brand Promotion*, 3rd ed.,
　　Thomson South-Western, 2003, p.125.
48) 김배원, 앞의 글, p.102; 이종훈, 앞의 글, p.17 참조.

방법과 원천이 존재한다 하더라도, 문언의 한계를 벗어날 수는 없을 것이다. 이 견해에서 제시하고 있는 기준은, 결국 헌법 제21조 제1항 상 언론·출판의 자유의 보호영역에 속하는 표현물 중에도 같은 조 제2항의 언론·출판에는 해당하지 않는 경우가 존재할 수 있음을 전제로, 이를 구별해 내는 지점을 설정하고자 하는 것이다.

이러한 입장은 같은 조문 하에 연달아 있는 두 개 항에서 규정한 동일한 용어를 다르게 해석해야만 취해질 수 있는 것인데, 이는 문언에 명백히 반하는 해석으로 타당하지 않다고 하겠다. 영화, 연예에 대한 예외를 명문화하고 있었던 1962년 헌법이나, 상업광고 등 일정한 표현물에 대한 검열금지 법리의 적용을 배제하기 위해 명시적인 규정을 두고 있는 네덜란드, 노르웨이, 그리스의 헌법, 스웨덴의 「표현의 자유에 관한 기본법」[49] 등의 사례와 비교해 보면, 이러한 점은 재확인된다(밑줄은 필자).

2008년 「네덜란드왕국 헌법」

제7조 ③ 누구도 법률상의 의무를 준수하는 한, 전항에 명시된 것 이외의 수단을 동원해 개인의 생각 또는 소견을 유포함에 있어 그러한 생각 또는 의견을 명시한 <u>문서를 사전 허가를 위해 제출해야 할 의무는 없다.</u>

④ <u>전항의 규정은 상업 광고에 적용되지 아니한다.</u>

「노르웨이 헌법」

제100조 누구나 표현의 자유를 가진다. <u>동영상의 해로운 영향에서 아동</u>

---

49) 스웨덴은 헌법의 효력을 가지는 기본법으로 「정부조직법」, 「왕위계승법」, 「언론자유법」, 「표현의 자유에 관한 기본법」을 두고 있다(「정부조직법」 제1장 제3조). 이 중 인쇄기록물에는 언론자유법이 적용되고(「언론자유법」 제1장 제5조), 라디오, 텔레비전, 영화, 데이터베이스 등 기술적 기록물에는 표현의 자유에 관한 기본법이 적용된다(「표현의 자유에 관한 기본법」 제1장 제10조).

과 청소년을 보호하기 위해 필요한 경우 외에는, 사전 검열 및 기타 예방적 조치를 적용해서는 아니 된다.

「그리스 헌법」

제14조 [표현과 언론의 자유] ② 언론은 자유롭다. 검열 기타 모든 예방적 조치는 금지된다.

제15조 [대중 매체] ① 전조의 언론보호 규정은 영화, 녹음, 라디오, 텔레비전 기타 유사한 음성 또는 영상 전송 매체에는 적용되지 아니한다.

「스웨덴 표현의 자유에 관한 기본법」

제1장 기본 규정

제3조 정부나 기타 공공기관은 라디오 프로그램이나 기술적 기록물에 발표될 내용을 강제로 사전 검열 할 수 없다.

다만, 첫째 문단의 규정에도 불구하고, 공개적인 상영을 목적으로 한 영화, 녹화물 또는 기타 기술적 기록물에 있어서 동영상 및 제9조 첫째 문단 제3호에 규정하는 데이터베이스로부터 자료의 재생에 있어서 동영상의 검열 및 승인에 관하여 법률로 정할 수 있다.

제12조 이 법에 포함된 규정은 라디오 프로그램에서 상업 광고 금지나 그 광고에 적용되는 조건에 관한 기타 규정을 법률로 정하는 것을 막지 아니한다.

다. 절차적 요소를 통한 구체적 타당성 도모 가능성

표현물 범주에 따른 예외를 설정하는 방식이 제대로 작동하지 못하는 이유는, 검열금지 법리의 본질적 속성과 어긋나는 요소들로 구체적 타당성을 도모하고자 했기 때문이라 할 수 있다. 기본권 제한 수단의 한계를 '실체 또는 실질의 한계'와 '절차 또는 방법의 한계' 두 측면으로 나누어 볼 때, 검열금지 법리는 후자에 속한다고 할 수 있다.[50] 검열금지 법리의 방점은, 문제되는 표현의 자유 제한 수단이 검열이라는 특정한 절차 또는 방법에 해당하게 되면, 설령 공익과 사익 간의 형량과 같은 실질 또는 실체적 요소를 고려할 때 헌법적으로 정당화될 여지가 있다고 하더라도, 무조건 금지된다는 데에 있기 때문이다.

앞서 제2장 제2절에서 살펴본 2006헌바75 결정의 재판관 2인의 별개의견에서도 지적하고 있듯이, 표현물 범주에 따른 예외를 인정하는 견해에서 내세우는 기준인 '검열금지의 목적', '표현물의 특성', '충돌되는 다른 법익'은 모두, 실체 또는 실질의 한계를 살피는 대표적인 법리인 과잉금지원칙에 의한 위헌성 여부 심사에 있어서 목적의 정당성이나 수단의 적절성, 피해의 최소성, 법익의 균형성 등의 판단을 할 때 고려할 요소이다.[51] 아무리 구체적 타당성을 기할 필요가 있다고 하더라도, 절차 또는 방법의 한계를 다루는 법리에서 실체 또는 실질의 요소를 가미하는 것은 체계적인 정합성이 떨어진다고 하겠다.

그렇다면 결국, 절차 또는 방법의 한계를 다루는 검열금지 법리에서 개별적 제도의 모습을 살펴 구체적 타당성을 기하는 판단을 한다는 목표는, 실질 또는 실체적 요소가 아닌 절차 또는 방법적 요소를 고려함으로써 달성함이 타당하다고 할 것이다. 그 가능성을 이어지는 장들에서 살펴보기로 한다.

II. 대안적 해석의 필요성

1. 매체환경의 변화에 따른 기존 법리의 조정 필요성

제2장 제1절에서 살펴본 것처럼, 검열금지 법리는 원래 인쇄매체

---

50) Stephen R. Barnett, "The Puzzle of Prior Restraint", *Stanford Law Review*, Vol.29 No.3, 1977, pp.542-544; J. C. Jeffries, Jr., 앞의 글, pp.419-420 참조.
51) 헌재 2010. 7. 29. 2006헌바75, 판례집 22-2상, 232, 258, 재판관 이강국, 재판관 송두환의 별개의견 참조.

시대를 배경으로 하여 탄생한 것이었다.52) 그러나 새로운 매체는 지속적으로 등장하고 있고, 이에 따라 검열금지 법리가 처음 고안된 의사소통의 세계 역시 급격하게 변화하고 있다.53) 미국에서도 수정헌법 제1조상의 표현의 자유에 관한 기존의 법리는, '길거리의 연설자(the street-corner speaker)'54) 또는 '마을광장의 비누박스 위에 서서 메가폰으로 그의 생각을 말하는 사람'55)을 전제로 한 낡은 패러다임에 기반한 것이라며 오늘날 더 이상 적절한 것이 아니라고 지적하는 견해들이 존재한다.

지금까지 살펴본 바와 같이 기존 법리의 적용영역 내외에서 한계가 나타나는 이유도, 검열금지 법리의 이론적 기초가 변화하였거나 고안 당시부터 요건이 잘못 설정된 것에서 기인하는 것이 아니라, 매체환경이 바뀌었기 때문이고 할 수 있다.56) 특히 문제되고 있는 인터넷 매체나 상업광고와 같은 표현물만 보더라도, 오늘날의 관점에서는 가장 보편적인 표현의 형태 중 하나에 해당하지만, 검열금지 법리가 처음 태동하였을 때에는 존재하지 않았거나 표현의 자유의 보호영역에서조차 배제되어 있었기 때문에, 이들에 대해서까지 검열금지 법리가 적용될 것을 예상하지 못했을 것임이 당연하다.

제2장 제1절에서 영국의 출판허가제가 도입되고 폐지되는 과정을 통해 살펴보았듯이, 법규범이란 현실을 형성시키면서 동시에 현실을 반영하는 존재이기 때문에, 매체환경이라는 표현의 자유의 물

---

52) 양건, 앞의 글(1998), p.227; 정재황 외, 앞의 책, p.63 참조.

53) Ariel L. Bendor & Michal Tamir, "Prior Restraint in the Digital Age", *William & Mary Bill of Rights Journal*, Vol.27 No.4, 2019, pp.1164-1165 참조.

54) Owen M. Fiss, "In Search of a New Paradigm", *Yale Law Journal*, Vol.104 No.7, 1995, p.1614 참조.

55) Michael Patty, "Social Media and Censorship: Rethinking State Action Once Again", *Mitchell Hamline Law Journal of Public Policy and Practice*, Vol.40, 2019, p.101.

56) András Koltay, 앞의 책, p.242 참조.

적 토대가 변화하게 되면, 이에 따라 기존 법리에도 수정이 가해질
필요가 있다.57) 그래야만 계속 변화해가는 현실 속에서 표현의 자유
를 실효적으로 보장하기 위한 기능을 지속적으로 해 나갈 수 있기
때문이다.58)

　이와 같은 문제를 해결하는 방식으로, 기존 법리는 그대로 유지
하면서 기존 법리가 한계를 보이는 현상들을 별도로 규율할 새로운
법리를 창설하는 방법도 상정해 볼 수는 있을 것이다. 가령, 인터넷
시대에 있어서 표현의 자유 구조 변화는 획기적이기 때문에, 기존의
시대와는 본질적인 차이를 가지고 있는 것으로 이해되어야 하고, 이
에 따라 전통적인 표현의 자유 법리와는 다른 새로운 법리를 발굴해
내는 것이 불가피하다는 관점도 존재한다.59)

　그러나 앞서 지적한 것처럼 검열금지 법리의 주된 근거와 목적은,
매체환경의 변화에도 불구하고 여전히 변화하지 않고 유효하게 남
아있다. 이러한 상황에서는, 기존 법리와는 전혀 다른 법리를 새롭게
도입하는 것보다는, 기존 법리를 새로운 매체환경에 맞도록 조정하
는 것이 요구된다고 할 수 있다. 실질적으로 동일한 성질을 지닌 작
용들에 대해 전혀 다른 법리를 적용하는 것이나, 실질적으로 동일하
다고 볼 수 없는 작용들에 대해 같은 법리를 적용하는 것은 타당하
지 않기 때문이다.

　결국 검열금지 법리의 맥락에 있어서는, 기존 법리 중 강조할 것
은 더욱 강조하고 약화시킬 것은 약화시킴으로써 합리적이고 실효
성 있는 법리로 지속가능케 하는 작업이 필요하다고 할 것이다.60)

---

57) 이인호, 앞의 글(1997a), p.399 참조.
58) 허진성, 앞의 글, pp.60-61 참조.
59) 잭 골드스미스·팀 우, 송연석 역, 「(사이버 세계를 조정하는)인터넷 권력전
　　쟁」, NEWRUN, 2006, p.37 참조.
60) Ariel L. Bendor & Michal Tamir, 앞의 글, pp.1164-1165, 1180 참조.

이와 관련하여, 표현을 전달하는 수단이 달라졌다고 해서 기본권의 보호 내지 제한의 기준 자체를 바꾸는 것은 타당하지 않고, 다만 구체적인 방식에 있어서 매체의 특성을 고려한 적절한 변화를 가하는 것이 중요하다는 견해에 주목할 필요가 있다.[61]

2. 해석 수정 방식을 통한 기존 법리의 조정 가능성

제2장 제2절에서 살펴본 바와 같이, 애초에 기존의 검열금지 법리는 헌법 문언에 명시된 것이 아니라 이에 관한 해석론으로 전개되어 온 것이었다. 즉, 기존의 해석론에 한계점이 보이는 상황에서는, 얼마든지 이를 수정하는 해석 역시 시도해 볼 수 있다는 것이다.

2000년대 후반부터 지금까지 우리나라 헌법재판소에서 검열금지 법리가 쟁점이 된 결정은 상업광고에 관한 6건뿐이었다. 점점 더 보편화되어 가고 있는 이른바 '인터넷 검열'은 검열금지 법리로 다루어지고 있지 않은 반면, 오히려 검열금지 법리의 적용대상에서 배제하려는 시도가 벌어지고 있는 상업광고에 대해서만 초점이 맞추어지고 있는 상황인 것이다.

이는 결국 기존의 해석론이 오늘날 변화된 매체환경 하에서, 제대로 된 목표지점을 설정하지 못하고 있는 모습을 보여준다. 금지하려고 하는 검열이 어떤 것을 의미하는지 그 과녁(target)을 수정할 필요가 생긴 것이다. 그만큼 앞으로 검열금지 법리가 보다 많은 현상들을 포섭하면서도 구체적 타당성을 갖춘 법리가 될 수 있도록, 실용적 차원의 대안적 해석을 시도해 보는 작업이 어느 때보다도 필요한 시점이라고 하겠다.

---

61) 차진아, "표현의 자유의 구조와 성격에 관한 연구: 오프라인과 온라인상 실현방식에 대한 비교를 중심으로", 「법학연구」 제53권 제3호, 2012, pp.14, 21 참조.

제3장

검열금지 법리와 관련된
국외의 논의

제1절 독일 및 일본의 사전검열금지원칙

I. 독일의 법리 및 비판 논의

1. 독일 연방헌법재판소의 법리

가. 독일 연방헌법재판소에 의한 법리의 구체화

우리나라와 마찬가지로, 「독일 기본법」 제5조 제1항 제3문에서는 "검열은 허용되지 아니한다."라고만 규정하여 직접 검열에 관한 정의나 요건을 정하고 있지 않기 때문에, 독일의 검열금지 법리는 독일 연방헌법재판소의 결정에 의해 구체화된 측면이 크다.[1] 독일 연방헌법재판소는 1966년 슈피겔(Spiegel) 결정에서 "자유롭고 공권력에 의해 좌우되지 아니하며 검열받지 않는 정간물은, 자유주의국가의 본질적 요소"[2]라고 판단함으로써 처음으로 검열에 관해 언급하였다.

곧이어 1972년 「반입금지감독법」 결정에서, 검열의 주체를 행정기관으로, 검열의 시기를 사전으로, 검열의 방식을 표현물 제출의무 부과와 내용 심사를 통한 허가를 받지 않은 표현의 금지로 하는 검열의 요건에 대해 자세히 판시하였다.

---

[1] 마리안 파쉬케, 이우승 역, 「독일 미디어법」, 한울, 1998, pp.100-101; 전정환, "방송위원회의 방송광고에 대한 사전심의·의결의 위헌성 여부", 「헌법학연구」 제12권 제3호, 2006, p.526 참조.

[2] BVerfGE 20, 162, 174. 「슈피겔」지가 국가기밀사항을 보도한 것에 대하여 문서외환죄의 적용을 거부한 결정이다. 이 결정의 영문 번역은, Deutschland Bundesverfassungsgericht, *Decisions of the Bundesverfassungsgericht - Federal Constitutional Court - Federal Republic of Germany*, Vol.2, Nomos, 1992, pp.71-116 참조.

"검열이라 함은 정신작품의 제작 또는 보급에 앞서서 취하는 제한적인 조치, 특히 여기에서는 영화의 제작 또는 보급을 하기 위하여 그 내용에 대한 사전심사 및 허가를 받도록 하는 조치(허가를 유보한 금지)를 말한다. 그러므로 영화작품에 대한 검열이라 하면 심사를 받지 아니한 영화는 상영하지 못 한다는 일반적 금지를 의미하는 것이다. 이는 법률상으로 영화를 상영하려면 "사전"에 그 영화를 관할당국에 제출하여 심사를 받은 후 관할당국의 상영에 대한 허가 또는 금지의 처분에 따라야 함을 의미한다."3)

독일 연방헌법재판소가 제시한 검열의 요건도 4가지, 즉, ① 허가받지 않은 표현물의 공표 금지, ② 표현물의 제출의무, ③ 행정기관에 의한 승인 또는 금지, ④ 그러한 금지를 시행할 수 있도록 하는 강제 수단으로 정리해 볼 수 있으며,4) 결국 우리나라 헌법재판소가 제시한 요건과 동일하다고 평가할 수 있다.

나. 검열의 절대적 금지 효과

또한 독일에서도 검열금지는 절대적 효과를 갖는다고 해석되고 있다. 「독일 기본법」 제5조 제2항은 표현의 자유 일반에 관하여 "일반 법률의 조항, 청소년 보호를 위한 법규 및 개인적 명예권에 의하여 제한된다."라고 규정하고 있지만, 독일 연방헌법재판소에 의하면 이 조항에서 말하는 '일반 법률'이란 ① 의견을 금지시키지 않고, ② 의사표현 그 자체를 반대하지 않는 법이어야 하므로 검열을 허용하는 내용의 법률이 존재한다면 이는 일반 법률에 해당할 수 없게 되

---

3) BVerfGE 33, 52, 72. 이하 이 결정의 번역은, 헌법위원회, 「헌법재판자료」 제3집, 1980, pp.3-24; 콘라드 헷세, 계희열 역, 「통일독일헌법원론」, 제20판, 삼영사, 2001, p.248 참조.

4) Murad Erdemir, *Filmzensur und Filmverbot: Eine Untersuchung zu den verfassungsrechtlichen Anforderungen an die strafrechtliche Filmkontrolle im Erwachsenenbereich*, Elwert, 2000, S.46 참조.

고, 그 밖에 청소년 보호나 명예권을 이유로 하여서도 검열은 허용
될 수 없다.[5] 즉, 검열금지는 일체의 예외가 인정될 수 없는 원칙이
라는 것이다.

검열금지 조항은 표현의 자유라는 기본권을 규정하고 있는 「독일
기본법」 제5조 제1항의 일부로 규정돼 있으므로, 검열금지 그 자체
가 기본권으로 이해될 여지 역시 없는 것은 아니다. 그러나 독일 연
방헌법재판소에 따르면, 검열금지는 독자적인 기본권이 아니라 기
본권 제한의 특별한 한계일 뿐이므로, 오히려 「독일 기본법」 제5조
제2항과 동위적인 위치에 놓이게 된다. 즉, 검열금지란 단지 표현의
자유라는 기본권을 보호하는 수단 중 하나이지, 그 자체로서 고유한
보호대상은 아니라는 것이다. 이러한 점에서도 검열금지에는 「독일
기본법」 제5조 제2항이 적용될 여지가 없는 것이며, 그 결과 절대적
인 성격을 가지게 된다고 설명된다.[6]

다. 검열의 시기 요건 한정

독일 연방헌법재판소는 줄곧 헌법상 절대적으로 금지되는 검열
은 사전검열에 한한다는 점을 명확히 하고 있다. 학계에서도 이러한
연방헌법재판소의 견해는 대체로 지지되고 있으며, 이에 따라 표현
의 발표 후 그 내용을 심사하여 금지 여부를 결정하는 행위는 「독일
기본법」 제5조 제2항의 요건을 충족하는 한 허용되는 것으로 해석하
고 있다.[7]

이와 관련하여 앞서 간략히 언급된 1972년 「반입금지감독법」 결

---

5) BVerfGE 7, 198, 209f; BVerfGE 28, 282, 292; BVerfGE 50, 234, 241 참조.
6) BVerfGE 33, 52, 72 참조.
7) 브룬힐데 슈테클러, 이화행 역, 「독일의 인터넷 법제: 저작권법, 미디어법,
   광고법의 이해」, 커뮤니케이션북스, 2007, p.60; 마리안 파쉬케, 앞의 책,
   pp.81-82 참조.

정을 자세히 살펴보고자 한다. 이 사건은 동구권 국가의 영화를 독일 내로 반입하여 상영한 자가,「형법상 및 기타 반입금지감독에 관한 법률 (Gesetzes zur Überwachung strafrechtlicher und anderer Verbringungsverbote)」 (이하 '반입금지감독법') 제5조 제2항8)에 따라 위 영화의 사본을 지체없이 당국에 제출하도록 한 산업경제담당 연방관사(Bundesamt)의 명령에 불복하여 프랑크푸르트 행정재판소에 취소소송을 제기한 상황에서, 동 재판소가 연방헌법재판소로 위 조항에 대한 위헌법률심판을 제청한 것이었다.

  프랑크푸르트 행정재판소가 위헌이라고 판단한 주된 사유는 다음과 같다. "반입금지감독법상 절차운영의 실제결과를 보면 사전검열이나 다름없다. 영화반입자의 자금사정으로 여분의 사본을 제작할 수 없는 경우가 흔히 있는 데다가 영화의 상영계획은 장기적으로 이루어지기 때문이다. 더욱이 반입자는 형법 제93조에 규정된 처벌을 받을 것을 염려하여 우선 산업경제담당 연방관사의 결정을 기다리게 된다. 그리하여 결국 당국의 영화에 대한 사전심사를 받지 않고 이를 상영한다고 하는 것은 사실상 불가능하게 되고 마는 것이다."

  이에 대해 독일 연방헌법재판소는 "의사표현의 공개를 국가기관에 의한 사전허가에 의존시키는 것(사전검열)은 금지되지만, 이에 반하여 사후검열, 예컨대 [기본법] 제5조 제2항의 한계를 넘고 있음을

---

8) 「반입금지감독법」 제5조 제1항은 "자유민주적 기본질서 또는 국민주권사상에 반하는 선전수단으로 사용되기에 적합한 영화는 본 법률의 적용지역 내에 반입할 수 없다.", 같은 조 제2항은 "본 법률의 적용지역 내에 영화를 반입하는 자는 반입 후 일주일 이내 영화의 사본을 산업경제를 담당하는 연방관사에게 제출하여야 한다. 연방정부는 법규명령을 통하여 일정한 국가로부터의 영화에 대하여는 제출의무를 면제하도록 규정할 수 있다."라고 규정되어 있었다. 연방정부는 1961. 10. 12.자 명령으로 대다수의 외국산 영화에 대하여 위 제출의무를 면제하였는데, 동구권 국가의 영화에 대해서는 면제하지 않았다.

이유로 의사표현의 공개 후에 간섭하는 것은 금지되지 않는다."[9]라고 하면서, 「반입금지감독법」 제5조 제2항의 제출의무는 검열금지에 위배되지 않는다고 판단하였다.

구체적인 결정이유를 살펴보면, 독일 연방헌법재판소는 먼저 헌법상 절대적으로 금지되는 검열은 사전검열에 국한된다고 해석해야 하는 이유를 아래와 같이 연혁적 측면에서 찾고 있다.

> "독일 기본법 제5조 제1항 제3문과 같은 규정이라고 할 수 있는 바이마르 헌법 제118조 제2항 제1문 전단에 대하여 당시 지배적인 학설은 사전검열에 국한되는 것으로 해석하였다(안슈츠-토마 저, 독일국가법사전, 1932, 권 2, 665면 및 후주). 의회에 준한 협의회인 원칙심의위원회에서 심의할 당시 연방의원인 베르크트레서 박사가 사전검열은 검열의 일부에 불과하다고 하면서 "사후검열도 마찬가지로 허용될 수 없는 것"이라고 주장하였던 것은 사실이지만 그 후 이러한 주장은 계속되지 않았던 것이다. 그리고 동 위원회의 일반기초위원회에서는 최종초안에서 결국 바이마르 헌법 제118조 제2항 제1문 전단의 표현양식으로 되돌아갔던 것이다."[10]

위와 같은 전제 하에, 독일 연방헌법재판소는 "정신작품이라 하더라도 일단 공중에 접하게 되어 영향력을 행사할 수 있게 되면, [독일 기본법 제5조 제2항상] 일반 법률[에 의한 제한]의 적용을 받게"된다면서, 검열금지가 사후검열, 즉, 정신작품의 발행 후에 비로소 취해지는 통제 및 제재조치까지를 포함한다고 하면 일반 법률은 무의

---

9) BVerfGE 33, 52, 72.

10) BVerfGE 33, 52, 73. 위 결정에서는 「바이마르 헌법」까지만 언급하고 있지만, 더 거슬러 올라가면, 앞서 제2장 제1절에서 살펴보았던 1849년 「프랑크푸르트 국가헌법」에서 검열을 '사전'의 의미를 지니는 '예방적 조치'의 일종으로 명시하였던 것에서도 그 기원을 찾을 수 있을 것으로 생각된다.

미한 것이 되고 말 것이라고 보았다.[11] 즉, 표현의 발표 후 내용을 심사하여 금지 여부를 결정하는 행위는 헌법상 허용가능성이 있음을 덧붙이면서, 「반입금지감독법」제5조 제2항이 실질적으로 사전검열의 효과가 있다는 프랑크푸르트 행정재판소의 견해를 배척하였다.

'사전'의 의미에 관해서도 독일 연방헌법재판소는 앞서 살펴본 것처럼 "정신작품의 제작 또는 보급에 앞서서 취하는 제한적 조치"를 말하는 것으로서(밑줄은 필자), "영화작품에 대한 검열이라 하면 심사를 받지 아니한 영화는 상영하지 못한다는 일반적 금지를 의미하게 되는 것"[12]이라고 계속해 판시해 오고 있다. 앞서 살펴본 우리나라 헌법재판소와 유사한 입장이라고 하겠다.

이에 따라 표현의 수용 단계에서 이루어지는 금지는, 더 이상 표현자에 대한 제한이 아니라는 점에서 검열에 해당하지 않는다는 관점을 취한다. 우편당국이 신문을 전달하는 과정에서 그 내용을 검토한 후 검찰로 이를 보내 압수하도록 하자 해당 신문 수신자인 청구인이 검열에 해당한다는 이유로 헌법소원을 제기한 1969년 신문압수 결정에서, 독일 연방헌법재판소는 "검열의 금지는 본질상 제작자 또는 그 전파자의 행위만을 보호"하며, "그에 반해 구독자 또는 수용자가 검열에 의해 침해당하는 것은 정보의 자유뿐이므로, 단지 반사적 이익으로서만 작용하는 검열금지를 주장할 수는 없다."[13]라고 판시하였다.

라. 검열의 주체 요건 한정

독일 연방헌법재판소에 따르면, 검열은 오로지 사전 허가를 위하여 표현물을 '국가기관', 특히 '행정기관'에 제출할 의무가 이행된 결

---

11) BVerfGE 33, 52, 72 참조.
12) BVerfGE 33, 52, 72; BVerfGE 87, 209, 230 참조.
13) BVerfGE 27, 88, 102. 이 결정의 영문 번역은, Deutschland Bundesverfassungs-gericht, 앞의 책, pp.136-142 참조.

과에 해당해야 한다. 따라서 그 수범자는 국가기관에 한정된다.[14]
이는 역사적으로 검열이 국가기관에 의해 직접 수행되었다는 경험
을 바탕으로 한 이해라는 분석이 있다.[15] 이에 의할 때, 원칙적으로
사인은 이 조항의 적용을 받지 않는다. 이러한 점에서 검열금지는
사인에 대한 제3자효를 가지지 않는다고 일컬어진다.[16] 대부분의 학
자들은 검열금지를 비국가 주도의 행위에 확장하는 것을 꺼려한다
는 지적도 존재한다.[17]

다만, 독일 연방헌법재판소는 국가기관이 행하는 행위인지 여부
에 관해 형식적인 관점이 아니라 실질적인 관점을 취하고 있다고 할
수 있는데, 1992년 악마의 무도 결정에서 이를 살펴볼 수 있다. 이
사건의 청구인은, 영화 '악마의 무도'가 수록된 비디오테이프를 「청
소년보호법」상 '18세 미만 금지의 지정'을 받기 위해 (국가기관에 해
당하지 않는) 영화산업자율규제협회에 제출하였는데, 해당 협회가
'인간의 존엄을 침해하는 형태로 폭력행위를 묘사'한 것을 처벌하는
「형법」 조항에 저촉된다고 판단하여 (국가기관에 해당하는) 검찰당
국에 통지하고 이에 따라 법원이 압수명령을 내리자, 헌법소원을 청
구한 것이었다. 독일 연방헌법재판소는 "협회의 연령지정절차 그 자
체가 영화의 유포를 금지하는 것이 아니지만, 그 절차에서 밝혀진
형법상의 혐의 때문에 영화가 압수됨으로써 유포 여부를 자유롭게
결정할 기회를 박탈당하게 하는 것은 검열과 동일하고, 이는 독일
기본법 제5조 제1항 제3문에 위반된다."[18]라고 보았다.

---

14) 브룬힐데 슈테클러, 앞의 책, p.60 참조.
15) 마리안 파쉬케, 앞의 책, p.101 참조.
16) 마리안 파쉬케, 앞의 책, pp.81-82 참조.
17) Ansgar Koreng, *Zensur im Internet: Der verfassungsrechtliche Schutz der
    digitalen Massenkommunikation*, Nomos, 2010, S.235 참조.
18) BVerfGE 87, 209, 232f. 이 결정의 번역은, 도이츠헌법판례연구회 편, 전정
    환 역, 「독일헌법판례 (II-상)」, 제2판, 원광헌법학연구회, 2007, pp.311-320

2. 독일의 기존 법리 비판 논의

놀테니우스(Noltenius), 뢰플러(Löffler) 등을 중심으로 기존 법리에 따른 검열 개념을 '형식적 검열개념'이라고 지칭하면서, 이에 대비되는 '실질적 검열개념'을 주장하는 일련의 견해들이 지속적으로 전개되어 왔다. 이 견해들에서는 헌법상 금지되는 검열의 본질은 '정신적 영향력이 큰 기관이, 그들이 원하지 않는 정신적 생산물의 출현과 전파를 방해하려는 목적을 가지고, 해당 생산물의 내용을 체계적으로 통제하는 것'이라고 파악하면서, 이에 해당하는 것이라면 시기나 주체와 관계없이 검열에 해당하는 것으로 보아야 한다고 주장한다.[19]

그 연장선상에서, 최근에는 새로운 미디어 환경에 상응하여 검열의 개념을 확장하고 변용해야 한다는 접근도 행해지고 있다.[20] 검열금지의 적용영역은, 그것이 생겨난 역사적 맥락도 고려해야 하지만, 동시에 미디어 융합과 디지털화된 시기에 직면하게 되는 현대적 위협들에도 반응할 수 있도록 재정립될 필요가 있다는 것이다. 즉, 오직 '국가기관에 의한 사전검열'만을 금지하는 매우 좁은 형식적 검열 개념을 유지하는 것이 타당한지, 검열금지의 목적과 체계의 관점에서 다시 명확히 할 시점이 도래하였다는 지적이다.[21] 사전검열과 사후검열이라는 용어가 그 구별성을 잃어가고 있고, 사인인 인터넷 플랫폼 운영자 역시 국가기관과 같은 반민주적인 행위를 동등하게 할 수 있게 된 시대에서, 검열금지가 후광을 잃지 않고 새로운 임무를 수행할 수 있으려면 그 내용을 재정의하는 것이 필요하다는 관점이

참조.

19) '실질적 검열개념' 담론의 흐름에 관해서는, 박용상, 앞의 글(2010), pp.127-128, 150-151 참조.

20) Ansgar Koreng, 앞의 책, S.233 참조.

21) Wolfgang Hoffmann-Riem, *Kommunikationsfreiheiten: Kommentierungen zu Art. 5 Abs. 1 und 2 sowie Art. 8 GG*, Nomos-Verl.-Ges. 2002, Rn.91 참조.

라 할 수 있다.[22)]

　이하에서는 이러한 관점을 취하는 견해들을 몇 가지 유형으로 나누어 살펴보기로 한다.

가. 검열금지를 기본권으로 구성하는 견해

　앞서 살펴본 것처럼 기존의 법리는, 검열금지가 표현의 자유의 제한에 대한 한계이지 그 자체로 기본권은 아니라고 본다. 그렇기 때문에 「독일 기본법」 제5조 제2항의 제한을 받지 않으므로 절대적 성격의 원칙이 된다는 것이다.

　그러나 이와 달리, 검열금지 역시 '검열거부권'이라는 하나의 기본권을 규정한 것이라고 보는 견해가 있다.[23)] 이 견해는 「독일 기본법」 제5조 제1항이 의사공시자유(Kommunikationsfreiheit)[24)]의 기본권을 보장하는 세 개의 문장으로 구성되어 있다고 파악한다. 그 중 검열금지를 규정한 제3문은, 제1문 및 제2문[25)]에서 명시한 공시자의 의사공시권, 수용자의 의사공시권, 매체의 의사공시권을 전체적으로 재확인하면서 이들을 실질적으로 보장할 수 있는 토대적인 기본권을 정한 것이라고 본다.

---

22) Murad Erdemir, "Das Zensurverbot im Prozess des Wandels und der inhaltlichen Neubestimmung", *Jugend Medien Schutz-Report*, Bd.41, 2018, S.5 참조.

23) 이하, 이진구, "독일헌법 제5조의 의사공시권 보장에 관한 고찰", 「사회과학논집」 제25권 제2호, 2006, pp.70-71 참조.

24) 이 견해에서는, "의사공시(意思公示, Kommunikation)란 공시자가 수용자에게 매체를 통하여 자신의 내재적 의사를 공적으로 표현하고 확산시키는 일체의 커뮤니케이션 행위"를 뜻하는 것으로, "의사공시자유는 그 같은 의사공시의 행위를 할 수 있는 기본권적 자유"를 뜻하는 것으로 상정한다. 이진구, 앞의 글, p.60 참조.

25) "누구든지 자기의 의사를 말과 글 및 그림으로 자유로이 표현·전달하고, 일반적으로 접근할 수 있는 정보원으로부터 방해받지 않고 정보를 얻을 권리를 가진다. 출판의 자유와 방송과 영상으로 보도할 자유는 보장된다."

「독일 기본법」의 문언 및 구조를 논거로 하여 같은 입장을 취하는 견해도 있다.[26] 이 견해는, 「독일 기본법」 제5조 제2항의 경우 "이 권리들은…제한된다."라고 규정함으로써 제한의 대상으로 같은 조 제1항에서 규정된 권리를 명시적으로 지칭하고 있는 데 반해, 검열금지 조항의 경우 그 제한의 대상을 언급하고 있지 않다는 점에 주목한다. 「독일 기본법」 제19조 제1항에서 "기본권이 법률에 의하여 또는 법률에 근거하여 제한될 수 있는 경우에, 해당 법률은 일반적이어야 하며 개별적으로 적용되는 법률이어서는 안 된다. 그 밖에 해당 법률은 기본권의 해당 조항을 적시하여야 한다."라고 규정한 것에 비추어볼 때(밑줄은 필자), 검열금지 조항은 기본권 제한에 관한 일반적인 규정과 확실히 다른 구조를 취하고 있다는 것이다.

나아가, 「독일 기본법」 제5조 제1항 제3문에 위치한 검열금지가 같은 조 제2항에 위치한 표현의 자유의 제한에 대한 한계로 작용한다고 보게 되면, 제한의 한계에 관한 규정이 제한에 관한 규정보다 먼저 나오는 구조가 되어 버리는데, 이는 체계적으로 이해하기 힘들다고도 지적한다. 이 견해는 따라서, 이와 같은 문언 및 구조를 종합해 볼 때 검열금지를 순수하게 표현의 자유의 제한에 관한 규정이라고 받아들이는 것은 모순점이 있으며, 오히려 정부의 언론 통제에 관해 특별한 보호를 하기 위해 의도된, 표현의 자유라는 기본권의 구체화라고 보는 것이 더 타당할 수 있다고 주장한다.

나. 검열의 시기 요건을 확장하는 견해

'표현의 발표 전에 행해질 것'이라는 검열의 시기 요건에 관하여, 그 이후 시점까지 확장하여야 한다는 견해들도 꾸준히 제기되어 오고 있다. 이 견해들의 논거는 크게 세 가지로 나누어 살펴볼 수 있다.

---

26) 이하, Michael Köhne, "Das Zensurverbot des Grundgesetzes", *Recht und Politik*, Bd.49, 2013, S.31 참조.

첫 번째 논거는, 기본법 제정 경위이다. 이 견해들에서는 "검열의 단지 한 작은 부분에 불과한 사전검열만을 포섭하는 해석은, 검열제도의 연혁과 헌법제정 경위에 비추어 지지될 수 없다."라면서, "원하지 않는 공표물의 전파를 방해하기 위하여 발간된 모든 문서에 대해 계획적으로 심사가 행해지는 것이라면 사후검열 역시 위헌적"[27]이라고 본다. 앞서 독일 연방헌법재판소는 「독일 기본법」 제정 당시 원칙심의위원회의 심의 과정에서 사후검열도 허용해서는 안 된다는 주장이 있었지만 받아들여지지 않았기에, 현행 기본법상의 검열은 사전검열만을 의미한다고 보았다. 그러나 이 견해들에서는 당시의 논의 상황에 대해, 아예 '사전검열'이라고 규정하자는 제안이 나오자 '사전검열이라고만 규정한다면 검열의 또 다른 일부인 사후검열은 규율대상에서 배제되어 버릴 수 있다'는 지적이 있었고, 이에 따라 위원회는 최종적으로 단순히 '검열'이라고만 규정하기로 하였다고 분석한다. 즉, 독일 연방헌법재판소의 해석과는 달리, 단순히 '검열'이라고만 규정한 것은 그 검열이 사전검열만을 의미한다고 확정한 것이 아니라, 오히려 사후검열도 포함할 여지를 열어둔 것이라고 해석되어야 한다는 것이다.[28]

두 번째 논거는, 실질적 효과의 동일성이다. 이 견해들에서는, 「독일 기본법」에서 금지하고자 하는 검열의 본질은 소수의 검열자가 대중들이 무엇을 표현할 수 있고 무엇을 표현할 수 없는지를 결정한다는 데 있는 것이고,[29] 검열금지란 표현물의 내용을 심사받는 것에서 독립할 법적 이익을 지칭하는 것이므로,[30] 그 시기는 중요하지 않다

---

27) Martin Löffler, "Das Zensurverbot der Verfassung", *Neue Juristische Wochenschrift*, Bd.22, 1969, S.2225.

28) Michael Köhne, 앞의 글, S.33 참조.

29) Michael Köhne, 앞의 글, S.33 참조.

30) Wolfgang Hoffmann-Riem, 앞의 책, Rn.92 참조. 이 견해에서는, 검열금지가 성립된 역사적 배경, 특히 가톨릭 교회의 검열행위에 대해 보더라도 사후

고 한다. 사전검열은 허용될 수 없는 몇 가지 중 단지 하나일 뿐이며, 시기를 기준으로 검열의 선을 긋는 것은 오히려 검열이라는 용어를 불명확하게 만들고, 보호영역의 범위를 넓게 설정함으로써 얻을 수 있는 이익을 포기하게 만든다고 지적한다.[31] 검열금지의 목적을 달성하기 위해서는, 검열이란 표현의 자유를 행사하는 활동의 방해받지 않는 개시(사전검열, Vorzensur) 또는 이러한 활동의 방해받지 않는 계속(사후검열, Nachzensur)의 가부가 심사절차를 통해 결정되는 것을 통칭한다고 보아야 한다는 것이다.[32]

세 번째 논거는, 인터넷상 의사소통의 맥락이다. 이 견해들에서는 사전검열의 경우 국가가 규범적으로 그리고 현실적으로 모든 표현물을 관리할 수 있는 경우에나 가능하다는 점에 주목한다.[33] 인터넷상 표현은 표현과 동시에 전 세계로 배포되고 어떤 국가도 모든 유통 채널을 모니터링 할 수 없는 반면, 배포된 표현이라도 수용자의 요청에 의해서만(on-demand) 접근이 가능하다.[34] 따라서 표현의 발표 전에 검열을 하는 것은 불가능한 반면, 데이터베이스를 체계적으로 구석구석 찾아서 더 이상의 유통을 금지시킴으로써 여러 사람들이 그것에 접근하지 못하도록 하는 것은 가능하다. 그리고 이러한 행위는 사전검열에 해당하는 것은 아니지만, 그와 동일한 효과를 갖는다고 할 수 있다.[35] 결국 인터넷에서 행해지는 표현의 경우, 발표 시점이 아니라 대중들이 접근 가능하게 된 시점에 비로소 표현행위

검열만으로도 원하지 않는 표현물을 효과적으로 억압하기에 충분함을 알수 있다고 한다.

31) Wolfgang Hoffmann-Riem, 앞의 책, Rn.92; Michael Köhne, 앞의 글, S.30-31 참조.
32) 마리안 파쉬케, 앞의 책, p.101 참조.
33) Michael Köhne, 앞의 글, S.30 참조.
34) Wolfgang Hoffmann-Riem, 앞의 책, Rn.93 참조.
35) Wolfgang Hoffmann-Riem, 앞의 책, Rn.93 참조.

가 있는 것으로 보아야 한다거나, 사전검열과 사후검열의 전통적 구분을 해체함이 타당하다는 주장까지 제기되고 있다.[36]

다. 검열의 주체 요건을 확장하는 견해

검열의 주체 요건을 국가기관, 특히 행정기관으로 한정하는 것에 관해서도 지나치게 협소한 것이라는 비판적 견해들이 있어 왔다. 대표적으로, 사법기관 역시 표현금지를 청구한 사건에 대한 판단을 행함으로써 실질적으로 검열을 수행한다고 보는 관점이 존재하며,[37] 나아가 비국가적 기관이라도 정치적, 경제적, 저널리즘적으로 강제적인 권한을 갖는다면 의견의 자유에 대한 침해를 야기할 수 있기 때문에 그들에게도 검열금지가 적용되어야 한다는 견해도 존재한다.[38] 즉, "헌법은 수용자의 시각에서 국가, 사회단체, 혹은 사적 기관의 행위를 구분하지 않고 검열 일반을 금지"[39]시켰다고 새겨야 한다는 것이다.

검열의 주체 요건에 대한 재검토 필요성은, 특히 의사소통의 대부분이 인터넷을 통해 이루어지는 오늘날 더욱 강조되고 있다. 광대한 디지털 커뮤니케이션 공간이 사적으로 소유되어 있는 상황에서는 국가기관이 직접 스스로 기존과 같은 검열행위를 하기가 어려워졌지만 대신 해당 공간을 소유한 사인을 도구로 사용하여 동등한 행위를 할 수 있음이 지적되고 있다. 검열의 작용은 국가기관이 사인에게 검열유사의 행위를 요구하거나 그에 상응하는 법적 의무를 부과하고 위반 시 불이익한 제재를 가하는 방식으로 "외주화(outsourcing)"될 수

---

36) Murad Erdemir, 앞의 글, S.3 참조.
37) Karl Joachim Hemeyer, "Zensur durch den Zivilrichter?", *Zeitschrift für Rechtspolitik*, Bd.4 Heft.8, 1971, S.176 참조.
38) Martin Löffler, 앞의 글, S.2227 참조.
39) 마리안 파쉬케, 앞의 책, p.101.

있다는 것이다.[40)]

　위와 같은 상황을 지적하는 견해들에서는, 검열의 주체 요건을 여전히 국가기관으로 한정하는 것은 의견과 정보의 자유 보장에 관한 한 더 이상 시대의 흐름에 맞지 않다고 주장한다. 직접적으로는 사인이 행하는 행위라고 하더라도 국가 주도의 행위에 기초하고 있는 한, 검열금지는 사인이 표현의 내용을 심사하여 금지 여부를 결정하는 행위에 대한 장벽으로도 기능할 수 있어야 한다는 것이다.[41)] 따라서 "(기존 법리의) 형식적이고 상당히 보수적인 해석은 인터넷의 맥락에서 변화의 대상이 될 필요"[42)]가 있다고 강조한다.

　이 견해들 중에는 구체적으로, 최근 공공기관들이 인터넷 서비스 제공자로 하여금 특정 내용을 담고 있는 게시글을 업로드 단계에서 걸러 내어 게시할 수 없도록 하는 이른바 '업로드 필터(upload-filter)' 사용을 강제하는 상황에 대해 분석한 것도 존재한다. 이 견해는, 해당 서비스 이용자에게 가해지는 효과가 국가기관이 행하는 검열과 동일하다는 점에서 '우회적 검열(collateral censorship)' 또는 '서버에 의한 검열(censorship by proxy)'에 해당할 수 있음을 지적하면서, 인터넷 환경 하에서까지 기존의 법리에 따른 고전적인 검열의 주체 요건을 고수하는 것은 의문시된다고 주장한다.[43)]

---

40) Wolfgang Hoffmann-Riem, 앞의 책, Rn.94; Amélie Pia Heldt, "Upload-Filters: Bypassing Classical Concepts of Censorship", *Journal of Intellectual Property, Information Technology, and Electronic Commerce Law*, Vol.10 No.1, 2019, p.58 참조.

41) Amélie Pia Heldt, 앞의 글, p.63 참조.

42) Maunz (Hrsg.), *Grundgesetz: Kommentar*, 83 Lieferung, Beck, 2018, Art.5 Rn.119.

43) Amélie Pia Heldt, 앞의 글, pp.58, 61-63 참조.

라. 「네트워크법집행법」에 관한 논란

(1) 제정 경위 및 내용

검열금지에 관한 기존 법리와 비판적 견해의 대립은 최근 「소셜 네트워크 법 집행 개선을 위한 법률(Netzwerkdurchsetzungsgesetz, NetzDG)」(이하 '네트워크법집행법')44)을 둘러싸고도 일어났다. 이 법은 페이스북, 유튜브, 트위터 등 이른바 '소셜 네트워크 서비스(social network service, SNS)'에서 발생하는 혐오발언, 성·인종 차별발언, 허위 정보 등의 생산·확대에 대해 대응하기 위해, 2017년 제정되어 2018년부터 시행되었다.

독일의 연방법무부는 이미 2015년 소셜 네트워크 서비스 제공자 및 시민단체 대표자와 함께 대책위원회를 설치하여 관련 논의를 진행하였고, 그 결과 각 소셜 네트워크 서비스는 독일 법률에 위반되는 글을 쉽게 신고할 수 있는 이용자 친화적 메커니즘과 신고된 글을 24시간 이내에 심사하여 삭제하는 자율적인 시스템을 갖추기로 하였다. 그러나 이러한 조치만으로는 혐오표현이나 가벌적 콘텐츠를 대처하기에 충분하지 않자, 대연정 3당(기독사회당, 기독민주당, 사회민주당)을 중심으로 2017년 연방의회의 의결을 거쳐 이 법을 제정하게 된 것이다.

---

44) 이하 이 법의 번역은, 이권일, "소셜 네트워크 시대에 가짜뉴스(fakenews) 규제에 관한 헌법적 고찰: 독일의 소셜네트워크법(Netzwerkdurchsetzungsgesetz)에 대한 분석을 중심으로", 「공법학연구」 제20권 제1호, 2019, pp.84-87; 권은정, "소셜 미디어 규제의 공법적 타당성에 관한 소고: 허위정보 유통 규제를 중심으로", 「유럽헌법연구」 제31호, 2019, pp.558-561; 박희영, "독일의 가짜뉴스에 대처하기 위한 '소셜 네트워크 법집행법'", 「최신외국법제정보」 2018년 제4호, 한국법제연구원, 2018, pp.59-70; 정관선·박진애, "유럽의 허위조작정보 대응 입법례", 「최신 외국입법정보」 제110호, 국회도서관, 2019, pp.13-14; 임석순, 앞의 글, pp.110-119 참조.

이 법에 의하면, 소셜 네트워크 서비스 제공자는 불법적 게시물[45]에 대해 이용자들이 쉽고, 직접적으로 이의를 제기할 수 있는 효과적이고 투명한 절차를 제공하여야 한다. 이의가 제기되면 이를 즉시 인지하고 해당 게시물이 위법한지, 삭제 또는 차단되어야 하는지를 심사하여야 한다. 그 중 위법함이 명확한 경우에는 24시간 이내에 삭제 또는 차단하여야 하며, 통상적인 경우(위법함이 명확하지 않은 경우)에는 일주일 이내에 조치를 취해야 한다. 다만 주장된 사실의 허위성이나 다른 객관적 정황에 따라 위법성 판단이 달라질 수 있는 경우(이때는 이용자에게 불만사항에 대한 자신의 의견을 표명할 기회를 제공할 수 있다)와 불만접수 후 7일 내에 자율규제기관에 위법성 판단을 의뢰하고 그 판단에 따른 경우에는, 7일을 초과하여 삭제하거나 차단할 수도 있다. 심사의 결과는 이의제기자와 이용자에게 즉시 통지하여야 하고 그 근거를 제시하여야 한다(이상 제3조).

소셜 네트워크 서비스 제공자가 이 법에 규정된 의무를 다하지 않은 경우에는 최대 500만 유로의 금전적 제재를 받을 수 있고, 해외에 본사를 두고 있는 서비스 제공자의 경우 독일 국내에 이러한 업무와 관련하여 책임 있는 자를 임명해야 하는데 이를 해태한 경우 최대 50만 유로의 금전적 제재를 받을 수 있다(이상 제4조).

(2) 검열 해당여부에 관한 논란
(가) 검열에 해당하지 않는다는 견해
독일 연방의회가 「네트워크법집행법」의 제정 과정에서 작성한 「가짜뉴스, 정의와 법적 근거(Fake-News, Definition und Rechtslage)」라

---

45) 독일 「형법」에 규정된 특정한 범죄 행위에 해당하는 내용을 담은 게시물로, 명예훼손과 같은 개인적 법익인 인격권을 침해하는 범죄 외에도 사회적, 민주적 법치국가 혹은 헌정 질서에 위해를 가하는 행위 등 국가적 법익 침해에 관한 범죄들까지 포함되어 있다(「네트워크법집행법」 제1조 제3항).

는 연구보고서46)는, 검열금지란 개념적으로는 '사전검열'을 의미하며 '사후검열'까지 포함하지는 않기 때문에, 생각을 표현하기 전이 아니라 표현한 이후에 조치하는 행위는 검열이 아니라고 기술하고 있다.

이에 의하면, 「네트워크집행법」은 이미 발표된 게시물을 사후에 판단하여 삭제 여부를 결정하는 것이기 때문에 검열에 해당하지 않는다는 것이다. 또한 행정기관이 아닌 사인에 의한 행위라는 점에서도 기존의 법리에 의하면 검열에 해당하지 않는다고 판단될 것이다.

(나) 검열에 해당한다는 견해

그럼에도 불구하고, 이 법 제정 당시부터 독일 내외부에서는 검열에 해당한다는 꾸준한 비판이 제기되어 오고 있다.

우선 사법기관에 의해 행해져야 할 게시물의 위법성 판단이, 사인인 소셜 네트워크 서비스 제공자에 의해 이루어지도록 한다는 점에서 오히려 검열에 해당할 여지가 있다고 한다. 어떤 게시물이 위법한지 여부에 대한 판단은 결국 사법(司法)적 판단영역에 해당한다. 이 법은 그러한 판단권한을 사법기관에 해당하지 않는 소셜 네트워크 서비스 제공자에게 부여하고 있다. 사법기관의 판단 없이 임의로 특정 게시물의 위법성에 관한 사법적 판단권을 행사하여 삭제나 접근차단 등의 조치를 취할 수 있도록 하는 것은, 결국 기존 법리에 따른 전형적인 검열과 다르지 않다.47) 이러한 관점에서 이 법에 대해서는 '국가의 공적 과업을 외주화하는 법' 내지 '형법을 민영화하는 법'이라는 비판과 함께, '사기업을 검열관으로 변신시키는 법'이라는

---

46) 이하 이 보고서의 번역은, 이유진, "네트워크집행법, 진실이 아닌 표현은 보호의 대상이 아니다", 「신문과 방송」 2019년 11월호, 2019, pp.124-126 참조.

47) 이권일, 앞의 글, pp.95-96; 임석순, 앞의 글, pp.122-124 참조.

꼬리표가 따라붙고 있다.[48)]

　또한, 어떤 게시물이 위법한지는 전문적인 법률지식을 기초로 하여 해당 게시물의 복잡한 맥락을 체계적으로 고려해 판단하여야 하는데, 이를 사인인 소셜 네트워크 서비스 제공자가 24시간 또는 7일 안에 검토하고 합당한 조치를 취하라는 것은 과도한 요구라는 점에서도 검열에 해당할 여지가 있다고 한다. 자칫 이러한 의무를 이행하지 않았다고 판단되면 고액의 금전적 제재를 받을 수 있으므로, 소셜 네트워크 서비스 제공자는 위법성을 판단하기 어려울 때 일단 게시물을 삭제하거나 차단하는 편이 유리하다고 판단할 가능성이 높다.[49)] 이러한 측면에서는 기존 법리에 따른 전형적인 검열보다 훨씬 더 표현억제적인 결과가 나타날 수 있다는 지적이다.

　UN 인권이사회 표현의 자유 특별보고관 케이(Kaye)도 독일의 「네트워크법집행법」에 대하여 "어떤 콘텐츠가 법을 위반하는지에 대한 판단은 상당부분 그 맥락에 따라 달라질 수밖에 없는데, 플랫폼은 이러한 맥락을 평가할 수 있는 위치에 있지 않다. 고액의 벌금과 짧은 시한을 부과하는 것은 소셜 네트워크들이 합법적인 표현물을 삭제하도록 추동할 우려가 있으며, 이러한 예방적 검열(pre-cautionary censorship)은 모든 종류의 정보를 구하고, 받고, 전달할 자유를 해칠 것이다."[50)]라고 하여 유사한 관점을 취한 바 있다.

---

48) Thomas Kasakowskij et al., "Network Enforcement as Denunciation Endorsement? A Critical Study on Legal Enforcement in Social Media", *Telematics and Informatics*, Vol.46, 2020, p.11; 안수길, "가짜뉴스에 맞서는 독일 '사회관계망법집행법'의 내용과 쟁점", 「법학논총」 제36집 제1호, 2019, pp.135-136 참조.

49) 안수길, 앞의 글, pp.136-137 참조.

50) D. Kaye, Open Letter to the German Chancellor Concerning the Draft Law "Netzwerkdurchsetzungsgesetz", United Nations Human Rights Council, OL DEU 1/2017, 2017 참조.

마지막으로, 게시물의 위법성에 대한 판단과 조치가 일방적으로 결정되고, 그 과정에서 소명의 기회가 제공된다거나 이의제기 및 법원을 통한 최종 판단을 구할 수 있는 등의 충분한 절차적 보호장치가 보장되지 않는다는 점에서도 검열에 해당할 여지가 있다고 한다.51) 이에 관해 UN 인권이사회 표현의 자유 특별보고관 케이도, 앞서 언급한 점들에 더하여 "사법적 감독(judicial oversight)이 부족하다는 점 역시 우려된다."52)라고 지적한 바 있다. 위법성을 판단하는 과정에서 당사자는 물론 법률전문가나 시민단체, 해당 서비스 이용자 등이 함께 참여할 수 있는 기회가 보장되지 않고, 부당하게 자신의 게시물이 삭제되거나 차단된 경우에도 권리구제에 관한 별도의 규정이 없기 때문에 손해배상 등 통상의 민사절차에 의할 수밖에 없다. 결국 게시자의 입장에서는, 소셜 네트워크 서비스 제공자 역시 하나의 검열기관으로 인식할 수밖에 없다는 것이다.

이러한 상황을 두고, 독일이 「네트워크법집행법」을 제정한 것은 혐오표현을 근절시키려는 선의에서 출발한 것이었지만, 오히려 '인터넷 검열의 청사진'을 제공해주고 있다는 지적도 나오고 있다.53) 이 법이 시행된 지 2년이 채 지나지 않아, 많은 국가들이 직간접적으로 이 법을 참고하여 유사한 입법을 행하고 있기 때문이다. 이 견해는 "유럽의 가장 영향력 있는 민주국가가 인터넷 검열의 원형을 발전시키고 정당화함으로써, 전 세계적인 인터넷상 자유를 부식시키는 데 기여하는 것은 아닌지"54) 우려를 표한다.

---

51) 이권일, 앞의 글, p.96; 안수길, 앞의 글 p.136; 임석순, 앞의 글, p.124; 김종현, 앞의 책, pp.52-54 참조.

52) D. Kaye, 앞의 글(2017) 참조.

53) Jacob Mchangama & Joelle Fiss, *The Digital Berlin Wall: How Germany (Accidentally) Created a Prototype for Global Online Censorship-Act Two*, Justitia, 2020, p.2 참조.

54) Jacob Mchangama & Joelle Fiss, *The Digital Berlin Wall: How Germany*

대표적으로 오스트리아의 경우 2019년 「온라인상 주의의무 및 책임에 관한 연방법(The Austrian Federal Act for Diligence and Responsibility Online)」이 발의되었는데, 이 법안은 온라인 플랫폼으로 하여금 15개 종류의 표현물에 대하여 위법성이 명백한 경우에는 24시간 내에, 그렇지 않은 경우에는 7일 이내에 삭제할 의무를 부과하고, 이에 대한 이의가 있을 경우 1차적으로는 플랫폼 그 자체에 의해, 2차적으로는 중재기관(arbitration body)에 의해 재심의가 이루어지도록 규정하고 있다. 이 법안에 대해서는 표현물이 불법적인지에 대한 최종적인 판단이 더 이상 법원에 의존하지 않고 내려지므로 문제라는 비판이 행해지고 있다.[55]

(3) 절차적 보호장치를 강화하는 2020년 법 개정

2020년 「네트워크법집행법」은 일부 조항이 개정되었는데,[56] 위와 같은 비판을 반영하여 이용자에 대한 절차적 보호장치를 강화하는 내용도 포함되어 있다.

먼저 자신의 게시물이 삭제되었거나 적법하지 않게 신고되었을 경우 이용자는 2주 안에 재심사를 요구할 수 있게 되었다. 재심사 요

(Accidentally) Created a Prototype for Global Online Censorship, Justitia, 2019, p.6.

55) Jacob Mchangama & Joelle Fiss, 앞의 책(2020), pp.15-16 참조. 그 밖에 「네트워크법집행법」을 명시적으로 참조하였음을 표명하면서 유사한 입법을 한 사례로, 싱가포르, 필리핀, 말레이시아, 베네수엘라, 온두라스, 러시아, 터키 등이 존재한다. 각국의 자세한 입법 내용에 대해서는, Jacob Mchangama & Joelle Fiss, 앞의 책(2019), pp.7-13; Jacob Mchangama & Joelle Fiss, 앞의 책(2020), p.16 참조.

56) 이하 이 개정법의 영문 및 국문 번역은, 각각 Jacob Mchangama & Joelle Fiss, 앞의 책(2020), pp.4-5; 이유진, "독일 네트워크 법집행법 개정안 발의: SNS 사업자 책임은 더 강화하고, 이용자 보호는 더 철저히", 「언론중재」 2020년 여름호, 2020, pp.110-112 참조

구가 있으면 소셜 네트워크 서비스 제공자는 게시물의 삭제 및 유지 결정을 재심사해야 할 의무가 있고, 재심사는 1차 결정을 내린 검사자와 다른 검사자가 수행해야 한다. 그 결과는 해당 이용자에게 근거와 함께 개인적으로 통지되어야 하는데, 이러한 재심사 절차가 법원의 절차를 갈음하는 것은 아니므로 재심사 결과에 대해서도 이의가 있을 시 법원에 정식재판을 청구할 수 있다(이상 3b조).

또한 이용자와 소셜 네트워크 서비스 제공자 사이의 분쟁을 재판 이외의 방법으로도 해결할 수 있는 '민간중재기구' 설치 및 위임에 관한 조항도 추가되었다. 민간중재기구로서 인증을 받기 위해서는 ① 독일에 소재하고 재정이 확실한 법인일 것, ② 독립성, 중립성, 그리고 중재담당자의 자격이 보장될 것, ③ 중재절차 업무를 감당할 수 있는 충분한 여력이 확보될 것, ④ 중재 규정 및 중재 절차 규정 등을 바탕으로 간단하고 저렴하고 공평한 중재가 이루어질 것 ⑤ 홈페이지 등을 통해 중재기구의 연락처와 업무범위, 중재 규정 등을 대중들에게 알릴 것을 그 요건으로 한다(이상 3c조).

II. 일본의 법리 및 비판 논의

1. 일본 최고재판소의 법리

가. 개관

「일본국 헌법」도 우리나라와 마찬가지로 제21조 제1항에서 "집회, 결사 및 언론, 출판 그 밖의 모든 표현의 자유를 보장한다."라는 조항을 둔 뒤, 제2항에서 "검열은 금지된다."라고 규정하고 있다. 그러나 일본 최고재판소에서는 표현의 자유 제한 입법에 관한 사건이 많이 다루어지지 않았으며, 이에 따라 사전제한과 사후제한의 위헌성 판단 기준의 관계조차도 명확히 해명되고 있지는 않다는 평가가 있다.[57]

그럼에도 그동안 검열금지가 다루어진 사건들은 우리나라 헌법재판소에서 문제되었던 사안과 사실관계부터 매우 유사하며, 해당 사건들에서 나타난 판시 문구도 우리나라 헌법재판소의 그것들과 거의 동일하므로, 충분히 참조해 볼 가치가 있다고 하겠다. 우리나라 헌법재판소에서 검열금지 법리를 구체화시킨 것이 검열금지 법리의 적용을 배척한 사안들이었던 것과 유사하게, 이하에서 살펴볼 판결들도 모두 검열금지 법리가 적용되지 않는다고 판단함으로써 해당 법리를 구체화한 사안들이다.

나. 검열금지에 관한 일본 최고재판소의 판결례

(1) 1984년 음란물 세관검사 판결58)

이 사건에서는, 미국에서 일본으로 수입된 잡지 등에 남녀의 나체가 촬영되어 있음을 이유로 하여 해당 잡지 등이 「관세정율법(關稅定率法)」 제21조 제1항 제3호상 '풍속을 해칠 서적'으로서 수입금제품에 해당한다고 판단한 세관 직원의 처분이, 헌법상 검열에 해당하는지 여부가 다루어졌다.

일본 최고재판소는 구체적 판단에 앞서서 "헌법상 금지되는 검열이라 함은, 행정권이 주체가 되어 사상내용 등을 담은 일정한 표현물에 대해 망라적, 일반적으로 발표 전에 그 내용을 심사한 다음, 부적당하다고 인정되는 전부 또는 일부의 발표를 금지하는 것을 목적으로 한다."라고 검열의 개념 및 요건을 설정한 후, "검열은 그 성질상 표현의 자유에 대한 가장 엄격한 제약이기 때문에 절대적으로 금

---

57) 한영학, 「일본 언론법 연구」, 한울, 2012, pp.139-140 참조.
58) 最高判 昭和59(1984).12.12 民集38卷12號1308頁. 이하 이 판결의 번역은, 신선우, 「일본헌법의 이해」, 책나무, 2015, pp.90-91; 한영학, 앞의 책, pp.131-132; 박용상, 앞의 글(2010), pp.188-189 참조.

지된다."라는 점을 밝혔다. 이는 앞서 살펴본 바처럼 우리나라 헌법
재판소가 제시한 문구와 매우 흡사함을 알 수 있다.

이어서 이 사건에서 문제되는 세관검사에 의한 수입금지는 위와
같은 검열의 요건을 충족하지 못하였다고 보았는데, 그 논거로 크게
4가지를 들고 있다. 이 중 가장 핵심적인 것은 첫 번째와 두 번째 논
거로서, 이미 국외에서 한번 발표가 되었기 때문에 '사전'검열이라고
볼 수 없다는 점과 '망라적' 심사에 해당하지 않는다는 점이었다.

"① 세관검사에 의해 수입이 금지되는 표현물은 국외에서 이미 발표된
것으로 수입을 금지했다고 해서 사전에 발표 그 자체를 일체 금지하는 것
은 아니다.

② 사상내용 등의 표현물을 부수적 절차 속에서 용이하게 판정할 수 있
는 한에서 심사하려는 것에 불과할 뿐, 사상내용 등 그 자체를 망라적으로
심사하여 규제하는 것을 목적으로 하지 않는다.

③ 세관은 관세의 확정 및 징수를 본래의 직무내용으로 하는 기관으로,
특히 사상내용 등을 대상으로 이를 규제하는 것을 독자적 사명으로 하는
것은 아니다.

④ 세관 직원의 통지에 대해 사법심사의 기회가 부여되어 있어 행정권
의 판단이 최종적인 것은 아니다."

이후 일본에서는 이 판결의 설시가 널리 받아들여져 검열은 절대
적으로 금지되는 것이며, 최고재판소가 제시한 요건을 갖춘 '행정부
가 주체가 된 발표 전 심사절차'만이 검열에 해당한다는 이해가 일
반화되었다.[59] 이에 따라 검열금지에 관해서는, 사실관계와 관계없
이 규정 그 자체로 위헌성을 심사하는 '문면심사' 방식에 의하여야

---

59) 신선우, 앞의 책, p.90 참조.

한다는 점이 널리 받아들여지고 있다.[60]

(2) 1986년 북방저널 판결[61]

월간 잡지 「북방저널」 4월호는 특정 도지사 선거 입후보 예정자에 대하여 비판하는 내용의 기사를 포함해 출간될 예정이었다. 이 잡지가 인쇄 후 제본 단계까지 진행되었을 때 해당 입후보예정자가 신청한 인쇄, 제본, 판매, 배포 금지 가처분이 인용되었고, 이에 따라 집행관은 제본소에 있던 당해 기사부분의 점유를 취득하여 보관하기 시작하였다. 이 사건은, 북방저널 측이 이와 같은 가처분 결정은 법관의 직권남용이고 이에 따른 집행관의 가처분집행도 과잉집행이라는 이유로, 국가배상을 구하는 소송을 제기한 것이었다.

일본 최고재판소는 이 판결에서 "가처분에 의한 사전금지는, 표현물 내용의 망라적, 일반적 심사에 근거한 사전제한이 행정권에 의해 그 자체를 목적으로 하여 행해지는 경우와 달리, 개별적인 사인 간의 분쟁에 관하여 법원이 당사자의 신청을 받아 금지청구권 등 사법상의 피보전권리의 존부, 보전의 필요성의 유무를 심리·판단하여 발하는 것으로서, 검열에는 해당하지 않는다."라고 판단하였다. 앞서 살펴보았던 우리나라 헌법재판소의 2000헌바36 결정과 같은 논거로, 행정기관이 아닌 사법기관이 주체가 되고, 일반적이 아닌 개별적 심사만을 행하는 절차인 가처분은, 헌법상 금지되는 검열의 요건을 충족시키지 못한다고 판단한 것이다.

다만, 검열에 해당하지는 않더라도 표현에 대한 사전제한에는

---

60) 이혜진, 「일본헌법재판의 최신동향: 2000년대 이후를 중심으로」, 헌법재판연구원, 2017, p.44 참조.

61) 最高判 昭和161(1986).6.10 民集40卷4號872頁. 이하 이 판결의 번역은, 신선우, 앞의 책, pp.135-136; 박용상, 앞의 글(2010), pp.132-134; LS헌법연구회 편, 민병로·손형섭 역, 「일본판례헌법」, 전남대학교출판부, 2011, pp.247-250; 강광문, 「일본 헌법과 헌법소송」, 박영사, 2020, pp.159-161 참조.

해당하므로, 헌법에서 사전검열을 금지하고 있는 취지에 비추어 엄격하고 명확한 요건 하에서만 허용되는 것으로 보아야 한다고도 부연하고 있다.

"표현행위에 대한 사전제한은, 표현물이 자유시장에 나오기 전에 억제하여 그 내용이 독자 내지 시청자 측에 도달하는 길을 막거나 그 도달을 지연시킴으로써 그 의의를 상실시키고 공공의 비판의 기회를 감소시킨다. 또한 표현행위에 대한 사전제한은 예측할 수 없다는 등의 이유 때문에 사후제재보다도 광범위하게 작용하기 쉽고 남용의 우려가 있을 뿐만 아니라 실제적인 억제 효과가 사후제재의 경우보다 크므로, 표현의 자유를 보장하고 검열을 금지하는 헌법 제21조의 취지에 비추어 엄격하고 명확한 요건 하에서만 허용될 수 있는 것이라고 하지 않으면 안 된다."

가령, 일반적인 가처분은 채무자에 대한 심문을 필요로 하지 않는 등 간략한 절차에 따르고 있지만, 표현의 사전금지를 명하는 가처분에 있어서는 구두변론 또는 표현자에 대한 심문을 행하여 주장 입증의 기회를 부여하는 것을 원칙으로 해야 한다는 것이다. 다만, 이 판결은 그 표현 내용이 진실하지 않거나 오로지 공익을 도모할 목적이 아닌 것이 명백하고, 피해자가 중대하고 현저하게 회복이 곤란한 손해를 입을 우려가 있는 예외적인 경우라면 구두변론이나 표현자에 대한 심문을 거치지 않을 수 있다고 덧붙이고 있다.

(3) 1989년 기후현 청소년보호조례 판결[62]
이 사건에서는 이미 출판된 도서를 현(縣) 조례에 따라 청소년유해도서로 지정하는 것이 검열에 해당하는지 여부가 다루어졌다. 기

---

62) 最高判 平成1(1989).9.19 刑集43卷8號785頁. 이하 이 판결의 번역은, 한영학, 앞의 책, pp.138-139; LS헌법연구회 편, 앞의 책, pp.240-241 참조.

후현에서는 청소년의 건전한 육성을 저해할 우려가 있을 때 청소년
보호육성심의회의 의견을 물은 후 '유해도서'로 지정할 수 있는 제도
를 두고 있었다. 피고인은 자동판매기를 이용하여 잡지를 판매하는
자였는데, 기후현(岐阜縣) 내에 설치된 잡지판매기에 청소년보호조례
에 따라 지정된 청소년유해도서를 수납하였다는 사실로 기소되었다.

이 사건에서 일본 최고재판소는 "문제되는 조례의 규제는 이미
발표된 도서를 대상으로 하는 것이고, 유해도서 지정을 받아도 성인
은 이를 입수할 길이 열려 있으므로 검열에 해당한다고 할 수 없다."
라고 판단하였다. 마사미(正己) 재판관은 보충의견으로, "문제되는
조례에 의한 규제는 수용자의 입수의 길을 매우 제한하는 것이며,
사전억제의 성격을 가지고 있다."라고 지적하면서도 "수용자의 알
권리를 전면적으로 제한하는 것이 아니고, 지정을 받은 유해도서라
도 다른 판매방법이 남겨져 있으며, 규제의 목적이 청소년의 보호에
있는 점 등을 고려한다면, 그 사전억제적 성격에도 불구하고 합헌을
위한 요건을 충족한다."라고 설시하였다. 즉, 검열의 시기 요건인 사
전성을 충족시키지 못할 뿐만 아니라, 방식 요건인 표현의 전면적
금지에도 해당하지 않는다고 판단한 것이다.

(4) 1993년 제1차 이에나가 교과서 검정 판결63)

이 사건은, 이에나가 사부로(家永三郞)가 쓴 교과서가 1992년 검
정절차에서는 불합격 처분, 1993년 검정절차에서는 조건부 합격 처
분을 받게 되자, 문부성 장관의 이러한 조치가 검열금지에 위반된다
고 주장한 사안에 관한 것이었다.

일본 최고재판소는 "검정에 불합격 된 도서는 교과서로서는 발행
될 수 없으나 일반 도서로 발행하는 것은 아무런 문제가 없고, 발표

---

63) 最高判 平成5(1993).3.16 民集47卷5號3483頁. 이하 이 판결의 번역은, 신선
우, 앞의 책, pp.91-92; 박용상, 앞의 글(2010), p.191 참조.

금지의 목적과 발표 전 심사 등의 특질이 없기 때문에 교과서 검정은 검열에 해당되지 않는다."라고 하여, 제2장 제2절에서 살펴본 우리나라 헌법재판소의 89헌마88 결정과 거의 유사한 내용으로 검열에 해당하지 않음을 확인하였다.

2. 일본의 기존 법리 비판 논의

가. 기존 법리 형성 전, 검열의 요건에 관한 학설 대립

일본에서는 앞서 살펴본 검열에 관한 최고재판소의 판결이 나오기 전부터, 검열의 주체 및 시기 요건을 둘러싸고 크게 3가지 부류의 학설이 대립하고 있었다. 먼저 검열의 주체 요건에 관한 견해를 기준으로 '협의설'과 '광의설'이 대립하였는데, 협의설은 행정기관으로 한정하는 견해이고, 광의설은 행정기관을 포함한 넓은 의미의 공권력으로 상정하는 견해이다. 광의설은 다시 검열의 시기 요건을 기준으로 하여, 표현의 발표 전 행위로 한정하는 견해(이하 '광의설 A')와 표현의 수용 전 행위까지 확장하는 견해(이하 '광의설 B')로 나누어 볼 수 있다. 일본 최고재판소에 의한 검열금지 법리가 정립되기 전까지는, 오히려 광의설 A가 통설의 입장에 있는 상황에서 협의설이 유력한 소수설로 주목을 받고 있었고, 광의설 B가 새롭게 대두되는 흐름을 보였다고 한다.[64]

(1) 협의설

주체 요건을 '행정기관'으로, 시기 요건을 '수용 전'으로 파악하는 견해로서, 행정기관이 그 내용을 사전에 심사하여 부적당하다고 인

---

64) 健助久保, "檢閱の槪念に關する諸說の關係について", 「日本女子體育大學紀要」 33號, 2003, 49-50頁 참조. 여기서 사용한 '협의설', '광의설 A', '광의설 B'라는 명칭은 일본 학계에서 통용되고 있는 지칭이다.

정하는 경우에 그 표현행위를 금지하는 것을 검열로 파악하는 입장이다.[65]

이 견해는 우선 검열의 주체를 '행정기관'으로 제한하고 있다. 그 논거로는, 서양 역사상 검열의 주체로서 전형적인 것은 분명히 행정기관이었다는 점, 「일본국 헌법」 제21조 제2항에서 검열을 특히 금지하는 규정을 두고 있으므로 같은 조 제1항의 적용대상이 되는 사전제한 중 특별한 형태만이 검열에 해당한다고 봄이 타당한 점 등을 들고 있다.[66] 이에 의하면 행정기관 이외의 공권력, 예를 들어 사법기관에 의한 행위는 검열에 해당하지 않게 된다. 그러나 이 견해에서도 "비록 법원이 표현행위의 금지 주체라고 하더라도, 변론도 열리지 않고 이유도 제시하지 않은 채 금지하는 것은 실질적으로는 행정처분과 다름없다고 해석해야 할 것이다."[67]라고 하여, 검열의 주체로서의 '행정기관' 요건을 실질적으로 파악하는 모습을 보인다.

또한 보다 주목해야 할 것은, 검열의 시기 요건 파악이다. 이 견해에서는 검열을 '사전에 심사하는 것'이라고 파악하고 있으나, 그 의미는 표현의 발표 전을 의미하는 것이 아니라 표현의 수용 전을 포함하는 의미로 새기고 있다.[68] 이러한 점에서 이 견해는, 검열의 시기 요건인 '사전성' 개념을 상대화하고 있다고도 평가할 수 있다.[69]

(2) 광의설 A

주체 요건을 '공권력 전반'으로, 시기 요건을 '발표 전'으로 파악

---

65) 佐藤幸治, 「憲法」, 第3版, 靑林書院, 1995, 519頁; 中村睦男, "表現の自由と事前規制の合憲性", 「ジュリスト」 830號, 1985, 30頁 참조.

66) 佐藤幸治, "表現の自由", 芦部編, 「憲法Ⅱ人權⑴」, 有斐閣, 1978, 485-487頁 참조.

67) 佐藤幸治, 앞의 글, 487頁 참조.

68) 佐藤幸治, 앞의 글, 487頁 참조.

69) 健助久保, 앞의 글, 50頁 참조.

하는 견해로서, 공권력이 사상의 내용을 사전에 심사하여 부적당하다고 판단하면 그 '발표'를 금지하는 것을 검열로 파악하는 입장이다.[70] 이 견해에서는 앞서 살펴본 대로, 검열의 주체를 공권력 전반으로 파악하므로, 행정기관뿐만 아니라 사법기관에 의한 행위도 검열의 개념에 포함시킨다. 다만, 검열의 시기 요건에 관해서는 '표현의 발표 전'으로 한정하는 입장이다.

이 견해에서는, 이와 같은 방식이 전 세계적으로 표현의 자유를 제한하는 가장 일반적인 수단으로 쓰이고 있는 것인 데다가, 민주 사회에서 표현의 자유가 가지는 의미를 해칠 위험이 특히 큰 방식이기 때문이라고 그 논거를 밝히고 있다.[71]

(3) 광의설 B

주체 요건을 '공권력 전반'으로, 시기 요건을 '수용 전'으로 파악하는 견해로서, 표현의 수용 전에 이루어지는 것이라고 하더라도 실질적으로 발표 전 심사와 동일한 정도의 억제 효과를 미치는 공권력 규제는 검열에 해당한다고 보는 입장이다.[72]

이 견해는 우선 광의설 A와 마찬가지로 검열의 주체 요건을 행정기관으로 한정하지 않는다. 행정기관의 실질을 갖춘 다른 국가기관의 검열이 용인될 위험성을 배제하기 위함이다. 이에 따라 제3장 제2절에서 살펴볼 미연방대법원의 사전제한금지법리처럼 사법기관이 표현의 내용을 심사하여 금지 여부를 결정하는 행위에 대해서도, 이를 엄격히 제한한 뒤 예외적으로만 허용하는 기준을 정하여 운영할 필요가 있다고 지적한다.[73]

---

70) 宮澤俊義, 「憲法Ⅱ」, 新版, 有斐閣, 1971, 366頁 참조.
71) 宮澤俊義, 앞의 책, 366-367頁 참조.
72) 芦部信喜, 「憲法學Ⅲ 人權各論(1)」, 增補版, 日本評論社, 2000, 363頁 참조.
73) 芦部信喜, "機能的「檢閱」槪念の意義と限界", 芦部編, 「日本國憲法の理論-

나아가 이 견해는, 검열의 시기 요건도 표현의 수용 전까지로 확장한다. 표현의 자유는 독자나 시청자 등 수용자와의 관계에서 보장되는 것이지 수용자를 배제한 공간에서 표현을 발표할 자유만을 보장하는 것은 아니기 때문에, 검열의 개념 역시 사상·정보를 수용하는 알 권리의 관점에서도 성립될 필요가 있다고 본다.[74] 그렇게 보지 않을 경우 실질적으로 동일한 표현억제적 효과를 갖는 수단이 수월하게 행해질 우려가 있기 때문이라고 강조한다.[75]

나. 기존 법리에 대한 비판 논의

검열의 주체를 행정기관으로, 검열의 시기를 표현의 발표 전으로 한정하는 일본 최고재판소의 법리는, 앞서 살펴본 3가지 학설 어느 것보다도 검열의 요건을 좁게 설정한 것이었다. 이러한 일본 최고재판소의 '독특한' 검열 개념은 그 요건을 지나치게 좁게 설정한 것으로서 부당한 결과를 낳고 있다는 비판들이 다수 행해지고 있다.[76]

관련하여, 검열의 요건이 처음으로 제시된 사건이 세관검사에 관한 사안이었던 탓에, 세관검사가 검열에 해당하지 않는다는 논리를 만들어내기 위한 과정에서 검열의 요건이 좁게 설정된 것이라는 분석이 있다.[77] 또한 역사적으로 검열에 해당하는 전형적인 형태가 '행정기관에 의한 표현의 발표 전 제한'인 것은 맞지만, 검열금지의

佐藤功先生古稀記念論文集」, 有斐閣, 1986, 265頁; 한영학, 앞의 책, p.133 참조.

74) 奧平康弘, 「表現の自由 I」, 有斐閣, 1983, 8-10頁; 阿部照哉, 「基本的人權の法理」, 有斐閣, 1976, 167頁; 山內一夫, "稅關檢査合憲判決に対する批判: 結論はともかく, 論旨が問題", 「ジュリスト」 830號, 1985, 6-8頁 참조.

75) 山內一夫, "「稅關檢閱」の合憲性", 「ジュリスト」 232號, 1961, 30-31頁; 芦部信喜, 앞의 책, 363頁 참조.

76) 長岡徹, "檢閱と事前抑制", 「ジュリスト」 1089號, 1996, 238頁; 健助久保, 앞의 글, 52頁 참조.

77) 浦部法穗, "教科書檢定の檢閱性", 「ジュリスト」 863號, 1986, 14-16頁 참조.

핵심명제는 국가권력이 일방적으로 표현 내용의 당부를 심사해서는 안 된다는 것에 있으므로, 더 이상 역사적인 검열 개념에 갇혀 있을 것이 아니라 이와 실질적으로 동일한 위험을 갖는 것까지 금지하는 포괄적인 개념으로 이해될 필요가 있음을 제시하는 견해도 존재한다.78) 특히 통신매체의 경우 그 특성상 표현물이 발표되기 전에 심사를 행하여 그 발표를 금지하는 행위는 불가능하므로, 통신매체에 대한 관계에서 기존의 검열금지 법리는 거의 '매몰'되어 왔다고 해도 과언이 아니라는 지적 역시 주목할 필요가 있다.79) 이하에서 보다 자세히 살펴보기로 한다.

(1) 절대적 효과에 의문을 제기하는 견해

일본 최고재판소가 검열의 요건을 극단적으로 좁게 설정한 것은, 검열의 효과를 절대적 금지로 설정하였기 때문이라는 견해가 있다. 이 견해에서는, '검열금지는 절대적이다'라는 명제는 표현의 자유 보장을 위해 박력 있는 표현임에는 틀림없지만, 이 명제 하에서 검열의 개념은 극히 제한적으로 설정될 수밖에 없고 기능론적 내지 목적론적 확장해석이 불가능하게 된다고 강조한다.80) 일본 최고재판소는 '역사적 경험을 바탕으로 현행 헌법 제21조 제2항에 대한 적절한 해석을 강구하면' 검열의 정의가 도출된다고 설명하고 있으나, 이것은 검열금지의 효과를 절대적 금지로 선언한 뒤에나 가능하다는 지적이다.81)

이 견해는, 절대적 금지를 강조하기 위해 설정한 좁은 검열 개념

---

78) 健助久保, 앞의 글, 52-53頁 참조.
79) 海野敦史, "「通信に対する檢閱」の可能性を踏まえた檢閱禁止の法理の再評價", 「InfoCom REVIEW」 63號, 2014, 2頁 참조.
80) 山內一夫, 앞의 글(1961), 30-31頁; 長岡徹, 앞의 글, 238-240頁 참조.
81) 山內一夫, 앞의 글(1985), 6-8頁; 浜田純一, "稅關檢査と檢閱", 樋口·野中編, 「憲法の基本判例」, 第2版, 有斐閣, 1996, 107頁 참조.

이 오히려 검열금지의 규범력을 앗아간다고도 비판한다. 마치 실제로는 쓰이지 않는 비책(祕策)인 '전가의 보도(伝家の宝刀)'에 비유될 수 있다는 것이다.[82] 실제로 일본 최고재판소의 법리 형성 이후 검열금지 법리가 타당하게 적용될 수 있는 사례는 극단적으로 좁혀지게 되었고, 법원에서 검열금지 위반으로 선언되는 사안은 거의 존재하지 않게 되었다. 결국 이는 표현의 자유를 보다 보장할 수 있는 기회를 일본 최고재판소가 스스로 좁히는 결과를 낳게 된 것이다.[83] 따라서 이 견해는 검열금지가 절대적이라는 형식적인 명제에 치중하는 대신, 표현금지를 수반하는 개별 규제들의 실질적인 효과에 주목함으로써, 검열의 개념을 보다 확장할 필요성을 제기한다.[84]

(2) 시기 요건을 확장하는 견해

표현의 발표 후에 이루어지는 금지 여부 결정 행위까지도 검열의 개념에 포함시켜야 한다는 견해들이 존재한다. 이 견해들이 제시하는 논거는 크게 4가지 측면으로 정리해 볼 수 있다.

첫째, 발표 후 표현금지 역시 발표 전 표현금지와 동일한 효과를 갖는 경우가 있다는 점이다. 1984년 음란물 세관검사 판결에 대해, 일본 국내를 기준으로 하면 특정 수입 표현물의 발표를 금지시킬 목적으로 행정권의 발동이 이루어진 것이나 다름없으며, 발표된 표현물의 유통을 차단하는 것 역시 정보에 접할 수 있는 기회가 단절된다는 점에서는 발표 자체의 금지와 같은 효과를 낳는다는 지적이 있다.[85] 또한 1989년 기후현 청소년보호조례 판결에 대해서도, 도서의

---

82) 戸波江二, "檢閱槪念の再檢討", 高見勝利ほか編, 「日本國憲法解釋の再檢討」, 有斐閣, 2004, 163-165, 188-189頁; 海野敦史, 앞의 글, 2, 5頁 참조.
83) 池端忠司, "表現の事前抑制と檢閱", 高橋·大石編, 「憲法の争点」, 第3版, 有斐閣, 1999, 97頁 참조.
84) 戸波江二, 앞의 글, 163頁 참조. 이를 '기능적 검열개념'이라 칭하기도 한다.

내용을 심사하여 자동판매기를 통한 유통을 전면적으로 금지하는 것은, 다른 판매방법만으로는 판매목적을 달성하는 것이 불가능하다는 점에서 실질적으로 발표금지의 효과를 갖기 때문에, 검열에 해당한다고 보는 견해가 있다.[86]

둘째, 역사적 측면에서 보았을 때 일본에서 주로 이루어진 행위는 '발표 전 검열'이 아니라 '발표 후 검열'이었다는 점이다. 1946년 공포된 「일본국 헌법」에 검열금지 조항이 도입되기 전까지 일본에서 자행되어 온 표현금지의 형태는 모두 발표 후에 이루어진 것이었다고 한다. 예를 들어, 영화에 대해 이루어지는 심사의 중점은 사전에 제출된 필름이 아니라 상영과 동시에 행해지는 해설자(변사)의 설명에 대한 통제에 있었으며,[87] 제4장 제3절에서 자세히 살펴볼 「신문지법」은 신문에 대하여 발행 후 납본을 제출하도록 하는 형태의 검열을 실시하고 있었다. 이에 따라 헌법에 검열금지 조항이 도입되었을 때 대다수 일본인들은 이와 같은 '발표 후 검열'을 금지하는 취지로 받아들였으며, 헌법 문언상으로도 제2장 제1절에서 살펴본 1849년 「프랑크푸르트 국가헌법」과 달리 검열이 '예방적 조치'만을 의미한다는 한정 문구가 없기 때문에, 해당 조항은 발표 전 검열과 발표 후 검열 모두를 금지하는 취지로 해석되어야 한다는 분석이 있다.[88]

셋째, 하급심법원들에서는 발표 후 표현금지의 경우에도, 발표 전 표현금지와 동일한 심사기준을 채택해 온 사례가 있다는 점이다.

---

85) 한영학, 앞의 책, pp.134-136; 松井茂記, 「マス・メディアの表現の自由」, 日本評論社, 2005, 57-58頁 참조.

86) 橫田耕一, "有害圖書規制による靑少年保護の合憲性", 「ジュリスト」 947號, 1989, 94頁 참조.

87) 三浦嘉久, "わが國における映畵檢閱槪念の成立", 「法律時報」 54卷 3號, 1982, 45-48頁 참조.

88) 和田洋一, "檢閱とは何か−檢定の問題をも含めて−", 「人文學」 87號, 1966, 3-7頁 참조.

1986년 북방저널 판결 이후에 선고된 표현금지 청구에 관한 지방법원 판결들을 살펴보면, 이러한 점을 확인할 수 있다는 분석이 있다.[89) 가령, 출판물이 일부 배포된 경우라도 부수, 방법, 범위, 기간 등을 종합적으로 고려하였을 때 충분한 비판의 기회가 제공되지 않은 단계에서 해당 출판물을 금지하는 것은, 표현 내용을 독자에게 도달시킴으로써 공개 비판을 할 수 있는 기회를 감소시킨다는 점에서 배포 이전의 금지와 실질적으로 다를 바 없으므로, 출판 전 금지와 동일한 기준에 의한 심사가 이루어져야 한다고 본 지방재판소 판결들이 존재한다.[90) 나아가 고등재판소 판결 중에는, 이미 간행되고 공표된 도서에 관하여 그 판매 계속의 금지를 요구하는 경우, 사전금지와 그 형태는 다르지만 공공적 사항에 관한 표현의 자유가 갖는 헌법적 가치의 중요성 등을 감안한다면 원칙적으로 동일한 심사기준이 적용되어야 한다고 본 것도 있다.[91)

넷째, 특히 통신매체를 통해 이루어지는 표현의 경우, 최종 수용자가 확실하게 정보를 수용할 수 있는 상태가 되어야만 '통신'이라는 행위가 완결된다고 할 수 있으므로, 이 시점 이전에 이루어지는 표현금지는 '사전'에 이루어진 것이라고 볼 수 있다는 점이다.[92) 이러한 점을 강조하는 견해에서는, 표현이 발표된 후라도 수용되기 전에 그 내용을 이유로 네트워크상의 유통이 일방적으로 차단된다면 이는 통신매체를 통한 표현이 성립되기 이전에 이루어지는 표현금지로서 검열에 해당할 수 있으며, 이때의 수용 시점이란 불특정 다수가 해당 표

---

89) 이하, 廣瀬孝, "名譽權に基づく出版差止め北方ジャーナル事件以降の裁判例の整理", 「判例タイムズ」 1470號, 2020, 15-16頁 참조.
90) 東京地判昭和63年10月13日「殺しもある暴力銀行」事件; 京都地決平成13年2月15日「現代コンビニ商法」事件.
91) 大阪高判平成20年10月31日「沖縄ノート」事件; 札幌高決平成30年5月22日「豪旅費請請·取得」事件.
92) 海野敦史, 앞의 글, 15-16頁 참조.

현에 접근 가능한 상황에 놓인 시점을 의미하는 것으로 파악한다.

(3) 주체 요건을 확장하는 견해

검열의 주체를 전혀 한정하지 않는 견해 역시 제시되고 있지만,[93] 이에 해당하는 대부분의 견해는 공권력에 해당하는 범위에서 검열의 주체를 확장하는 입장을 취하고 있다. 제시되고 있는 견해들은 크게 두 가지 흐름으로 나누어 볼 수 있다.

먼저 첫 번째 흐름은, '표현의 내용을 심사하여 금지 여부를 결정하는 행위가 실제로 누구의 손에 의해 실시되는가'의 문제가 아니라, '그러한 행위의 실시를 의도하는 자가 누구인가'의 문제로 검열의 주체 요건을 판단해야 한다는 입장이다.[94] 이 견해에서는, 우선 검열금지 법리는 헌법상 기본권인 표현의 자유에 관한 것으로서, 다른 기본권의 수범자가 공권력 전반인 것과 마찬가지로 검열을 행하여서는 안 될 수범자 역시 공권력 전반이 되어야 한다고 파악한다. 나아가 이 견해는 이러한 공권력이 다른 주체에 대해 검열이라고 인정되는 행위의 수행을 의무화하는 경우라면, 이 또한 공권력에 의한 검열이라고 보아야 한다는 입장을 취한다. 가령, 통신관리주체에 대하여 일정한 조건 하에서 본인이 관리하는 네트워크에서 유통되는 정보의 심사 및 그 결과에 따른 차단(전송 중단, 송수신 방지 등)에 관한 의무를 부과하는 입법이 존재한다면, 공권력의 일종인 입법권에 의한 검열로서 검열의 주체 요건을 충족한다는 것이다.

다음으로 두 번째 흐름이자 검열의 주체 요건 확장을 주장하는 견해들 대부분이 취하는 입장으로서는, 사법기관 역시 검열의 주체에 포함되어야 한다는 기조가 있다. 가령, 1986년 북방저널 판결에서 일본 최고재판소가 검열을 금지하는 취지로 제시한, 공공 비판의 기

---

93) 石村善治, 「言論法研究 Ⅱ」, 信山社, 1993, 16, 33頁 참조.
94) 이하, 海野敦史, 앞의 글, 12-13頁 참조.

회 감소, 예측에 기초한 광범위한 규제, 실제적인 억제 효과 등은, 사법기관에 의한 표현금지가 이루어질 때도 마찬가지로 나타나므로 행정기관에 의한 표현금지와 본질적인 차이점을 발견하기 어렵다는 비판이 존재한다.[95]

　두 번째 흐름에서 보다 주목해야 할 것으로, 절차 보장의 측면에서 접근하는 관점들이 있다. 이 견해들에서는, 기존 법리가 검열의 주체 요건을 행정기관으로 한정함으로써 사법기관을 배제한 배경에는, '사법절차의 공정성'에 대한 신뢰가 있었기 때문이라고 분석한다. 따라서 사법기관에 의한 표현금지라도, 얼마든지 적정한 절차에 의한 것이라고 할 수 없는 경우에는 검열에 해당할 가능성을 열어둠이 타당하다는 것이다. 즉, 이 견해에 의하면 일단 사법기관에 의한 표현금지도 원칙적으로 검열에 해당하되, 엄격한 절차적 요건이 수반된다면 매우 한정된 경우에만 검열에 해당하지 않을 수 있는 예외가 인정된다고 본다.[96] 이에 따라, 표현물에 대한 압수나 몰수도 법원의 영장에 의한다는 것만으로 검열에 해당하지 않는다고 볼 수는 없으며, 변론이나 구두심문 등이 이루어지고 유무죄에 관한 본안판단이 신속하게 이루어지는 등 실질적인 절차적 보장을 갖추고 있어야만 검열에 해당하지 않게 된다는 것이다.[97]

　이와 같은 관점을 보다 확장하여, 검열금지 법리를 '표현의 자유에 관한 절차적 보장을 위한 법리'라고 파악하는 견해도 존재한다. 이 견해에서는 검열금지를 '국가가 표현을 규제함에 있어 규제 이전에 또는 규제 직후에 공정하고 신속한 사법 판단의 절차를 거치지

---

95) 阪本昌成, "プライバシー權と事前抑制・檢閲", 「ジュリスト」867號, 1986, 13
　　頁; 海野敦史, 앞의 글, 5頁 참조.
96) 高野敏樹, "「表現の自由」の事前抑制と「檢閲」: 裁判所による出版の事前差
　　止めの合憲性", 「調布學園女子短期大學紀要」20號, 1987, 147-151頁 참조.
97) 長岡徹, 앞의 글, 241頁; 山內一夫, 앞의 글(1961), 30-31頁 참조.

않는 한 해당 규제는 원칙적으로 위헌'이라는 의미로 제시한다.[98] 삿포로지방재판소에서도 "행정청이 행한 처분의 시비를 사법기관이 심사하는 경우에는 사법기관의 판단이 이루어질 때까지 표현의 공표 기회가 박탈되는 것이기 때문에, 행정청에 의한 처분절차가 개시된 후 사법기관의 판단이 확정될 때까지의 시간적 간격이 무시할 정도로 짧고 이러한 점이 제도적으로 보장되는 경우라면 따로 생각할 여지가 있겠지만, 일반적으로 사법기관이 사후심사 형태로 절차에 관여하는 것을 두고 당해 절차가 검열의 성격을 벗어났다고 해석할 수는 없다."[99]라고 판시한 바 있다(밑줄은 필자).

나아가 행정기관의 행위라고 하더라도, 심의회 등에 의한 심사·자문을 거치거나 사법기관의 판단이 확정될 때까지 결정을 유보하는 등의 장치가 있다면 사법절차에 준하여 정당화될 여지가 있다는 견해도 존재한다.[100]

(4) '평화의 소녀상' 전시 중단에 관한 논란

검열의 개념을 어떻게 파악할 것인지에 관한 최근의 논란은, 2019년 하반기 '평화의 소녀상' 전시 중단을 둘러싸고 일어났다. 일본 아이치현에서 개최된 '아이치 트리엔날레 2019-표현의 부자유전·그 후'에 출품되어 전시 중이던, 일본군 위안부 피해자를 상징하는 '평화의 소녀상'이라는 제목의 작품이 3일 만에 전시회 실행위원장인 아이치현 지사에 의해 전시 중단된 것이다.

이를 두고, 이미 전시가 이루어지고 있던 작품이 단지 공공사업의 대상으로 적합하지 않다고 판단되어 제공되고 있던 편익을 중지

---

98) 阪本昌成,「憲法理論 II」, 成文堂, 1995, 24頁; 高橋正俊, "檢閱について",「法學」50卷 7號, 1987, 172頁 참조.

99) 札幌地判昭和55年3月25日「札幌稅關檢查」事件.

100) 松井茂記,「「マス·メディアと法」入門」, 弘文堂, 1988, 66頁 참조.

한 것에 불과하다는 점에서 헌법이 금지하는 검열과는 관계가 없다는 입장도 있었으나,[101] 공권력을 행사하는 주체인 아이치현 지사가 작품의 내용을 이유로 하여 일방적으로 전시를 중단한 것은 이미 발표된 작품에 관한 것일지라도 헌법상 검열에 해당함을 지적하는 입장이 다수 존재하였다.[102] 아이치현 지사도 전시 중단 이틀 만에 "공권력을 가진 사람이 전시되고 있는 작품의 내용이 '좋다', '나쁘다' 얘기하는 것은 헌법상 검열"이라며 입장을 바꾸기도 하였다.[103]

이후 해당 기획전 운영위원들은 나고야지방재판소에 아이치현 지사의 행위가 헌법상 금지되는 검열에 해당함을 주장하면서 전시 재개를 요구하는 가처분 신청을 하였으나, 심문 과정에서 전시회 실행위원들과의 화해가 성립되어 관람객 수 제한 등의 조건 하에 전시가 재개되었다.[104] 이 사례는, 특히 검열의 시기 요건에 관하여 '표현이 발표된 후'라도 검열에 해당할 수 있다는 인식이 존재함을 보여주고 있다.

III. 소결

이상에서 본 바와 같이, 독일 연방헌법재판소와 일본 최고재판소

---

101) 당시 나고야시장이 발표한 입장이었다. 뉴스1, '소녀상 전시 중단 요구' 日나고야시 시장 "검열 아니다", 2019. 8. 9., http://news1.kr/articles/?3692059(최종접속일: 2021.9.6.) 참조.

102) 太下義之, "文化専門職と表現の自由", 「法學セミナー」786號, 2020, 55頁; 박지윤, "아이치트리엔날레와 '표현의 부자유'전", 「아세아여성법학」제22호, 2019, pp.2-3 참조.

103) 중앙일보, 소녀상 철거에 일본서도 반발…"전후 일본 최대 검열사건", 2019. 8. 4., https://news.joins.com/article/23543422(최종접속일: 2021.9.6.) 참조.

104) 뉴스1, 소녀상 전시 중단은 '검열'…재개 기쁘지만 조건부라 죄송, 2019. 10. 10., http://news1.kr/articles/?3740356(최종접속일: 2021.9.6.) 참조.

는 검열금지에 관해 우리나라 헌법재판소와 유사하게, '표현의 발표
전'에 '행정기관'이 표현의 내용을 심사하여 금지 여부를 결정하는
행위는 절대적으로 금지된다는 의미로 새기고 있다. 그러나 이에 대
해서는 양국 모두 공통적으로 검열의 시기 및 주체 요건이 좁게 설
정되어 있음을 지적하면서 이를 확장하고자 하는 비판 담론이 존재
하고 있었다. 독일 및 일본은 우리나라와 유사하게 검열을 금지하는
헌법조항이 존재하고, 헌법재판기관을 통해 검열금지를 절대적 성
격의 표현의 자유 제한 원칙으로 해석해왔으며, 검열의 요건 설정
및 그 문구들 역시 매우 흡사하다는 측면에서, 이에 관한 비판 담론
은 우리나라의 검열금지 법리에 대한 해석을 수정함에 있어서도 상
당한 참조가 될 수 있을 것이다.

　양국의 비판 담론들은 주로, 헌법 문언상으로는 검열에 관한 특
별한 제한 문구가 존재하지 않기 때문에 역사적 측면과 현실적 측면
을 모두 고려하여 시기나 주체 요건을 목적론적 관점에서 확장하는
해석이 가능하다고 보고 있었다. 이러한 비판 담론에 따르면, 발표
전에 이루어지는 표현금지로만 검열의 시기 요건을 한정할 이유가
존재하지 않고, 사법기관과 같은 다른 국가기관 또는 국가기관이 아
닌 자가 표현에 대한 심사와 금지를 직접 행하는 경우라고 하더라도
그것이 실질적으로 행정기관에 의해 강제된 것이라면 검열의 주체
요건을 충족한다고 볼 여지도 있다. 이러한 관점들은 인터넷 매체의
특성 하에서 더욱 강조되고 있었다.

　이와 동시에, 기존 법리의 이해에 따른 검열의 좁은 요건이 '절대
적 금지'로 설정된 검열금지의 효과에서 기인하였음을 지적하면서
이에 관한 근본적인 의문을 제기하는 견해들이나, 검열의 형식적인
요건을 충족하였더라도 절차적 보호장치를 갖추고 있다면 헌법적으
로 정당화될 가능성을 열어두는 관점들도 존재함을 알 수 있다. 이
는 우리나라 검열금지 법리에 관한 해석을 수정함에 있어서 시기와

주체 요건을 확장하는 방향을 지향할 경우, 확장된 검열금지 법리의 적용영역 내에서 구체적 타당성을 도모하는 방안에 관한 단서를 제시해 준다고 하겠다.

제2절 미국의 사전제한금지법리

Ⅰ. 개관

1. 의의

　미연방대법원에 의해 1931년 Near 판결[1]부터 명시적으로 도입되어 온 사전제한금지법리(prior restraint doctrine)는, 앞서 살펴본 우리나라나 독일, 일본에서 채택하고 있는 법리와 그 이해가 약간 다르다. 위 법리에 따르면 "사전제한은 그 자체로 금지되는 것(*per se* prohibition)은 아니지만, 위헌으로 강력히 추정되며 정부는 그 정당성을 입증하기 위한 무거운 입증부담을 진다."[2] 즉, 미연방대법원은 우리나라의 기존 법리에 따른 검열에 해당하는 행위를 구별해내어 이에만 적용되는 특유한 법리를 채택한 것이 아니라, 일체의 사전제한을 아우르는 법리를 채택하면서 이러한 사전제한이 절대적으로 금지되는 것은 아니고 일정한 경우 허용될 여지가 있음을 유보해 두고 있다.

2. 사전제한의 정의 및 유형

　아직까지 미국 법원들에서 무엇이 '사전제한'에 해당하는지에 대해 일관된 정의를 제시한 바는 없다. 제2장 제1절에서 살펴본 바와 같이 초기의 판결들은 우리나라의 기존 법리에 따른 검열에 해당하는 범위로 한정하는 듯한 모습도 보였지만, 현재까지의 판결들을 종

---

1) Near v. State of Minnesota ex rel. Olson, 283 U.S. 697 (1931).
2) 가령, Bantam Books, Inc. v. Sullivan, 372 U.S. 58, 70 (1963).

합해 보면 크게 ① 행정기관에 의한 허가(license)로서 사전승인 없는
의사표현을 금지하는 것과, ② 형평법(Equity)상 발달되어 온 구제수
단인 법원에 의한 금지명령(injunction) 두 가지로 구분해 볼 수 있는
것으로 보인다.[3)]

이러한 태도는 2018년 선고된 연방항소법원의 Schneiderman 판결
을 통해서도 구체적으로 확인할 수 있다. 이 판결에서는 "과잉확장
에 의한 법리의 약화가 생기지 않도록 유의하여야 한다."라고 하면
서 사전제한을 "표현의 내용에 기초하여 행해지는 '행정기관의 재량
에 따른 제한을 뒷받침하는 법령' 또는 '사법적 명령'을 의미한다."라
고 파악한다. 이어서 사전제한의 전형적인 두 가지 유형으로 "① 선
호하지 않는 표현을 제거하는 권한 및 그에 관한 재량을 부여하는
행정적 장치에 관한 법률"과 "② 선호하지 않는 정보에 대한 출판의
금지"가 있다고 제시한다.[4)] 이는 각각 앞서 살펴본 '행정기관에 의한
허가'와 '법원에 의한 금지명령'을 일컫는 것으로 이해된다.

3. 사전제한의 정당화 요건 설정

사전제한을 정당화할 수 있는 요건은 너무나 엄격하기 때문에 실
제상 절대적 금지와 다름이 없다거나, 수정헌법 제1조 하에서는 정
부가 표현에 대한 대중의 접근을 제한하는 것에 대해 이익형량 심사
의 적용이 거부된다고 파악하는 견해도 존재한다.[5)] 그러나 그동안의

---

3) Thomas I. Emerson, 앞의 글(1955), pp.655-656; Douglas B. McKechnie,
   "Facebook is Off-limits? Criminalizing Bidirectional Communication via the
   Internet is Prior Restraint 2.0", *Indiana Law Review*, Vol.46 No.3, 2013, pp.
   663-664; 김한성, 앞의 글, pp.7-9; 박용상, 앞의 글(2010), pp.95-96 참조.
4) Citizens United v. Schneiderman, 882 F. 3d 374, 385-388 (2d Cir. 2018) 참조.
5) Thomas R. Litwack, "The Doctrine of Prior Restraint", *Harvard Civil
   Rights-Civil Liberties Law Review*, Vol.12 No.3, 1977, pp.549-551; 박용상, 앞

미연방대법원 판결들을 살펴보면, 주로 '행정기관에 의한 허가'에 대해서는 표현물 범주를 설정하거나 절차적 보호장치를 갖출 것을 요건으로 하여, '법원에 의한 금지명령'에 대해서는 중대한 공익과의 이익형량에 의하여 일정한 경우에는 허용될 여지가 있음을 인정해왔다.6)

이하에서는, 이러한 두 가지 전형적인 사전제한의 유형 중 우리나라의 기존 법리에 따른 검열 개념과 맞닿아 있는 '행정기관에 의한 허가'와 관련된 사례에 집중하여, 미연방대법원의 법리를 구체적으로 살펴보고자 한다.

II. '사전'의 의미

1. 판례의 태도

미연방대법원의 판례를 분석해 보면, 사전제한금지법리 도입 초기에는 '사전'의 의미를 '표현을 발표하기 전'으로 한정하여 해석하는 의견도 존재하였지만,7) 이후에는 이에 더하여 '그 표현이 헌법적으로 보호되지 않는다는 점이 사법적으로 판단되기 전'이라는 의미

의 글(2010), p.172 참조. 나아가 미국의 법리 하에서도 허용되지 않는 정부 검열(state censorship)과 좁은 범위에서 허용될 수 있는 사전제한(prior restraint)으로 용어를 구분하여 이해할 수 있다는 전제 하에 그 예시를 제시하고 있는 문헌도 존재한다. András Koltay, 앞의 글, pp.421-426, 430-432 참조.

6) 박경신, 앞의 책, pp.280-281 참조.

7) 가령, Near v. State of Minnesota ex rel. Olson, 283 U.S. 697, 736 (1931) (Butler J., Dissenting) 참조. "정기적·반복적으로 타인의 명예를 악의적으로 훼손하는 간행물을 출판하고 있는 상황에서 계속적인 간행을 방지하는 명령을 하는 것과, 블랙스톤이 그의 시대에 언급한 검열관에 의한 출판의 사전제한 사이에 동일성이 있다고 생각할 수 없다."

로도 사용되어 오고 있음을 알 수 있다.

대표적으로 1963년 Bantam Books 판결은, 로드아일랜드 주 의회에서 설립한 청소년도덕함양위원회가 시중에 이미 판매되고 있는 서적들을 심의하여 청소년유해판정을 하고 서적판매상들에게 판매중단 협조 권고를 할 수 있도록 한 제도에 대해 사전제한으로 파악하였다. 이 판결은 "주정부는 간행물의 배포를 행정적 사전제한(prior administrative restraint)의 체계를 이용해 규율하고 있는 것이다. 위원회는 사법기관이 아니다. 그런데 판정문이 발부되기 전에 행해지는 사법적 통제도 없고, 위원회의 결정에 대한 사법심사도 정해두고 있지 않다."8)라고 판단하였다.

그 밖에도, 검찰이 음란성의 측면에서 위법한 것으로 의심되는 24개 잡지명을 잡지유통업자에게 통지하여 판매를 중단하게 한 행위에 관한 1957년 HMH Publishing 판결9)이나, 경찰서장이 신문 및 잡지 판매인들에게 나체주의자들의 정기간행물을 포함한 다수의 간행물을 판매하지 말 것을 요구하고 이에 불응할 경우 판매인의 면허를 취소할 것을 통고하였던 1957년 Sunshine Book Company 판결,10) 이미 뉴욕 브로드웨이에서 3년 간 공연된 것을 비롯하여 미국 140여개 도시에서 행해진 바 있는 뮤지컬에 대해 집단나체와 성적행동을 보여준다는 이유로 공연금지조치를 한 것에 관한 1975년 Southeastern Promotions 판결11) 역시, 각각의 문제된 행위를 사전제한으로 파악하였다.

1973년 Pittsburgh Press Co. 판결에서는 "사전제한이란 특정 표현이 수정헌법 제1조에 의해 보호되지 않는다는 적절한 결정(adequate

---

8) Bantam Books, Inc. v. Sullivan, 372 U.S. 58, 70 (1963).
9) HMH Publishing v. Garrett, 151 F. Supp. 903 (N.D. Ind. 1957).
10) Sunshine Book Company v. McCaffrey, 4 A.D. 2d 643 (1957).
11) Southeastern Promotions, Ltd. v. Conrad, 420 U.S. 546 (1975).

determination)이 있기 이전에 부과되는 것"[12]이라고 명시적으로 판시한 바도 있다.

2. 판례에 대한 분석

이러한 일련의 판결들을 분석한 미국의 다수 문헌들도 유사한 결론에 도달하고 있다. 가령, 사전제한은 전형적으로 표현물의 발표 전에 허가 체계를 통해 부과되지만(pre-publication licensing scheme), 최초의 유통 이후에도 표현이 위법하다는 사법적 판단이 내려지기 전이라면 때때로 일어날 수 있다고 하면서, 이를 '중간 과정에서의 사전제한(mid-stream prior restraint)'이라고 명명하는 견해가 존재한다.[13] 나아가 사전제한금지법리는 궁극적으로 표현에 대한 제한이 민형사적 제재를 부과함으로써만 이행되어야 한다는 의미로서, 표현물을 금지하는 행위라면 그것이 출판에 앞서 이를 방지하려는 것이든 이미 출판된 것을 제거하는 것이든 해당 법리의 적용대상에 모두 포함된다고 이해하는 견해도 있다.[14]

그 밖에도 "사전제한금지법리는 문제되는 표현이 위법한지 여부를 법원에서 판단할 수 있을 때까지 행정당국으로 하여금 그 발표나 전달을 중단시킬 수 없도록 하는 것"[15]이라거나, 문제는 "해당 표현이 독립적인 사법의 장(independent judicial forum)에서 충분하고 공정한 심리가 이루어지기 전에 금지되는지 여부"[16]라고 정리하는 견

---

12) Pittsburgh Press Co. v. Pittsburgh Commission on Human Relations, 413 U.S. 376, 390 (1973).
13) Dawn C. Nunziato, 앞의 글, p.401 참조. 이 견해는 이에 해당하는 대표적인 사례로, 인터넷 필터링 시스템을 들고 있다.
14) Ariel L. Bendor & Michal Tamir, 앞의 글, p.1156 참조.
15) Thomas I. Emerson, 앞의 글(1955), pp.648-649.
16) Martin H. Redish, 앞의 글, p.75.

해도 존재한다. "사전제한이란 사법심사를 통한 확인과 검토 없이 부과되는 표현에 대한 제한",17) "사전제한에서의 '사전'은 제한되는 표현의 위법성에 대한 사법적 판단의 이전"18)과 같은 표현을 사용하는 견해 역시 마찬가지 입장이라 볼 수 있다.

결국 미국의 사전제한금지법리는, 특정 표현의 위법성 여부에 관한 사법기관의 최종적인 판단이 내려지기 전에 행해지는 표현금지의 경우, 사법기관에 의한 최종적인 판단이 내려질 때까지 잠정적 성격을 지니는 것임에도 불구하고 위축효과에 의한 표현의 억제를 가져오기 때문에 이를 방지할 필요가 있다는 데 그 전제를 두고 있다고 이해된다.19) 결국 표현물이 발표된 후에 행해지는 것이라도 사법기관의 최종적인 판단 전에 금지시키는 행위는 실질적인 작용과 결과의 측면에서 발표 전 금지와 다를 바 없으므로, 이에 대해 동일한 제한원리가 작동되는 것은 지극히 타당하다고 할 수 있다.

III. 사전제한의 정당화 요건

미연방대법원은 그동안 '행정기관에 의한 허가'에 대해, ① 표현물 범주를 설정함으로써 또는 ② 절차적 보호장치를 요구함으로써 일정한 허용 여지를 인정해 왔다. 이하에서는 각각을 나누어 살펴보기로 한다.

---

17) William T. Mayton, "Toward a Theory of First Amendment Process: Injunctions of Speech Subsequent Punishment and the Costs of the Prior Restraint Doctrine", *Cornell Law Review*, Vol.67 No.2, 1982, p.281.

18) Kathleen A. Ruane, *Freedom of Speech and Press: Exceptions to the First Amendment*, Congressional Research Service, 2014, pp.6-7.

19) 박경신, 앞의 글(2002), pp.80-83; Martin H. Redish, 앞의 글, pp.60-61 참조.

1. 일정한 표현물 범주에 해당하는 경우

우선 미연방대법원은 상업적 언론(commercial speech)과 학생신문에 대해 사전제한금지법리가 적용되지 않는다는 입장을 취하고 있다.

가. 상업적 언론

미연방대법원은 1976년 Virginia State Board of Pharmacy 판결에서 상업적 언론에 대해서는 기본적으로 사전제한금지법리가 적용되지 않는다고 판단하였고,[20] 심지어 1980년 Central Hudson Gas 판결에서는 사전제한을 상업적 언론의 규제방식으로 권고하기까지 하였다.[21]

위 두 판결에서는, 그 논거로 상업적 언론은 경제적 이해와 연결되어 있으므로 비상업적 언론과 비교하여 볼 때 정부의 규제로 인한 위축효과가 크지 않다는 점, 상업적 언론의 표현자는 자신이 제공하는 제품이나 서비스에 대하여 철저하게 파악하고 있으며 비상업적 언론의 표현자와 달리 그 내용의 정확성을 입증할 수 있다는 점, 정부는 상업적 거래행위에 대하여 규제할 수 있으므로 거래행위에 관련된 상업적 언론도 규제할 수 있는 권한이 있는 점 등을 제시하고 있다.

위 Central Hudson Gas 판결은 이에 그치지 않고, 앞서 제시한 같은 논거를 들어 상업적 언론에 대한 보호의 정도 역시 다른 표현물보다 낮다고 봄으로써, 미연방대법원이 그동안 확립해 온 3단계의 위헌성 심사기준[22] 중 중간심사에 근접하기는 하나 어디에도 속하

---

20) Virginia State Board of Pharmacy v. Virginia Citizens Consumer Council, Inc., 425 U.S. 748, footnote 24 (1976) 참조.
21) Central Hudson Gas & Elec. Corp. v. Public Service Commission, 447 U.S. 557, footnote 13 (1980) 참조.
22) 미연방대법원은 그동안 표현물을 일정하게 범주화함으로써 위헌성 심사 기준을 차등적으로 운영해 왔다.

지 않는 별도의 심사기준을 마련하였다. "① 해당 광고가 최소한 합법적 활동에 관한 것이고 기만적이지 않을 것, ② 규제를 위한 정부의 이익이 실질적이어야 할 것, ③ 그 규제는 정부의 이익을 직접적으로 증진하여야 할 것, ④ 그 규제는 정부의 이익을 위해 필요한 범위를 넘지 않아야 할 것"이라는, 이른바 'Central Hudson Test'이다.

그러나 위 판결 이후에도 학계에서는 상업적 언론의 보호 정도를 다른 표현과 달리하는 것이 타당한지에 관해 지속적인 논의가 있어 왔고,23) 미연방대법원에서도 "절박한 정치적 토론보다 상업적 언론의 자유로운 흐름에 대한 소비자의 관심이 더 민감한 경우도 있다."24)라거나, "상업적 언론이 비상업적 언론에 비해 낮은 가치를 지닌다는 철학적, 역사적 기초를 찾을 수 없다."25)라는 의견이 지속적으로 제시되어 왔다.

---

① 합리성심사(rational basis review) : 문제가 된 법률이 정당한 정부목적과 합리적 관련이 있는 경우에(if it is rationally related to a legitimate purpose) 합헌
② 중간심사(intermediate scrutiny) : 중요한 정부목적과 실질적으로 관련이 있는 경우에(if it is substantially related to an important government purpose) 합헌
③ 엄격심사(strict scrutiny) : 필요불가결한 정부목적을 달성하기 위해 불가피한 경우에(if it is necessary to achieve a compelling government purpose) 합헌
Erwin Chemerinsky, *Constitutional Law: Principles and Policies*, 6th ed., Wolters Kluwer, 2019, pp.727-729; 김문현 외, 「기본권 영역별 위헌심사의 기준과 방법」, 헌법재판소, 2008, pp.11-14 참조.
23) 조소영, "광고규제에 대한 헌법적 검토: 상업광고에 대한 논의를 중심으로", 「공법학연구」 제18권 제2호, 2017, pp.231-233 참조.
24) Virginia State Board of Pharmacy v. Virginia Citizens Consumer Council, Inc., 425 U.S. 748, 763 (1976)에서 제시된 후, 다른 판결에서 지속적으로 인용되어 오고 있는 내용이다.
25) 44 Liquormart, Inc. v. Rhode Island, 517 U.S. 484, 522 (1996) (Thomas, J., Concurring).

2011년 IMS Health 판결에서는 "정확한 정보가 생명을 살릴 수 있는 의약 및 공중보건의 영역이, 바로 절박한 정치적 토론보다 상업적 언론의 자유로운 흐름에 대한 소비자의 관심이 더 민감한 경우에 해당한다."라고 지적하면서, "수정헌법 제1조는 내용에 근거한 규제에 대해 고양된 심사(heightened scrutiny)를 요구하며, 이는 상업적 언론에 대해서도 예외는 아니"[26]라고까지 명시한 바 있다.

이러한 논의가 상업적 언론에 대해 사전제한금지법리의 적용을 배제하는 미연방대법원의 기존 입장에도 영향을 미칠지 귀추가 주목된다. 몇몇 연방항소법원에서는 이미 상업적 언론에 대한 사전제한에도 아래에서 살펴볼 절차적 보호장치 요소가 요청된다고 판시해 오고 있기도 하다.[27]

나. 학생신문

미연방대법원은 고등학교에서 학생신문 발간 전에 학교장이 특정 기사를 삭제한 행위에 관한 1988년 Hazelwood School 판결부터 "학생은 학교라는 특별환경 즉, 교육이라는 사명에 맞는 권리만을 누릴 수 있으므로, 교육에 관한 합리적 관련성이 인정된다면 학생신문에 대한 사전제한도 허용될 수 있다."[28]라고 보아오고 있다. 이에 대해 "학생신문에 대한 사전제한은 교육목적 수행에 방해되거나 다른 해악이 발생할 가능성이 있다고 믿을만한 충분한 이유가 있는 경우에만 인정할 수 있다."[29]라는 반대의견도 있었지만, 이 역시 다른

---

26) Sorrell, et al. v. IMS Health Inc., et al., 131 S.Ct. 2653, 2660-2664 (2011).
27) 가령, New York Magazine v. Metropolitan Transportation Authority, 136 F. 3d 123 (2d Cir. 1998); Desert Outdoor Adver. v. City of Moreno Valley, 103 F. 3d 814 (9th Cir. 1996).
28) Hazelwood School District v. Kuhlmeier, 484 U.S. 260, 266 (1988).
29) Hazelwood School District v. Kuhlmeier, 484 U.S. 260, 280-282 (1988) (Brennan, J., Dissenting).

표현물과 달리 취급된다는 점에 있어서는 법정의견과 동일한 관점을 보인 것이었다.

이후 이러한 법리가 대학생이 발간하는 신문에도 적용되는지 여부에 관해 혼란이 있었지만, 2005년 Hosty 판결에서 연방항소법원은 "위 법리는 초등학교나 중학교뿐만 아니라 학교로부터 보조금을 지원받는 학생신문이라면 대학까지도 적용된다."30)라는 점을 분명히 하였다. 이에 대해서는 연방사법부 역사상 학생의 권리에 관한 최악의 판결이라는 많은 비판이 제기되고 있다.31)

2. 절차적 보호장치를 갖춘 경우

가. 개관

한편, 미연방대법원은 ① 정부가 허가제를 실시해야 할 중요한 이유를 가지고 있고(important reason for licensing), ② 허가당국에 거의 재량을 남기지 않는 명확한 기준이 있으며(clear standards leaving almost no discretion to the government), ③ 절차적 보호장치가 있으면(procedural safeguards), 사전제한이 허용된다고 판단해 오고 있다.32)

우선 미연방대법원은 ② 요건과 관련하여 내용에 근거한 표현금지 여부에 관한 결정이 재량에 의해 이루어질 수 있다는 점을 매우 우려한다. 이러한 체계 하에서는, 허가권자가 자신의 마음에 드는 표현만 허가하고 마음에 들지 않는 표현에 대하여는 허가를 거부할 수 있기 때문에 헌법적으로 정당화될 수 없다는 것이다. "영화에 대한

---

30) Hosty v. Carter, 412 F. 3d 731, 735 (7th Cir. 2005).

31) Roy L Moore et al., Media Law and Ethics, 5th ed., Routledge, 2018, pp. 193-194 참조.

32) Erwin Chemerinsky, 앞의 책, pp.1048-1052; Kathleen A. Ruane, 앞의 책, p.7; 임지봉, "미국헌법상의 표현의 자유와 사전억제금지의 원칙", 「미국헌법연구」 제20권 제2호, 2009, pp.301-302 참조.

허가 기준이 모호하다면 세심한 절차에 따른다거나 신속한 심사를
규정하고 있다고 해도 위헌적"33)이라거나, "정밀하고 명확한 기준에
의해 행정권한의 행사가 구속되지 않으면, 행정관료의 제어되지 않
는 재량 하에서 검열의 위험 그리고 수정헌법 제1조에 대한 침해의
위험이 너무나 커지게 된다."34)라는 판시들이 행해진 바 있다.

나. 절차적 보호장치 요건의 단초

그러나 보다 강조되는 요소는 ③ 요건과 관련된 '절차적 보호장
치'이다. 사전제한을 정당화하는 특유한 절차적 보호장치에 관한 요
건은 아래에서 자세히 살펴 볼 1965년 Freedman 판결에서 확립되었
지만, 이 판결 이전부터 그 단초는 찾아볼 수 있다. 먼저 표현의 자
유가 국가에 의한 제한으로부터 적법절차에 의해 보호받는 기본권
중 하나라는 판시는 1920년대부터 등장하였고,35) 1960년대 초부터는
아직 정제되지 않은 형태였지만 사전제한 체계와 관련하여 적법절
차를 구체화시킨 요소들을 고려한 판시들도 나오기 시작하였다.
가령, 1961년 Times Film 판결에서는 영화 상영에 앞서 행해지는
행정적인 허가 절차가 그 자체로 위헌인 것은 아니지만, 허가권자가
수정헌법 제1조와 제14조36)에 의해 보호되는 권리를 부인할 경우를
대비하여 신속한 사법적 절차가 보완될 필요가 있다는 의견이 제시
되었다.37) 같은 맥락에서, 1964년 Jacobellis 판결에서는 "지금까지 미

---

33) Interstate Circuit, Inc. v. Dallas, 390 U.S. 676, 684-685 (1968).
34) Southeastern Promotions, Ltd. v. Conrad, 420 U.S. 546, 553 (1975).
35) Gitlow v. New York, 268 U.S. 652, 666 (1925). Malinski v. New York, 324 U.S.
    401, 414 (1945) (Frankfurter, J., Concurring)에서는 "자유의 역사는 적지 않
    게 절차의 역사이다."라는 언급도 행해졌다.
36) "…어떠한 주도 정당한 법의 절차에 의하지 아니하고는 어떠한 사람으로부
    터도 생명·자유 또는 재산을 박탈할 수 없으며, 그 관할권 내에 있는 어떠
    한 사람에 대하여도 법률에 의한 평등한 보호를 거부하지 못한다."
37) Times Film Corp. v. City of Chicago, 365 U.S. 43, 48 (1961) (Warren, J.,

연방대법원이 사전제한에 대해 위헌이라고 판단해 온 것은 '절차적으로 좋지 않은' 사건들을 만났기 때문이지, 만약 헌법적 보호장치에 관해 적절히 배려하고 잘 준비된 사안이었다면 이를 주저없이 정당하다고 판단하였을 것"이라면서, "집행기관은 그 집행에 있어 매우 공을 들이는 작업을 할 필요가 있다."38)라고 지적하는 의견도 제시되었다.

하급심 법원들에서는 이 시기부터 절차적 요건을 구체화한 판결들이 나오고 있었다. 1961년 Zenith 판결에서는 시카고 시의 영화 검열 조항이 절차적 적법절차를 위반하였다고 판단하였는데, 그 논거로 "① 제출자에게 방어기회를 포함한 공정한 심문 미보장, ② 영화심사위원회의 구성원 선정을 구체화하는 기준 부재, ③ 위원회 측의 자의적 결정을 배제할 보호장치 부재, ④ 허가 거부시 이유 미설명, ⑤ 항소를 제기하더라도 새로운 심문 절차 미제공"39) 등을 제시하였다.

펜실베니아 주의 영화 검열 조항에 관한 1961년 William Goldman Theatres 판결에서는 "구성원의 교육과 능력의 기준이 자의적인 결정을 배제할 수 있도록 고안된다면 검열위원회도 설치될 수 있다."라고 하면서 "위원회에서 문제된다고 판단한 내용은 법관의 검토를 받아야 하고 최소한 일방적 심문의 대상이 되어야 한다. 만약 그 일방적 심문에서 법원이 음란하다고 판단한다면, 상대방은 완전한 심문을 요구할 수 있어야 하며 심문 후에도 법원이 여전히 음란하다고 판단한다면, 수 주 내로 배심재판이 행해져야 한다는 규정이 있어야 한다."40)라고 판시하기도 하였다.

1963년에는 미연방대법원 차원에서 절차적 보호장치에 관한 요건

Dissenting) 참조.

38) Jacobellis v. Ohio, 378 U.S. 184, 202 (1964) (Warren, J., Dissenting).

39) Zenith Int'l Film Corp. v. City of Chicago, 291 F. 2d 785, 790 (7th Cir. 1961).

40) William Goldman Theatres, Inc. v. Dana, 405 Pa. 83, 93-95 (1961).

이 보다 구체화되었다. 앞서 살펴본 바 있는 Bantam Books 판결은 로드아일랜드 주법이 적절한 보호장치를 결여하고 있다고 판단하면서, "출판자나 유통자에게 해당 출판물이 위원회가 반대하는 리스트에 올랐다는 점에 대해 고지하거나 의견청취를 할 기회를 부여하고 있지 않았고, 그러한 리스트가 발표되기에 앞서 사법적 감독에 관한 조항은 물론 위원회의 결정에 관한 신속한 사법적 판단을 받을 수 있는 조항 역시 마련하지 못하고 있음"41)을 지적하였다.

다. 절차적 보호장치에 관한 'Freedman 기준'

1965년 Freedman 판결은 1963년 Bantam Books 판결의 결론을 보다 정제하고 확장시킴으로써, 헌법적으로 허용되는 사전제한에 관한 3가지 구체적인 절차적 요건을 만들어 내었다.42) 이 판결은 모든 영화를 주 검열위원회에 사전에 제출하여 음란성 여부를 판단받도록 한 메릴랜드 주법에 관한 것이었다. 미연방대법원은 "검열자에게 영화의 사전 제출을 요구하는 비형사적 절차는 검열의 위험을 제거하기 위해 고안된 절차적 보호장치가 있을 때에만 헌법적 취약성을 면할 수 있다."라고 하면서 그 절차적 보호장치의 내용으로 다음과 같은 사항을 제시하였다(이른바 'Freedman 기준').

"① 검열자가 해당 영화가 헌법에 의해 보호되지 않는 표현임을 입증할 책임을 부담할 것

② 검열자는 허가를 하든지 아니면 법원에 금지를 구하는 제소를 하여

---

41) Bantam Books, Inc. v. Sullivan, 372 U.S. 58, 71 (1963).

42) Christine C. Peaslee, "Constitutional Law - Action for Children's Television v. FCC: Indecency Fines and the Broadcast Medium - When Subsequent Punishments become Prior Restraints; A Subsequent Restraint Review", *Western New England Law Review*, Vol.20 No.1, 1998, p.261; Henry P. Monaghan, 앞의 글, pp.521-523 참조.

야 하고, 영화 상영을 직접적이고 최종적으로 금지하지 않을 것

③ 대심적 구조 하에 청문(adversary hearing)의 기회가 주어져야 하고, 허가나 제소 여부의 결정 및 제소 시 사법기관의 결정이 신속히 이루어질 것"43)

이 판결은 이와 같은 기준을 설정한 배경으로, 대심적 절차에 의한 사법적 판단만이 표현의 자유를 다룸에 있어 필요한 민감성을 보장할 수 있다는 점을 밝히고 있다. 따라서 종국적인 사법적 평가 이전에 가해지는 모든 제재는 온전한 사법적 해결을 위해 필요한 가장 짧은 시간 동안의 현상유지를 하는 데에 그쳐야 한다는 것이다.44) 또한 검열자의 결정이 실질적으로 최종적인 것이 되지 않도록 하기 위해서는 즉각적이고 신속한 사법심사가 따라야 하며, 이 사안에서는 1-2일 내에 사법심사를 통해 확정된 위법성 판단이 나오지 않는다면 영화의 배급을 방해할 수 없다고 판단하였다.45)

이러한 관점에서 이 판결은 1957년 Kingsley Books 판결46)을 긍정적으로 언급하였다. 이 판결은 정부관료의 신청에 의해 법원이 저속한 출판물의 판매나 배포를 금지하는 명령을 내릴 수 있도록 한 뉴욕 주법이 합헌이라고 판단한 것이었다. 이 판결에서 미연방대법원은 해당 절차가 배포자에게 적절한 고지를 행하도록 하고, 금지명령 발령에 있어서 신속한 대심적 심문 절차를 거치도록 하며, 사법적 판단이 내려질 때까지 판매에 대한 제한을 연기하도록 하고 있다는 점에서, 헌법상 요구되는 절차적 보호를 충족한다고 판단하였다. 해당 법률은 정부관료가 법원에 사건을 신청한 뒤 1일 후 심문을 해야 하고, 판사는 심문 종결 후 2일 이내에 결정을 내릴 것을 요구하고

---

43) Freedman v. Maryland, 380 U.S. 51, 59-60 (1965).
44) Freedman v. Maryland, 380 U.S. 51, 58-59 (1965) 참조.
45) Freedman v. Maryland, 380 U.S. 51, 60-61 (1965) 참조.
46) 이하, Kingsley Books, Inc. v. Brown, 354 U.S. 436, 439-440 (1957) 참조.

있었다.

Freedman 판결 이후 메릴랜드 주는 관련 법률을 개정하였다. 개정된 법에 의하면, 주 검열위원회는 영화필름 제출 후 5일 이내에 허가 여부에 관한 결정을 하여야 하고, 상영 불허가 결정을 할 경우 위원회는 3일 이내에 상영금지를 구하는 금지명령을 법원에 신청하여야 하며, 법원은 신청 후 5일 이내에 심문을 하여야 하고, 심문 후 2일 이내에 결정을 내려야 한다. 만약 법원이 위원회의 결정을 지지하면, 제출자는 항소를 제기할 수 있는데, 그 항소는 해당 재판부의 가장 빠른 재판일로 먼저 기일을 잡아야 한다. 이에 의할 때, 전체적인 행정절차는 오직 8일만이 소요되며, 최종적인 사법적 판단이 내려질 때까지 걸리는 최대한의 기한도 영화 제출 후 오로지 15일 정도이다. 이 법률에 대해서도 다시 소송이 제기되었으나, 미연방대법원은 합헌으로 판단하였다.[47]

Freedman 판결에 대해, 행정적 검열이 신속한 사법적 심사를 수반할 때 더 이상 사전제한금지법리에 의해 금지되지 않음을 의미한다고 분석하는 견해가 있다.[48] 대심적 구조에 따른 신속한 사법적 심사는 사전제한에 대한 위헌성 추정을 불러일으키는 해악을 상당 부분 제거할 수 있다는 것이다.[49]

라. '수정헌법 제1조의 절차적 심사기준' 확립

이러한 Freedman 기준에 대해서는 각각의 요소가 불명확하고 법원의 판결도 엇갈리고 있다는 지적이 있지만,[50] 위 판결 이후 굉장

---

47) Grove Press, Inc. v. Maryland State Board of Censors, 401 U.S. 480 (1971).

48) William T. Mayton, 앞의 글, p.253 참조.

49) Henry P. Monaghan, 앞의 글, p.524; John A. Luchsinger, "A Blueprint for Censorship of Obscene Material: Standards for Procedural Due Process", *Villanova Law Review*, Vol.11 No.1, 1965, p.134 참조.

50) Kathryn F. Whittington, "The Prior Restraints Doctrine and the Freedman

히 다양한 사안에서 이 기준은 넓게 적용돼 왔다.51)

가령, 앞서 살펴본 바 있는 무대공연 허가에 관한 1975년 Southeastern Promotions 판결에서는, 해당 작품이 헌법상 보호되지 않는 표현이라는 점을 증명할 부담과 사법적 절차를 개시할 부담이 위원회에 지워져 있지 않고, 위원회의 최종결정이 내려지는 데에 5달 이상이나 걸렸으며, 신속한 사법적 심사를 보장하는 절차 역시 규정되어 있지 않았다는 점에서, Freeman 기준에 따른 세 가지 요건을 모두 결여하였다고 판단하였다.52)

또한 음란물로 의심되는 증거가 있을 때 우편공무원으로 하여금 해당 우편물을 압수할 권한을 부여하는 법률에 관한 1971년 Blount 판결에서도, 우편물 압수에 있어 사법기관의 관여를 개시하도록 요구하는 조항이나 신속한 사법적 심사를 보장하는 조항이 없고 이에 따라 일단 우편물이 압수되면 발신자가 법원에 소송을 제기하여 보호되는 표현이라는 점에 대해 입증할 책임을 지게 된다는 점에서, Freedman 기준을 위반해 위헌이라고 판단하였다.53)

법원에 의한 금지명령에 대해서도 Freedman 기준을 적용한 판결들이 존재한다. 1973년 Paris Adult Theatre I 판결에서는 음란물 전시를 방지하는 금지명령에 관한 조지아 주법이 문제되었는데, "완전한 대심적 절차에 따라 그 전시품이 헌법적으로 보호되지 않는다는 법원의 최종적 사법판단이 있기 전까지는 해당 전시에 대한 제한이 부과되지 않으므로 절차적 보호장치가 존재한다고 볼 수 있고, 따라서 헌법에 위반되는 사전제한이라고 볼 수 없다."54)라고 하였다.

Protections: Navigating a Gigantic Labyrinth", *Florida Law Review*, Vol.52 No.4, 2000, pp.816-818 참조.

51) Kathryn F. Whittington, 앞의 글, pp.822-824; Henry P. Monaghan, 앞의 글, pp.524-525 참조.

52) Southeastern Promotions, Ltd. v. Conrad, 420 U.S. 546, 559 (1975) 참조.

53) Blount v. Rizzi, 400 U.S. 410, 417-421 (1971) 참조.

반면, 1990년 Skyywalker Records 판결에서는 지역보안관(sheriff)이 특정 음반에 대해 음란하다고 판단한 순회법원판사의 명령을 발부받아 음반소매점들을 대상으로 해당 음반을 판매할 경우 체포될 수 있음을 경고한 사안에서, 절차적 보호장치 요건을 결여한 사전제한으로서 수정헌법 제1조에 위배된다고 판단하였다. 이 판결에서는, 비록 해당 음반이 음란하다는 법원의 명령이 있었지만 이는 지역보안관의 일방적 신청에 의한 것으로서 대심적 절차가 결여되었으며, 짧은 시간 현상을 유지하는 정도에 그치는 것도 아니고, 신속한 사법적 심문에 관한 어떠한 보장도 없었다는 점을 그 논거로 하였다.[55]

주 법무장관이 아동포르노에 해당한다고 생각되는 인터넷상 표현물에 대하여 인터넷 서비스 제공자로 하여금 그 표현물을 삭제할 의무를 부과하는 내용의 법원명령을 구할 수 있도록 한 주법에 대해서, "표현물이 불법적이라는 판단이 사법기관에 의해 결정된다 하더라도, 그 결정이 표현자에 대한 고지 없이 의견청취의 기회도 부재한 상황에서 일방적 구조 하에 내려진 것이라면 합헌적인 사전제한으로 판단하기에 부족하다."[56]라고 본 것 역시 존재한다.

이와 같이 확립된 Freedman 기준을 두고, 적법절차에 관한 일반적 조항인 수정헌법 제14조에 근거하는 대신, 표현의 자유에 대한 사전제한의 문제에 맞는 특유한 접근을 창설해 내었다는 점에서, "수정헌법 제1조의 절차적 심사기준(First Amendment Procedural Review)"[57]이라거나, "수정헌법 제1조의 적법절차(First Amendment Due Process)"[58]

---

54) Paris Adult Theatre Ⅰ v. Slaton, 413 U.S. 49, 55 (1973).
55) Skyywalker Records, Inc. v. Navarro, 739 F. Supp. 578, 598-603 (S.D. Fla. 1990) 참조.
56) Center for Democracy and Technology v. Pappert, 337 F. Supp. 2d 606, 656-657 (E.D. Pa. 2004).
57) Christine C. Peaslee, 앞의 글, p.244.
58) Henry P. Monaghan, 앞의 글, p.519.

라고 명명하는 견해들도 존재한다. 즉, Freedman 기준은 수정헌법 제1조에 직접 근거하여 도출될 수 있는 법리라는 것이다.

마. '신속한 사법적 심사'의 요건

Freedman 기준을 구성하는 요소 중 그동안 가장 많이 다루어진 요건은, 세 번째 요건 중 '허가나 제소 여부의 결정 및 제소 시 사법기관의 결정이 모두 신속히 이루어질 것'이었다. 표현의 전파에 있어 지연이 발생하면 그 효과에 막대한 영향을 줄 뿐만 아니라 표현 자체를 단념시키기도 한다는 점에서 결정의 신속성은 사전제한으로 인한 위축효과를 최소화시키는 데 필수적이며, 이에 따라 사전제한 금지법리에서 문제되는 절차적 보호장치에 있어서도 신속성의 관념이 가장 중요한 원리를 구성하기 때문이라는 분석이 있다.[59]

미연방대법원은 사전제한을 행하는 기관이 사법심사를 구하기까지의 신속한 기간은 법률에 규정되어야 하는데 단지 사법절차가 시간적 한계 없이 즉시(forthwith) 시작되어야 한다고 규정하는 것만으로는 충분치 않다고 하면서, 허가의 거부 시점부터 법원에 자료가 제출되기까지의 기간이 50일 내지 57일에 이른 경우 신속한 것이 아니라고 판단한 사례가 있다.[60] 이 판결에서 문제되는 법률에는 법원에 의한 신속한 사법적 결정에 관한 규정도 존재하지 않았다. 이 판결 후 해당 규정은 행정심사의 총 기간을 17일로 줄이고 2.5주 안에 첫 사법적 심문이 이루어지도록 개정되었다.[61]

---

59) Blake D. Morant, "Restraint of Controversial Musical Expressions after Skyywalker Records, Inc. v. Navarro and Barnes v. Glen Theatre, Inc.: Can the Band Play On", *Denver University Law Review*, Vol.70 No.1, 1992, pp.39-40 참조.

60) Teitel Film Corp. v. Cusack, 390 U.S. 139, 141 (1968) 참조.

61) 그러나 이에 대해서는 여전히 Freedman 기준을 충족하는지 의문이라며, 행정심사는 총 5일 정도로 줄이고, 법원 재판부는 사전제한에 관한 사건

다른 한편, 허가의 거부 시점부터 법원의 심리까지 10일로 규정된 경우에는 신속한 것이라고 판단된 사례도 존재한다. 이 판결에서 문제된 법률은 다음과 같다. '위원회가 등급분류신청을 받은 뒤 5일 이내에 결정을 하지 않으면 그 신청은 승인된 것으로 간주된다. 만약 위원회가 그 신청을 거부하면 제출자는 이를 불수용한다는 의사를 표할 수 있고 위원회는 금지명령을 청구해야 하는데 이는 불수용 의사표시 후 10일 이내에 승인되어야 하고 그렇지 않으면 위원회의 명령이 정지된다. 만약 금지명령이 받아들여지고 제출자가 항소하면, 위원회는 5일 이내에 답변을 해야 하고 법원의 절차에 응해야 한다. 또한 주 법원들은 자발적으로 검열 사건을 우선적으로 처리하고 있다.' 이러한 점들을 분석한 뒤 미연방대법원은 이 절차는 Freedman 기준에 합치됨이 명백하다고 판단하였다.[62]

이와 유사하게, 자신의 영화가 음란물이라는 결정에 대해 이의신청을 한 영화 배급자에게 14일을 기다리도록 한 것은 합헌적지만, 그 기간이 40일까지 지연된 것은 위헌적이라고 판단한 판결도 있다.[63] 나아가 영화의 음란성 판단의 경우 1-2일 정도에 이루어져야 한다고 판단한 사례도 있다.[64]

한편, 여기서 '신속한 사법적 심사'란 사법적 심사의 '개시'뿐만 아니라 '결정'까지도 포함하는 의미로 이해된다. 1990년 FW/PBS 판결[65]은 성인사업에 대해 허가를 요구한 명령에 관하여, 허가권자가

을 우선적으로 해결하는 관행을 확립해야 한다는 주장도 존재한다. Roger Haydock, "Constitutional Law - Freedom of Expression - Permissive Bounds of Prior Restraint of Movies", *DePaul Law Review*, Vol.17, 1968, pp.609-610 참조.

62) Interstate Circuit, Inc. v. Dallas, 390 U.S. 676, 679 (1968) 참조.
63) United States v. Thirty-Seven Photographs, 402 U.S. 363, 371-372 (1971) 참조.
64) Universal Film Exchanges, Inc. v Chicago, 299 F. Supp. 286, 288-289 (N.D. Ill. 1968) 참조.
65) FW/PBS v. City of Dallas, 493 U.S. 215 (1990).

결정을 내려야 하는 시기 제한을 두고 있지 않고 신속한 사법적 심사의 요건도 충족하지 못하였으므로 Freedman 기준을 위반하였다고 판단하였는데, 이를 두고 연방순회법원 판결들 중에는 성인사업의 경우 사법적 심사의 '개시'만 신속히 이루어져도 충분하다고 해석한 경우도 있었다. 그러나 2004년 City of Littleton 판결에서 미연방대법원은 사법적 심사의 '결정'까지 신속히 이루어져야 한다는 의미임을 분명히 하였다.66) 다만 이 판결은, 허가를 요구하는 명령 그 자체에서 신속한 사법적 심사의 가능성을 특정할 필요는 없다고 보았고, 중립적이고 재량이 없는 기준에 따르는 경우라면 이에 대한 사법심사가 매우 신속할 필요는 없다고 덧붙였다.67)

바. 표현물 압수에 관한 특별요건

또한 미연방대법원은 표현물, 특히 음란표현물의 압수에 관하여 '수정헌법 제1조의 절차적 심사기준'을 구체화한 특별한 요건 법리를 전개하고 있기도 하다. 1971년 Heller 판결은 경찰이 영화 필름을 압수할 때, 영화상영자가 상영을 위한 또 다른 필름을 가지고 있는 경우라면 사전적으로 대립당사자 구조를 갖춘 사법적 판단이 꼭 필요하지는 않다고 보았으나, 이 경우에도 중립적인 재판관이 유력한 이유를 인정하여 발령한 영장에 따라 압수가 이루어지고 압수 후에는 당사자의 신청에 따라 음란성 여부에 관한 즉각적인 사법적 결정이 이루어질 수 있는 경우에만 헌법적으로 정당화된다고 보았다.68)

또한 1989년 Fort Wayne Books 판결은 법원의 심리 전에 행한 성

---

66) J. David Guerrera, "Constitutional Law: The Meaning of Prompt Judicial Review under the Prior Restraint Doctrine after FW/PBS v. City of Dallas", *Brooklyn Law Review*, Vol.62 No.3, 1996, pp.1235-1245; Edward L. Carter & Brad Clark, 앞의 글, p.231 참조.

67) City of Littleton, Colorado v. Z.J. Gifts D-4 L.L.C., 541 U.S. 774, 784 (2004) 참조.

68) Heller v. New York, 413 U.S. 483, 492-493 (1973) 참조.

인용 서점에 대한 압수에 있어서, 그 자료가 음란한가의 여부가 대심적 변론을 거쳐 결정되지 않으면 위헌이라고 판단하였다. 이 시점에 압수가 허용된다면 헌법적으로 보호되는 표현물에 대한 사전제한의 위험이 너무 높다고 밝히면서, 공무원들은 책 한 권이나 필름 하나를 증거물로 가져갈 수는 있지만 음란성 판단이 있기 전에 서점에 있는 모든 표현물을 가져가서는 안 된다고 판단하였다.[69] 즉, 미연방대법원은 그 절차가 법원을 통해 이루어진다고 하더라도 대심적 구조에 의한 위법성 판단이 선행되지 않는 한, 표현물의 완전한 압수(wholesale seizure)는 허용되지 않는다고 보고 있는 것이다.[70]

Ⅳ. 소결

지금까지 살펴본 바와 같이, 미연방대법원은 우리나라의 기존 법리와 달리, 검열에 해당하는 영역을 좁게 설정한 뒤 별도의 법리를 구성하는 방식이 아니라, 이를 포함한 더 넓은 개념인 '사전제한'의 영역을 구획하고 이에 속하는 행위에 대해 동일한 법리를 적용하고 있다.

먼저 시기적인 측면에서는, 이미 발표된 표현물의 내용을 심사하여 금지 여부를 결정하는 경우라도 해당 표현물의 위법성에 대한 최종적인 사법적 판단이 이루어지기 전에 행해지는 것이라면, '사전'제한에 해당한다고 보고 있다. 이를 두고, 우리나라의 기존 법리가 미국의 법리를 수입하면서 'prior restraint'를 '검열'에 대응하는 개념으로 파악한 뒤, 'prior'가 가지는 사전적 의미에만 천착하여 그 일면(표현의 발표 전)으로만 이해한 것일 가능성을 제기하는 견해도 존재한다.[71]

---

69) Fort Wayne Books, Inc. v. Indiana, 489 U.S. 46, 48-49 (1989) 참조.
70) Henry P. Monaghan, 앞의 글, p.532 참조.
71) 박경신, 앞의 책, p.335 참조.

또한 주체적인 측면에서도, '행정기관에 의한 허가' 뿐만 아니라 '법원에 의한 금지명령' 역시 동일한 법리로 규율되고 있다. 이러한 미연방대법원 법리의 특징들은 우리나라의 기존 법리에 관한 해석을 수정함에 있어서도, 시기와 주체 요건을 확장하는 시도를 해봄직하게 만든다.

한편 미연방대법원은, 이러한 사전제한에 해당한다고 하여 절대적으로 금지되는 것이 아니라, 일정한 '절차적 보호장치'가 존재한다면 헌법적으로 정당화될 가능성이 있다고 해석하고 있다. 대심적 구조의 형성과 청문의 기회 보장, 신속한 허가 및 이에 대한 신속한 사법적 판단 등이 그 구체적 내용을 이루고 있다. 그밖에 표현물 범주를 설정하여 사전제한금지법리의 적용을 배제하는 모습도 존재하고는 있으나, 상당한 비판이 행해지고 있고 각급 법원의 판결을 통해서 변화의 조짐도 보이고 있다. 이처럼 절차적 보호장치가 충실히 갖추어진 경우 사전제한이 정당화될 수 있다는 법리는, 우리나라의 기존 법리에 두 가지 측면의 시사점을 준다고 할 수 있다.

첫째, 기존 법리가 제시하는 검열의 4가지 요건에 해당하더라도 헌법적으로 정당화될 여지가 존재할 수 있다는 점이다. 물론 제2장 제2절에서 살펴보았듯이 우리나라의 기존 법리에서도, 사법기관에 의한 표현금지에 대해 검열의 주체 요건을 충족하지 못한다는 이유로 허용될 가능성을 열어두고 있기는 하다. 그러나 그것은 사인이 개인적 법익 침해를 이유로 사법기관에 표현금지를 바로 구하는 사안에 관한 것이었고, 행정기관이 표현의 내용을 1차적으로 심사한 후 공익을 이유로 사법기관에 표현금지를 구하는 경우에 관한 것은 아니었다. 미연방대법원의 법리는 후자와 같은 행위에 대해서도 개별 절차의 특성을 고려하여 헌법적인 정당화 가능성을 열어놓고 있는 것이다.

둘째, 그렇다고 하여 사법기관을 통하여 행해지는 표현금지라는 사유만으로 곧바로 헌법적인 정당화가 되는 것은 아니라는 점이다. 사법기관에 의해 행해지는 절차를 거치면 헌법적 정당화 가능성이 높아지는 것은 사실이지만, 이에 해당한다고 하여 모든 경우가 허용되는 것은 아니다. 금지명령에 대해서도 Freedman 기준을 적용한 판결들이나, 표현물 압수에 관한 특별요건을 제시한 판결들의 사례에서 볼 수 있듯이, 심문 없는 일방적 결정이 내려지는 등 충실한 절차적 보호장치가 결여되어 있는 사법기관의 절차가 존재한다면 여전히 금지되는 사전제한에 해당할 수 있다는 것이다. 이는 결국 사법기관이 직접 행하는 표현금지라고 하여 검열의 범주에서 바로 배제시키는 것은 부당하고, 개별 제도의 모습을 살펴 구체적으로 타당한 결론을 도출해 낼 필요가 있음을 암시한다.

제3절 기타 국가들의 사례 및 국제문서

Ⅰ. 기타 국가들

1. 프랑스

프랑스의 경우 현행 헌법에는 검열금지에 관한 조항이 별도로 존재하지 않고 이에 관한 특유한 법리도 전개되어 왔다고 보기 힘들지만, 1950-1970년대 최고행정법원(국사원, Conseil d'Eat)에서 검열과 관련된 사안들이 다루어진 바 있다. 또한 최근 들어서는, 인터넷상 유통되고 있는 일정한 내용의 표현을 삭제시키기 위한 두 가지 입법이 행해지고 이에 관한 헌법재판소의 결정이 있었던바, 이 역시 검열금지의 맥락에서 의미가 있다. 이하에서는 먼저 최고행정법원의 판결례들을 살펴본 뒤, 두 가지 입법례인 「정보조작대처법률」과 「인터넷상 혐오 콘텐츠 대응에 관한 법률」에 관해 각각 검토해 보기로 한다.

가. 최고행정법원의 판결례

프랑스 최고행정법원은 1975년, 필름통제위원회가 선량한 풍속과 공익에 어긋난다는 이유로 영화에 대한 검열필증을 발급하지 않은 사건에서, "문화부장관의 검열필증 발급은 자유재량사항이 아니며, 선량한 풍속과 공익에 어긋난다는 이유로 검열필증을 발급하지 아니하는 행위는 영화인의 영화를 만들 자유와 일반 국민의 다양한 영화를 볼 공권을 침해한다."[1]라는 판단을 한 바 있다. 이를 통해 프랑

---

1) Conseil d'Etat, Assemblée, 24 janvier 1975, « Rome – Paris films » , requête numéro 72868, rec. p. 57. 이 판결의 번역은, 박선영, 앞의 글(1996), pp.125-

스에서 60여 년 간 지속되어 온 영화에 대한 검열제도는 폐지되게 되었다.

또한 알제리 반란이 절정에 달한 1956년 말 및 1957년 초 신문 「France-Soir」지의 압수를 명한 것에 대한 판결에서는, "문제된 압수는 국가에 대한 범죄를 인정하고 이를 처벌하려는 것이 아니라 신문에 게재된 기사의 보급을 방해하기 위한 목적임이 명백하므로, 형사법에 근거한 검찰청의 신청으로 이루어진 것이라고 하더라도 실제로는 행정처분에 해당하고 따라서 행정법원의 관할에 속한다."[2]라고 하여, 형식적으로는 사법기관에 의한 출판물 압수이지만 실질적으로는 행정기관에 의한 검열과 동일한 경우가 있을 수 있음을 전제한 바 있다. 이는 우리나라의 기존 법리에 관한 해석을 수정함에 있어서, 사법기관이 직접 행하는 표현금지라고 하더라도 실질적으로는 행정기관이 행하는 것과 다름없는 경우가 있을 수 있음을 시사해 준다.

다른 한편, 1966년 Films Marceau 판결에서는 위법한 검열로 인한 국가배상을 인정한 바 있는데,[3] 이는 아래에서 살펴볼 UN 인권이사회의 2011년 보고서 내용과 상통하는 것으로서, 제2장 제1절에서 제시된 검열의 4가지 해악 중 '자의성'의 요소를 약화시키는 장치로 기능할 여지를 준다. 이에 관해서는 제4장 제3절에서 보다 자세히 살펴본다.

126; 정재황, "영화에 대한 사전심의의 위헌성여부", 「고시계」 제36권 제11호, 1991, p.225 참조.

2) Conseil d'Etat, Assemblée, 24 juin 1960, Société Frampar, requête numéro 42289, rec. p. 412. 이 판결의 번역은, 김철수, 「(판례교재)헌법」, 증보판, 법문사, 1977, pp.318-319; 성낙인, 「언론정보법」, 나남출판, 1998, pp.134-135 참조.

3) Conseil d'Etat, Assemblée, 25 mai 1966, Société « Les films Marceau », requête numéro 59426, rec. p. 240. 이 판결의 번역은, 정재황, 앞의 글(1991), p.222 참조

나. 「정보조작대처법률」 및 헌법재판소의 결정

(1) 「정보조작대처법률」의 내용

프랑스는 2017년 대통령선거 기간 동안 거짓정보의 확산이 문제되면서, 2018년 말 「정보조작대처법률(loi n° 2018-1202 du 22 décembre 2018 relative à la lutte contre la manipulation de l'information)」[4]을 제정하였다. 민·형사적 책임을 부과하는 것만으로는 선거 기간 동안 거짓정보의 확산과 재등장을 막지 못하므로, 해당 정보를 즉각적으로 삭제시키기 위한 입법이 필요하다는 입장에서 제안된 것이었다.

이 법률의 내용 중에는, 국가적 차원의 선거일 이전 3개월 동안 선거의 진실성을 변질시킬 수 있는 부정확한 또는 거짓인 사실에 관한 주장이 인터넷을 통하여 고의로, 작위적으로, 또는 자동화되어 대량으로 유포되는 경우, 검사 등[5]의 청구에 따라 긴급심리판사(juge des référés)가 그 유포를 중단시키기 위한 비례적이고 필요한 일체의 조치를 명할 수 있도록 한 것이 존재한다. 이때 긴급심리판사는 제소 후 48시간 내에 위 조치에 관해 선고하여야 하며, 항소가 있는 경우에도 항소법원은 항소 후 48시간 내에 선고를 하여야 한다(제1조 중 선거법전 제L.163-2조 개정 부분). 이 법률에 따라 2019. 1. 30. 언론법 분야로 특화된 파리지방법원 제17경범재판부가 위와 같은 긴급심리사건의 전속관할로 지정되었다.

---

4) 이하 이 법률의 번역은, 한동훈, "프랑스의 정보조작대처법률에 대한 헌법적 검토", 「세계헌법연구」 제25권 제1호, 2019, pp.28-37; 김유향, "허위정보 해외법제 현황", 「외국입법 동향과 분석」 제20호, 국회입법조사처, 2019, pp.5-6; 권은정, 앞의 글, pp.561-563; 정관선·박진애, 앞의 글, pp.4-5, 10-12; 슬로우뉴스, 프랑스 '정보조작대처법', 결국 통과되다, 2018. 11. 21., https://slownews. kr/71699(최종접속일: 2021.9.6.) 참조.

5) 청구권자로 검사 이외에 "모든 후보자, 모든 정당 및 정치단체 또는 소송의 이익이 있는 모든 사람"도 규정하고 있다.

(2) 헌법재판소 결정의 내용

이 법률에 대해서는 위와 같은 조치가 검열의 가능성을 내포하고 있어 표현의 자유를 침해할 수 있다는 이유로, 일부 하원의원들과 상원의원들에 의해 사전적 위헌법률심판이 청구되었다. 청구인들은 단독판사가 48시간 내에 결정하여야 한다는 점, 아직 도래하지 않은 선거의 진실성에 대한 영향을 판사가 사전적으로 판단하는 것은 불가능하고 이에 따라 그 영향이나 고의성 여부가 불확실한 정보까지 억제하게 될 것인 점, 방어권과 공정한 소송에 대한 권리를 위반한 점 등을 구체적 위헌사유로 주장하였다. 2018년 12월 프랑스 헌법재판소는 위 개정 부분에 대해, "그 대상이 되는 주장이 명백히 부정확하거나 거짓인 경우로서 선거의 진실성을 변질시킬 위험성도 명백한 경우"에만 적용되는 것을 전제로 한 한정합헌결정을 선고하였다.[6]

이 사례는 우리나라의 기존 법리에 관한 해석을 수정함에 있어서 일정한 절차적 요소의 고려사항을 시사해 준다. 먼저 인터넷상에 유통되고 있는 표현의 금지 여부를 결정하는 행위를 행정기관이나 사인이 일방적으로 행하는 대신 사법기관의 판단을 통해 신속히 행해지도록 하는 것이 가능하다는 점, 그러나 이 경우에도 본안소송보다 방어권 보장의 정도가 낮은 절차로 표현을 금지하려면 해당 표현의 위법성이 명백해야 한다는 점 등을 도출해 볼 수 있다.

다. 「아비아법」 및 헌법재판소의 결정

(1) 「아비아법」의 내용

2020년 5월 13일 제정된 「인터넷상 혐오 콘텐츠 대응에 관한 법률

---

6) 이상, Décision n° 2018-773 DC du 20 décembre 2018. 이 결정의 번역은, 헌법재판연구원, "정보조작대처법률이 헌법에 합치하는지 여부", 「세계헌법재판동향」 2019년 제4호, 2019, pp.59-77 참조.

(loi n° 2020-766 du 24 juin 2020 visant à lutter contre les contenus haineux sur internet)」7)은, 발의자인 '아비아(Laetitia Avia)' 의원의 이름을 따 '아비아법'이라고도 불린다(이하 '아비아법'). 이 법은 크게 두 가지 내용을 담고 있다.

첫째, 행정기관이 위법하다고 판단한 인터넷상 표현물을 일정한 인터넷 사업자로 하여금 삭제하도록 요청하는 절차를 강화하는 내용이다.

「아비아법」 도입 이전에도 2004년 「디지털 경제에서의 신뢰를 위한 법률(loi n° 2004-575 du 21 juin 2004 pour la confiance en l'economie numerique)」 제6조는, 미성년자에 대한 음란물 및 테러리즘에 대한 찬양과 선동을 예방하기 위해 필요성이 입증된 경우, 행정기관이 홈페이지 편집자 혹은 웹호스팅 사업자에게 해당 콘텐츠를 삭제할 것을 요청할 수 있고, 요청을 받은 이들은 24시간 이내에 해당 콘텐츠를 삭제할 의무가 있음을 규정하고 있었다. 만약 24시간 이내에 삭제되지 않을 경우 행정기관은 인터넷 서비스 제공자와 검색 엔진에게 해당 콘텐츠의 인터넷 주소를 고지할 수 있고, 고지를 받은 이들은 해당 콘텐츠로의 접근을 즉시 차단할 의무가 부과된다. 다만, 행

---

7) 이하 이 법률의 번역은, 전학선, "프랑스에서 인터넷상의 혐오표현에 대한 규제: 헌법재판소 2020. 6. 18. 아비아법률 결정을 중심으로", 「외법논집」 제44권 제3호, 2020, pp.54-55; 김도경, "인터넷상 혐오 발언 처벌법, 표현과 소통의 자유와 공공질서 유지 사이의 갈등: 프랑스 헌법재판소 2020년 6월 18일 결정을 중심으로", 헌법재판연구원 국외통신원 소식, 2020. 8. 26., pp.2-6, https://ri.ccourt.go.kr/cckri/cri/world/stringerNewsInfoView.do(최종접속일: 2021.9.6.); 슬로우뉴스, 프랑스 '인터넷 혐오 표현 금지법', 결국 통과하다, 2020. 5. 21., https://slownews.kr/76333(최종접속일: 2021.9.6.); 사단법인 오픈넷, n번방 방지법에 중요한 시사점을 던져주는 프랑스 헌법재판소의 인터넷 혐오표현 금지법(아비아법) 위헌 결정을 환영한다, 2020. 7. 20., https:// opennet.or.kr/18500(최종접속일: 2021.9.6.); 김민정, 앞의 글, pp.25-26 참조.

정기관은 삭제 또는 접근 차단 요청을 '국가 정보 및 자유 위원회 (commission nationale de l'informatique et des libertes)'에서 자체적으로 지정하고 자격을 갖춘 특정인에게 전달해야 하는데, 이 특정인은 삭제 혹은 접근 차단 요청 절차에서 법 위반을 확인하였을 경우 해당 행정기관에 대해 행정조치의 중단을 권고할 수 있고 권고를 이행하지 않을 경우 해당기관을 행정법원에 제소할 수 있다.

이 조항이 2020년 「아비아법」에 의해 더욱 강화된 것인데, 홈페이지 편집자 혹은 웹호스팅 사업자의 삭제 의무 이행 시간이 24시간 이내에서 1시간 이내로 대폭 축소되었고, 삭제 또는 접근 차단 의무를 위반하면 자연인의 경우 1년 이하의 금고 및 25만 유로 이하의 금전적 제재를, 법인의 경우 125만 유로 이하의 금전적 제재를 받도록 규정되었다.

둘째, 일정한 인터넷 사업자로 하여금 표현물의 위법성 여부를 심사하여 삭제할 의무를 부과하는 내용이다.

「아비아법」은 평균 방문자 수가 일정 기준을 초과하는 인터넷 플랫폼 사업자에게 이용자로부터 신고를 받은 지 24시간 이내에 명백한 불법 콘텐츠를 삭제할 의무를 부과하고 이를 위반하면 2천만 유로 내 또는 전 회계연도 총 매출액의 4%를 초과하지 않는 범위에서 금전적 제재를 가하도록 하고 있다. 명백한 불법 콘텐츠로는 ① 인종, 종교, 민족, 성별, 성적 지향 또는 장애를 이유로 하여 특정 집단이나 개인에 대한 차별·적대감·폭력을 선동하는 혐오표현, ② 특정 집단이나 개인에 대한 차별적인 모욕, ③ 홀로코스트 부인, ④ 성폭력 등이 포함된다.

위 조항에 대해서는 입법 과정에서부터 많은 논란이 있었다. 먼저 2019년 5월 「프랑스 헌법」 제39조 제5문8)에 따른 최고행정법원(국사

---

8) "법률이 정한 요건 하에서, 양원의 의장은 각 원의 구성원에 의해 제출된 의원 발의법률안에 관하여 이를 제출한 구성원이 부동의하지 않는 이상, 위원

원)의 적법성 심사에서, 표현물에 대한 삭제는 단지 법원에 의하여만 행해질 수 있는데 일정한 기간 내에 불법적이라고 신고된 표현물에 대한 삭제 의무를 사법기관의 관여 없이 부과하는 것은 헌법에 합치되지 않는다는 의견이 제시되었다.9) 국가인권자문위원회(commission nationale consultative des droits de l'homme)도 2019년 7월 발표한 의견에서, 결국 사법기관을 대신해 플랫폼 사업자가 콘텐츠의 위법성을 평가해야 하는데 그 제재도 과도하므로 무분별하게 콘텐츠를 삭제하도록 만들어 결국 검열의 가능성을 열어줄 것이라고 지적하였다.10) 표현의 자유에 관한 국제단체인 'ARTICLE 19'도 이 법은 국가가 사기업에게 온라인 검열(online censorship)을 이양한 것이며 사기업은 처벌을 두려워하여 과도하고 광범위한 검열을 할 우려가 있다는 의견을 제출한 바 있다.11)

(2) 헌법재판소 결정의 내용

결국 아비아법이 의회를 통과한 지 5일만이자 아직 공포되기 전이었던 2020년 5월 18일, 상원의원들에 의해 프랑스 헌법재판소에 사전적 위헌법률심판이 청구되었고, 2020년 6월 18일 앞서 살펴본 두 내용 모두에 대해 위헌결정이 선고되었다.12)

먼저 첫 번째 부분에 관해서는, "① 위법한 표현물에 해당하는지 여부가 행정당국의 판단에 전적으로 달려있다는 점, ② 사업자가 콘

회 심의가 이루어지기 전에 국사원에 이를 제출하여 의견을 요청할 수 있다."
 9) 이 의견의 번역은, 김도경, 앞의 글, p.8 참조.
10) 이 의견의 번역은, 김도경, 앞의 글, p.8 참조.
11) ARTICLE 19, France: Avia Law is Threat to Online Speech, 2020. 5. 13., https://www.article19.org/resources/france-avia-law-is-threat-to-online-speech(최종접속일: 2021.9.6.) 참조.
12) Décision n° 2020-801 DC du 18 juin 2020. 이하 이 결정의 번역은, 김도경, 앞의 글, pp.11-12: 전학선, 앞의 글, pp.56-61: 사단법인 오픈넷, 앞의 글(2020. 7. 20.) 참조.

텐츠 삭제 전 법원의 결정을 받을 시간이 없는 점, ③ 사업자가 삭제 요청에 대한 이의를 제기하더라도 1시간이라는 기간을 정지시킬 수 없고 1시간이 경과하면 이의제기조차 할 수도 없는 점 등에 비추어 볼 때, 목적을 달성하기에 필요하고 비례적인 수단이 아니"라고 판시하였다.

두 번째 부분에 관해서는, "① 명백한 불법 콘텐츠로서 삭제할지 여부에 대한 결정을 전적으로 사업자에 맡기고 있고 법관의 어떠한 개입도 허용하고 있지 않은 점, ② 위법성 판단의 어려움과 사업자가 검토해야 할 신고의 건수가 많을 수 있다는 것을 감안하면 24시간은 매우 짧은 기간이라는 점, ③ 삭제의무의 첫 위반부터 과도한 제재가 행해지고 구체적인 면책사유도 부재하여 사업자로 하여금 촉박한 시간에 쫓겨 가며 콘텐츠를 심사하도록 하기 보다는 신고된 모든 콘텐츠를 기계적으로 삭제하도록 할 것인 점 등에 비추어 볼 때, 목적을 달성하기에 필요하고 비례적인 수단이 아니"라고 판시하였다.

이 사례는 우리나라의 검열금지 법리에 관한 해석을 수정함에 있어서, 첫 번째 부분과 같이 표현이 발표된 후 금지되는 경우라도, 또 두 번째 부분과 같이 사인인 인터넷 사업자가 직접 행하는 금지의 경우에도, 기존의 검열과 유사한 측면이 있음을 시사해 준다. 또한 양 부분 모두 표현의 위법성 판단에 있어 사법기관이 개입할 여지가 없다는 점이 헌법적으로 정당성을 결여하게 되는 핵심임을 보여주고 있기도 하다.

2. 캐나다

가. 개관

캐나다의 경우 표현의 자유를 제한하는 다른 수단에 대한 위헌심사와 마찬가지로, 1982년 「캐나다 헌법」의 제1장에 해당하는 「캐나

다 권리와 자유헌장(Canadian Charter of Rights and Freedoms)」(이하
'캐나다 헌장') 제1조13)에 따른 일반적인 비례성 심사 기준을, 검열
을 포함한 사전제한에도 그대로 적용하고 있다.14) 그동안 캐나다의
각급 법원에서, 영화 검열,15) 음란한 책과 잡지의 수집에 대한 금
지,16) 가상의 TV 프로그램 방영 금지17) 등의 사안이 다루어졌다.

나. 절차적 보호장치의 강조

이 중 음란물 세관검사에 관한 2000년 Little Sister Book 판결에서
Iacobucci 판사는, 미연방대법원처럼 사전제한을 정당화하기 위한 요
건으로 절차적 보호장치를 강조하면서 해당 사안에 대한 위헌의견
을 제시한 바 있다.18) Iacobucci 판사는 "표현의 자유에 대한 제한이
형사제재가 아닌 사전제한의 일종으로 행해지는 경우라면, 더욱 주
의깊게 행해져야 한다."라고 보면서, "사전제한 체계의 본질적인 위

13) "캐나다 헌장은 동 헌장에서 규정하고 있는 자유와 권리들을 보장하지만,
동 자유와 권리들은 자유롭고 민주적인 사회에서 명백하게 정당화될 수
있는 법에 규정된 합리적인 제한이 따를 수 있다." 이 조항의 번역은, 김
선희, 「캐나다에서의 헌법적 대화」, 헌법재판연구원, 2018, p.49 참조.
14) 이하, Peter W. Hogg, *Constitutional Law of Canada*, 5th ed., Vol.2, Thomson/
Carswell, 2007, pp.278-279 참조.
15) Re Ont. Film and Video Appreciation Society and Ontario Board of Censors,
(1984) 41 O.R. (2d) 583 (C.A.); R v. Glad Day Bookshops, (2004) 70 O.R. (3d)
691 (S.C.J.). 모두 위헌판결이다.
16) '비도덕적 또는 외설적인' 책과 잡지의 수입을 금지한 사안에서는 「캐나다
헌장」 제1조상의 합리적 제한으로서 기능하기에 너무 모호하다는 이유로
위헌판결이 내려졌지만(Luscher v. Revenus Can., [1985] 1. F.C. 85 (C.A.)), 그
기준이 '음란'으로 대체된 뒤에는 "음란에 대한 금지는 국경에서도 적용될
수 있다."라면서 합헌판결이 내려졌다(Little Sister Book and Art Emporium
v. Canada, [2000] 2 S.C.R. 1120).
17) Dagenais v. Canadian Broadcasting Corp., [1994] 3 S.C.R. 835. 위헌판결이다.
18) 이하, Little Sister Book and Art Emporium v. Canada, [2000] 2 S.C.R. 1120,
paras.237-240 참조.

험을 고려한다면, 이를 최소화할 수 있는 절차적 보호장치가 너무나도 중요하다."라고 하였다.

이에 의할 때, 현행 세관검사 제도는 절대적인 재량이 관료에게 부여되어 있고, 어떠한 증거도 없이 결정을 내릴 권한이 있으며, 결정에 대한 이유를 부기하여야 할 어떠한 요구도 없고, 그가 적용하는 법적 기준을 인지하거나 이해하고 있을 것이 담보되지도 않는다는 점에서, 절차적 보호장치를 결여하였다고 판단하였다. 이는 제3장 제2절에서 살펴본 미연방대법원의 사전제한금지법리와 마찬가지로, 우리나라 검열금지 법리에 있어서도 절차적 보호장치를 고려할 필요성을 부각시킨다.

다. 인터넷 검열 허용에 관한 우려

한편 캐나다 연방대법원이 2017년 선고한 Google 판결[19]에서는, 캐나다 주법원이 인터넷 검색엔진에 나타난 검색 결과 중 캐나다 법률을 위반한 사항에 관하여 전 세계적으로 삭제할 것을 구글에게 요청할 권한이 있다고 판단하기도 하였는데, 이에 대해 인터넷 검열의 위험한 선례가 될 것이라는 우려가 표해지고 있다. 지구 반대편에 있는 법원의 명령으로 전 세계적 서비스를 하는 사기업으로 하여금 특정 관할권에서는 적법할 수도 있는 콘텐츠를 완전히 사라지게 만듦으로써, 이러한 형태의 검열의 요구가 정당하다고 보이게 만들 수 있다는 것이다.[20] 이 사례는 제2장 제3절에서 살펴본 이른바 '인터넷 검열' 역시 기존의 검열과 동일하게 다루어질 필요성이 있음을 보여준다.

3. 영국

영국의 경우, 「인권과 기본적 자유의 보호에 관한 유럽협약(European

---

19) Google Inc. v. Equustek Solutions Inc., [2017] 1 S.C.R. 824.
20) Monika Bickert, 앞의 글, p.262 참조.

Convention for the Protection of Human Rights and Fundamental Freedoms)」(이하 '유럽인권협약')을 국내법으로 수용하는 이행법률인 1998년 「인권법(Human Rights Act)」 제12조에서 법원의 출판금지명령에 관한 특별한 조항을 두고 있다. 이 조항에 따르면, (본안) 재판 전에 출판을 금지해달라는 청구에 대하여 양 당사자는 금지명령이 있기 전에 법원 앞에서 진술(representation)을 해야 하고, 그러한 진술이 없다면 신청인은 상대방에게 진술의 기회를 고지하기 위해 기대되는 모든 조치를 밟았다는 점을 입증하거나 적절하다고 인정되는 긴박한(suitably compelling) 이유로 상대방이 그러한 기회에서 배제될 수밖에 없었다는 점을 입증하도록 규정하고 있다.

　이 조항의 도입배경은 다음과 같다.21) 1970년대 이후 타블로이드판 신문들을 중심으로 기득권층에 대한 추문 등 선정적인 글이 범람하고, 이러한 기사들로 인해 찰스 왕세자와 다이애나 왕세자비의 관계까지 악화되자, 1993년 여왕의 법률고문인 데이비드 캘커트(David Calcutt)는 엄격한 검열과 통제 제도를 제안하였다. 처음에는 언론심판위원회 형태를 고안하였지만 이후 정부가 임명하는 고등법원 판사에 의해 주도되는 언론 재판을 제안하였으며, 1997년 인권법 초안은 이를 반영하여 사생활을 침해하는 신문과 방송에 대해 출판과 방영을 막는 강제명령권을 법원에 부여하기로 하였다.

　이에 대한 격렬한 논쟁이 벌어지자 영국 정부는 이와 같은 재판에서 표현의 자유에 대한 특별한 관심을 기울여야 한다는 조항을 삽입하게 되었고, 법관에게는 사전에 출판금지명령을 내릴 때 그 사유를 명확히 하도록, 신청자에게는 발행 정지에 대한 입증책임을 지도록 그 내용을 수정하였다. 수정된 조항은 2000년부터 시행되었다. 도입배경에서 알 수 있듯이, 위 조항에 근거한 청구는 주로 공익보다는

---

21) 이하, 로버트 하그리브스, 앞의 책, pp.430-436 참조.

명예나 사생활과 같은 사익을 보호하기 위한 이유로 행해지고 있는
데, 영국 법원은 아직 명예훼손 사건에서는 사전제한을 허용한 바 없
고 간혹 사생활이나 법원 절차에 관한 사건에서만 금지명령이 발부
되고 있다.[22]

영국의 이러한 입법은 사법기관의 절차라고 하더라도 표현을 금
지하는 것까지 가능한 절차라면, 대심적 구조의 형성과 의견진술의
기회 보장이 철저히 이루어짐으로써 충분한 절차적 보호장치를 두
고 있어야 정당성을 획득할 수 있음을 보여준다.

II. 유럽인권재판소

1. 개관

「유럽인권협약」 제10조는 제1항에서 표현의 자유를 보장하면서,
제2항에서 국가안보 등 일정한 공익을 위하여 제한할 수 있음을 규
정하고 있다. 검열이나 사전제한에 관한 특별한 조항을 두고 있지는
않다.

이러한 상황에서 유럽인권재판소는 "유럽인권협약은 출판물에 대
한 사전제한의 부과를 금지하지는 않는다."[23]라는 입장을 일관되게 유
지해 오고 있다. 일부 결정에서 "모든 사전제한은 표현의 자유 영역에
서 수용될 수 없는 제한"[24]이라는 절대적 관점을 취한 일부 재판관의

---

22) András Koltay, 앞의 책, p.52; Hilary Delany, "Prior Restraint Orders and
Freedom of Expression-towards a Unified Approach", *Irish Jurist*, Vol.40, 2005,
pp.139- 144, 147-157 참조.

23) ECtHR, Sunday Times v. United Kingdom (no.2) [1991] App. no. 13166/87,
para.51; ECtHR, Association Ekin v. France [2001] App. no. 39288/98, para.56;
ECtHR, Chauvy and Others v. France [2004] App. no. 64915/01, para.66;
ECtHR, Mosley v United Kingdom [2011] App. no. 48009/08, para.117 등.

견해가 있었지만, 다수의 지지를 받지는 못하고 있다. 이에 따라, 유럽 인권재판소는 일반적인 기본권 제한에 대한 심사와 마찬가지로 표현의 자유에 있어서의 사전제한 역시 비례성 원칙에 따라 심사한다.

그러나 이와 동시에 사전제한으로부터 유래하는 위험은 재판소로 하여금 가장 신중하고 엄격한 심사를 하도록 요청한다고 보고 있다. 가령, 제한의 유형, 목적, 기간, 범위, 관리의 종류를 명확히 하고, 사전제한을 위반했을 때의 결과를 예측하게 할 수 있을 정도로 충분히 정밀하게 규정하고 있어야 한다. 또한 긴절한 이익의 존재에 대한 엄격한 입증이 필요하다고도 한다.25) 특히 뉴스에 관해서는 더욱 그러한데, '상하기 쉬운 상품'이어서 출판 지연이 있을 경우 그것이 짧은 기간일지라도 그 가치와 이익을 상실해버리기 때문이다.26)

2. 절차적 보호장치의 강조

나아가 미연방대법원과 유사하게 절차적 보호장치의 요소도 강조한다. "사전제한은 금지의 범위를 엄격히 제한하고 남용을 방지할 수 있는 효과적인 사법적 심사가 보장되지 않고서는 원칙적으로 유

---

24) ECtHR, Observer and Guardian v. United Kingdom [1991] App. no. 13585/88, partly dissenting opinion of De Meyer; ECtHR, Wingrove v United Kingdom [1996] App. no. 17419/90, dissenting opinion of De Meyer.

25) ECtHR, Sunday Times v. United Kingdom (no. 2) [1991] App. no. 13166/87, para.51; ECtHR, Wingrove v United Kingdom [1996] App. no. 17419/90, para.58; ECtHR, Association Ekin v. France [2001] App. no. 39288/98, paras.55-56; ECtHR, Chauvy and Others v. France [2004] App. no. 64915/01, para.66; ECtHR, Mosley v United Kingdom [2011] App. no. 48009/08, para.117 등 참조.

26) ECtHR, Stoll v. Switzerland [2008] App. no. 69698/01, para.131; ECtHR, RTBF v. Belgium [2011] App. no. 50084/06, para.89; ECtHR, Ahmet Yıldırım v. Turkey [2012] App. no. 3111/10, para.47 참조.

럽인권협약과 양립할 수 없다."라면서 "그러한 수단에 대한 사법심
사는 예방적 금지의 적용과 관련하여 정밀하고 특화된 규칙을 설정
해 놓고 있는 체계로 구성되어야 한다."27)라는 판시가 지속적으로
행해지고 있다.

곧이어 자세히 살펴볼, 2012년 Ahmet Yıldırım 결정에서는 Albuquerque
재판관이 동조의견으로, "인터넷 웹사이트와 플랫폼에 대한 차단명
령은 완전한 검열"이라는 입장을 밝히며 이것이 정당화될 수 있는
최소한 절차적 보호 요건을 구체적으로 제시하기도 하였다. 이 의견
에 의하면, 차단명령의 필요성이 권한 있는 기관에 의해 조사될 것,
차단명령의 영향을 받는 사람 또는 기관을 대상으로 증거에 관한 심
문이 행해질 것, 차단명령의 영향을 받는 사람 또는 기관에게 차단
명령 발령사실과 그 근거를 고지할 것, 차단명령에 대한 사법적인
이의제기 절차를 보장할 것 등이 그 요건으로 포함된다.28) 이는 제3
장 제2절에서 살펴본 미연방대법원의 사전제한금지법리와 마찬가지
로, 우리나라 검열금지 법리의 해석에 있어서도 절차적 보호장치의
고려 필요성을 부각시킨다.

3. 인터넷 서비스 제공자의 검열가능성에 관한 논의

가. 2015년 Delfi 결정

유럽인권재판소는 2015년 Delfi 결정에서 사인인 인터넷 서비스
제공자가 행하는 행위가 검열에 해당할 수 있는지에 관해 다룬 바

---

27) ECtHR, RTBF v. Belgium [2011] App. no. 50084/06, para.114; ECtHR, Ahmet
Yıldırım v. Turkey [2012] App. no. 3111/10, para.64; ECtHR, Cengiz and
Others v. Turkey [2015] App. no. 48226/10, para.62.
28) ECtHR, Ahmet Yıldırım v. Turkey [2012] App. no. 3111/10, concurring
opinion of Pinto de Albuquerque 참조.

있다. 이는 익명의 모욕적 표현이 게시된 에스토니아 온라인 뉴스포
털(news portal)의 책임에 관한 사건이었는데, 다수의견은 온라인 트
래픽을 이용해 경제적 이익을 얻고 있는 뉴스포털로서는 '부지런하게'
혐오발언에 이르는 표현을 삭제할 의무가 있다고 판단하면서, 「에스
토니아 헌법」 제45조는 「독일 기본법」의 영향을 받아 검열을 금지하
고 있지만 뉴스포털이 표현을 금지하는 것은 이러한 검열에 해당하
지 않는다고 덧붙였다.[29]

반면, Sajó와 Tsotsoria 재판관은 이러한 법정의견의 태도에 대해
그 근거가 명확히 설명되지 않았다고 지적하면서, 이 결정이 "종교개
혁의 시기에 준하는 최악의 검열을 도입할 것"[30]이라고 비판하였다.

나. 위 결정에 대한 평가

이 결정에서 대해서는, 인터넷 서비스 제공자에 의한 검열을 단
순히 사인 간의 관계에서 발생하는 기본권의 수평적 효력의 문제로
만 바라볼 것인지에 관한 합의되지 않는 논쟁을 보여준다는 분석이
있다.[31] 관련하여, 2016년 유럽평의회(Council of Europe)가 '인터넷
중개자에 관한 권고'를 통해 "국가는 인터넷 서비스 제공자에게 그
들이 접근을 매개하거나 전송하거나 저장하는 표현의 내용을 감시
해야 할 일반적인 의무를 직간접적으로 부과해서는 안 된다."[32]라는

---

29) ECtHR, Delfi AS v. Estonia [2015] App. no. 64569/09, paras.152-159 참조.
30) ECtHR, Delfi AS v. Estonia [2015] App. no. 64569/09, joint dissenting opinion of Sajó and Tsotsoria 참조.
31) Rain Veetõusme et al., "Estonia-raising High the Roof Beams of Freedom of Expression", Mart Susi et al. eds., *Human Rights Law and Regulating Freedom of Expression in New Media: Lessons From Nordic Approaches*, Routledge, 2018, pp.53-56 참조.
32) Recommendation CM/Rec(2016) of the Committee of Ministers to Member States on Internet Freedom, adopted by the Committee of Ministers on 13 April 2016 at the 1253rd meeting of the Ministers' Deputies.

의견을 표명한 것에 대해, 인터넷 검열에 관해서는 사인 간의 관계를 전제하는 수평적 접근이 아니라 국가와 사인과의 관계를 전제로 한 수직적 접근이 필요하며, 이 권고는 수직적 접근으로 되돌아 간 것으로서 그 입장이 타당하다는 평가도 존재한다.[33]

이 사례는 우리나라의 검열금지 법리에 있어서도, 국가에 의해 일정한 표현물 심사 및 삭제의무가 강제된 사인 역시 검열의 주체 요건을 충족할 수 있는지에 관한 일정한 관점을 제시해 준다고 할 수 있다. 이를 단순히 기본권의 수평적 효력의 문제로 파악할 경우 검열의 주체 요건을 충족할 가능성이 낮아지겠지만, 수직적 효력의 문제로 파악할 경우 그 요건을 충족할 가능성이 높아질 수 있기 때문이다. 이에 관해서는 제4장 제3절에서 보다 자세히 살펴본다.

4. 인터넷 접근권에 관한 논의

가. 2012년 Ahmet Yıldırım 결정

유럽인권재판소는 2012년 Ahmet Yıldırım 결정[34]에서 '인터넷 접근권'의 관점에서도 검열의 문제에 접근한 바 있다. 이 사건의 사실관계는 다음과 같다. 터키에는 초대 대통령인 '아타튀르크(Mustafa Kemal Atatürk)'에 대한 모욕을 금지하고 이를 위반한 인터넷 정보의 유통을 금지하는 법률이 존재하고 있다.

2009년 구글이 제공하는 웹호스팅 서비스를 이용한 웹사이트에

---

33) Rain Veetõusme et al., 앞의 글, p.57; Christina Angelopoulos & Stijn Smet, "Notice-and-Fair-Balance: How to Reach a Compromise between Fundamental Rights in European Intermediary Liability", *Journal of Media Law*, Vol.8 No.2, 2016, pp.300-301 참조.
34) ECtHR, Ahmet Yıldırım v. Turkey [2012] App. no. 3111/10. 이하 이 결정의 번역은, 김현귀, 「인터넷 접근권에 대한 연구: 표현의 자유에 의하여 보호되는 새로운 기본권」, 헌법재판연구원, 2019, pp.65-70 참조.

이에 해당하는 글이 게시되자, 터키의 한 지방형사법원은 해당 웹사이트에 대한 연결을 차단하기 위해 터키 내에서 이루어지는 구글에 대한 모든 접근을 일괄차단하는 가처분 명령을 내렸다. 그러자 구글이 제공하는 호스팅 서비스를 이용하여 자신의 연구업적을 게시하는 웹사이트를 운영하고 있었던 청구인은, 자신의 웹사이트에 접속할 수 없게 되었음을 이유로 유럽인권재판소에 제소하였다.

유럽인권재판소는 이 사건에서 「유럽인권협약」 제10조는 모든 사람을 향해 표현할 자유를 보장하는 것으로, 표현의 내용에 대해서뿐만 아니라 전파의 수단에 대해서도 적용되는 것이라고 보았다. 이에 따라 전파의 수단을 제약하는 것은 「유럽인권협약」 제10조에 의해 보장되는 정보를 주고받을 자유를 필연적으로 제한하게 된다고 지적하였다.[35]

이어서 문제되는 터키 법원의 가처분 명령은 본안판단이 있기 전에 내려지는 사전제한에 해당하는데, 그 발령과정에서 해당 웹사이트에만 접근하지 못하게 하는 방법이 있는지에 관한 조사가 이루어지지도 않았고, 포괄적인 접속차단조치가 다른 인터넷 이용자의 권리를 실질적으로 제한하는 중요한 효과가 있다는 사실이 고려되지도 않은 채 자의적으로 내려진 것이라고 판단하였다.[36]

앞서 본 바와 같이, 특히 Albuquerque 재판관은 동조의견으로, "인터넷 웹사이트와 플랫폼에 대한 차단명령은 완전한 검열(pure censorship)"[37]이라는 입장을 밝히기도 하였다.

---

35) ECtHR, Ahmet Yıldırım v. Turkey [2012] App. no. 3111/10, para.50 참조.
36) ECtHR, Ahmet Yıldırım v. Turkey [2012] App. no. 3111/10, paras.66-68 참조.
37) ECtHR, Ahmet Yıldırım v. Turkey [2012] App. no. 3111/10, concurring opinion of Pinto de Albuquerque.

나. 위 결정에 대한 평가

이 결정에서 유럽인권재판소가 취한 관점은 UN 인권이사회가 「시민적 및 정치적 권리에 관한 국제규약(International Covenant on Civil and Political Rights)」 제19조에 관한 일반논평(General Comment)에서 취한 관점과 유사한 것으로, '새로운 형태의 검열'에 주의를 하라는 취지라고 평가하는 견해가 있다.[38] 이 일반논평은 "자유로우며 검열되지 않고(uncensored) 억제되지 않는 언론 및 기타 매체는 민주사회의 초석으로 인식된다. 따라서 이 조항은 공적인 문제에 대한 정보와 의견을 검열과 제한 없이 수용하고 전파할 미디어의 권리까지 포함한다."라고 하면서, "웹사이트나 블로그를 비롯하여 어떠한 다른 인터넷 기반의 정보 유통 시스템에 대한 금지도 제19조 제3항과 양립할 수 있는 한도에서만 허용되므로, 이들에 대한 포괄적인 금지는 일반적으로 허용될 수 없다."[39]라고 특히 언급하였다.

같은 맥락에서 2017년 유럽안보협력기구(Organization for Security and Co-operation in Europe)도, "새로운 형태의 검열은, 원하지 않는 내용을 사라지게 만드는 것이 아니라 단지 그것을 찾는 것을 불가능하게 만듦으로써, 공적 토론에 영향을 미칠 수 없게 만들거나 그 영향이 거의 없게 만드는 것"[40]임을 지적하기도 하였는데, 인터넷 접근의 포괄적 차단은 인터넷상에 이미 발표되어 유통되고 있는 정보라고 하더라도 수용하지 못하도록 만든다는 점에서 전형적인 '새로

---

38) Artūrs Kučs & Jukka Viljanen, "Updating Freedom of Expression Doctrines in the New Media Cases", Mart Susi et al. eds., *Human Rights Law and Regulating Freedom of Expression in New Media: Lessons From Nordic Approaches*, Routledge, 2018, pp.191-192 참조.

39) UN Human Rights Committee, General Comment 34, CCPR/C/GC/34, 2011.

40) Wiener Akademikerbund, Identifying and Countering New Forms of Censorship, OSCE Office for Democratic Institutions and Human Rights, NGO/0038/17/EN, 2017.

운 형태의 검열'에 해당한다고 볼 수 있을 것이다.

이 사례로부터는 이미 발표된 표현의 경우에도 수용 자체를 할 수 없도록 만든다면 애초에 발표를 하지 못하게 하는 것과 실질적으로 동일하다는 점에서, 우리나라의 검열금지 법리에 있어서 검열의 시기 요건을 표현의 발표 전으로 한정함이 타당한지에 관한 재검토가 필요하다는 시사점을 얻을 수 있다.

III. 국제문서

1. UN 인권이사회의 「표현의 자유 특별보고서」

UN 인권이사회(United Nations Human Rights Council)는 정기적으로 표현의 자유 특별보고관(Special Rapporteur)의 보고서를 통해, 전 세계적으로 문제되는 현안들을 파악하고 일정한 의견을 표하고 있다. 우리나라의 검열금지 법리에 관한 해석 수정에 있어서 참조할만한 언급도, 그동안의 보고서에서 몇 차례 행해진 바 있다.

먼저 특별보고관 라 뤼(La Rue)의 2011년 보고서[41]에서는, 표현의 자유에 대한 제한은 정치적·상업적 또는 다른 영향력으로부터 독립된 주체에 의해 자의적이거나 차별적이지 않은 방법으로, 남용에 대한 적절한 보호장치를 갖춘 채로 행해져야 한다고 보면서, 그 보호장치의 예시 중 하나로 '남용적인 적용에 대해 이의를 제기하고 배상을 받을 수 있는 가능성'을 제시하고 있다. 이는 앞서 살펴본 프랑스 최고행정법원의 1966년 Films Marceau 판결과 같은 맥락에서, 절차적 보호장치 요소를 강조함과 동시에 그 중 하나로 위법한 검열에

---

41) Frank La Rue, Report of Special Rapporteur on the Promotion and Protection of the Right to Freedom of Opinion and Expression, United Nations Human Rights Council, A/HRC/17/27, 2011.

대한 배상제도가 검열의 해악 중 하나인 '자의성'의 요소를 완화시키는 장치가 될 수 있음을 보여준다. 또한 이 보고서에서는 '인터넷 중개자로 하여금 공적 주체를 대신하여 검열을 행사하도록 하는 것 또는 인터넷 중개자가 그렇게 이용되는 것에 반대한다'는 언급이 있는데, 이는 검열의 주체 요건에 사인 역시 일정한 경우 포함시킬 여지를 주고 있다.

특별보고관 케이의 2018년 보고서[42]도 비슷한 맥락에서, 사전검열의 위험을 피하기 위해서는 표현물이 오로지 독립적이고 중립적인 사법당국의 결정에 따라 적법절차와 적법성의 기준에 합치되게 규제되어야 하며, 행정당국이나 사기업에게 삭제권한을 부여하여 이들을 표현의 판단자로 만드는 것을 삼가야 한다고 지적하고 있다. 이 보고서의 내용 또한, 사인이 행하는 표현 심사 및 금지 역시 검열에 해당할 여지를 두면서도, 절차적 요소의 측면에서 사법기관의 결정에 의하도록 한다면 일정한 표현금지는 허용될 여지도 있다는 점을 염두에 두고 있다.

2. 「정보매개자책임에 관한 마닐라원칙」

'ARTICLE 19'을 비롯하여 정보인권에 관한 주제를 다루는 비정부기구들의 모임인 '인권과 기술에 관한 국제NGO회의(RightsCON)'는 2015년 3월 25일 「정보매개자책임에 관한 마닐라원칙(Manila Principles on Intermediary Liability)」을 채택한 바 있다.[43] 이는 인터넷 이용자의 표

---

42) D. Kaye, Report of Special Rapporteur on the Promotion and Protection of the Right to Freedom of Opinion and Expression, United Nations Human Rights Council, A/HRC/38/35, 2018.

43) 사단법인 오픈넷, 세계 각국의 정보인권단체들, 정보매개자책임에 관한 마닐라원칙 선언, 2015. 3. 31., https://opennet.or.kr/8732(최종접속일: 2021.9.6.); Jack M. Balkin, 앞의 글(2018), p.2045 참조.

현의 자유 보호를 위해 인터넷상 정보 규제 시 준수해야 할 절차적
원칙을 정립한 것으로서, 6가지 대원칙 및 33개의 세부원칙으로 이
루어져 있다. 우리나라의 검열금지 법리에 관한 해석 수정과 관련하
여 참조할 만한 부분을 발췌하면 다음과 같다.

2. 사법당국의 명령 없이 정보 제한을 의무화해서는 안 된다.

a. 독립적이고 중립적인 사법당국이 특정 정보가 불법이라고 결정한 명
령을 내리지 않는 한, 정보매개자에게 그 정보를 제한할 것을 의무화
해서는 안 된다.

5. 정보 제한 관련 법, 정책 및 관행은 적법절차를 존중해야 한다.

a. 명령이나 요청에 근거하여 정보를 제한하기 전에 정보매개자와 콘텐
츠 게시자는 예외적인 상황을 제외하고 실효적인 의견 진술권을 보장
받아야 한다. 예외적인 상황에 해당하는 경우에는 그 명령과 이행에
대한 사후 평가가 가능한 빨리 이루어져야 한다.

b. 정보매개자를 규제하는 법은 콘텐츠 게시자와 정보매개자 모두에게
정보 제한 명령에 대한 이의제기권을 보장해야 한다.

6. 정보 제한 법, 정책 및 관행은 투명성과 책임성을 확립해야 한다.

d. 정부는 정부가 정보매개자에게 제시한 모든 콘텐츠 명령 및 요청에
대한 구체적인 정보를 제공하는 투명성 보고서를 발행해야 한다.

f. 정보매개자의 제품 혹은 서비스 상에서 제한된 정보에 대한 접근시도
가 있을 때 고지를 게시하는 것이 가능한 경우, 정보매개자는 어떠한
정보가 제한되었고 그 이유는 무엇인지 설명하는 명확한 고지를 게시
해야 한다.[44]

위 내용들은 제2장 제1절에서 살펴본 검열의 4가지 전형적 해악

---

44) Manila Principles on Intermediary Liability, https://www.manilaprinciples.org/ko
(최종접속일: 2021.9.6.)

을 완화시킬 수 있는 요소들로 연결될 수 있음을 알 수 있다. 2.a.는 '자의성', 5.a., 5.b.는 '일방성', 5.a.는 '시기지연성', 6.d., 6.f.는 '비공개성'의 요소를 각각 완화하는 장치에 해당한다고 할 수 있기 때문이다. 이는 우리나라의 검열금지 법리에 관한 해석 수정에 있어서, 위와 같은 보호장치가 종합적으로 마련되어 있는 제도라고 한다면 검열의 주체, 시기, 방법 요건에 해당하는 사정이 있다고 하더라도, 결론적으로는 검열로 파악되지 않을 수도 있는 여지를 제공한다. 이로부터 절차적 요소를 고려한 구체적 타당성 도모 방안에 관한 일정한 시사점을 얻을 수 있을 것이다.

Ⅳ. 소결

이 절에서 살펴본 내용들은, 서로 다른 관할권에서 서로 다른 문제들을 다룬 개별적인 사례에 관한 것이었지만, 우리나라의 검열금지 법리에 관한 해석을 수정함에 있어 시사점을 얻는다는 관점에서는, 아래와 같이 일정한 경향성을 도출해 볼 수 있을 것이다.

먼저 검열의 시기 요건에 관하여 '표현의 발표 전'으로 엄격히 한정하고 있지 않는다는 점이다. 유럽인권재판소의 2012년 Ahmet Yıldırım 결정에서 다루어진 인터넷 접근권에 관한 논의는 표현 수용 단계에서의 금지 행위가 문제된 것이었고, 나아가 프랑스의 2018년 「정보조작대처법률」이나 2020년 「아비아법」에 관한 사안은 표현이 수용된 이후의 시점에 더 이상의 표현을 금지하는 행위가 문제된 것이었다. 이들 사안에 대해 모두 검열에 해당할 수 있다는 입장들이 존재하였다.

검열의 주체 요건에 관하여도, 국가기관 그 중에서 특히 '행정기관'으로 엄격히 한정하지 않는 모습들이 포착된다. 프랑스의 1960년 「France-Soir」지 압수 판결과 2018년 「정보조작대처법률」에 관한 논의에서는, 국가기관 중 '사법기관'이 직접 표현의 금지 여부를 결정하는 경우라고 하더라도 실질적으로 행정기관이 행하는 것과 다를 바 없는 경우가 있을 수 있음이 지적되었다. 나아가 프랑스의 2020년 「아비아법」이나 캐나다의 2017년 Google 판결, 유럽인권재판소의 2015년 Delfi 결정, UN 인권이사회의 「표현의 자유 특별보고서」에서는 모두 국가기관이 아닌 '사인'에 해당하는 인터넷 서비스 제공자에 의한 행위가 문제되었는데, 이에 관해서도 역시 검열에 해당할 수 있음이 논의되었다.

표현의 내용을 심사하여 금지 여부를 결정하는 행위의 헌법적 정당성 여부를 판단함에 있어서, '절차적 보호장치'라는 요소를 특히 고려한다는 점도 공통적인 흐름으로 파악된다. 기본적으로, 프랑스의 2018년 「정보조작대처법률」 및 2020년 「아비아법」에 관한 논의부터 캐나다의 2010년 Littel Sister Book 판결, 영국의 「인권법」 문언, 유럽인권재판소의 일련의 결정례, UN 인권이사회의 「표현의 자유 특별보고서」, 「정보매개자책임에 관한 마닐라원칙」에 이르기까지 다수의 사례들에서, 표현의 금지 여부를 결정하기에 앞서 대립당사자 구조와 의견제출 및 이의제기 가능성 등이 보장되는 절차에 의한 사법기관의 판단이 선행될 것을 요구하고 있었다. 특히 프랑스의 논의들과 「정보매개자책임에 관한 마닐라원칙」에서는 이에 덧붙여 해당 절차의 신속성이 보장될 것도 중요한 요소로 고려하고 있었다. 그밖에 프랑스의 1966년 Films Marceau 판결과 UN 인권이사회의 2011년 「표현의 자유 특별보고서」에서는 위법한 검열에 대한 국가배상 제도를 갖출 것을, 프랑스 헌법재판소의 2018년 「정보조작대처법률」에 관한 결정에서는 위법성이 명백한 표현에 대해서만 금지할 것을 부수적인 고려사항들로 제시하고 있기도 하였다.

이러한 흐름들은, 앞서 제3장 제1절 및 제2절에서 살펴본 독일 및 일본의 기존 법리에 대한 비판 담론, 그리고 미연방대법원의 사전제한금지법리와도 상통한다고 평가해 볼 수 있을 것이다.

제4장

검열금지 법리에 관한
대안적 해석

제1절 기존의 대안적 해석 및 검토

I. 기존에 제시된 대안적 해석

그동안 우리나라에서도 기존의 검열금지 법리를 비판하면서 대안적 해석을 제시하는 견해가 없었던 것은 아니다. 대부분 '절대적 금지'라는 검열금지의 효과를 달리 구성함으로써 구체적 타당성을 기함과 동시에, 검열의 요건 역시 확장시키려는 시도들이었다고 할 수 있다. 이러한 견해들은 아래와 같이 크게 세 부류로 나누어 정리해 볼 수 있다.

1. 견해 ① : 엄격한 과잉금지원칙 심사로 이해

이 견해는, 검열의 시기, 주체 요건을 확장하면서 이렇게 설정된 요건을 충족하는 표현의 자유 제한 수단에 대해서는 헌법 제37조 제2항에 따른 과잉금지원칙을 적용함에 있어 엄격한 심사기준을 채택해야 한다는 의미로 검열금지 법리의 내용을 구성한다.[1]

이 견해에서는, 매체환경의 변화로 인터넷 서비스 제공자에 의한 이른바 '사적 검열'이 팽배해지고 있는 오늘날, 헌법재판소의 엄격한 형식적 검열해석론을 계속 고수하는 것이 과연 기본권 발전에 부합하는 합리적인 헌법해석인지 의문을 제기하면서, 표현매체의 특성과 표현의 자유 보장의 취지에 맞추어 검열금지 법리를 적용할 필요가 있다고 주장한다.

구체적으로, 검열의 '사전성' 요건은 표현이 발표되기 전인지 여

---

1) 이하, 최규환, 앞의 책, pp.68-102(특히, pp.78-80) 참조.

부를 기준으로 판단할 것이 아니라 해당 표현에 관한 사상의 자유시장이 형성되기 전인지 여부를 기준으로 판단하여야 하고, 행정기관 외에서 이루어지는 표현금지 행위 역시 그 유통이 억제된다는 실질적 효과에 주목한다면 기존 법리에 따른 검열과 동일하게 다루어져야 한다고 본다. 이 견해에 의할 때, 검열은 '의견의 형성 및 전파라는 표현행위 또는 이미 행해진 표현에 대한 타자의 계획적인 심사로서, 심사의 결과에 따라 표현행위의 개시 혹은 계속의 가부가 결정되는 것'으로 정의된다.

나아가 이 견해는, 이렇게 검열의 요건을 확장할 경우 검열금지 법리의 효과 역시 다소 유연하게 접근할 수 있는 가능성을 열어 둘 수 있다고 언급한다. 헌법 제21조 제2항의 문구를 '절대적 금지'와 동치시키는 기계적인 해석도식을 고수하는 것은 사법판단의 구체적인 타당성을 결여시킬 수 있으므로, 오히려 법적 효과에 유연성을 가미함으로써 검열금지라는 명문규정을 헌법에 둔 취지를 더 살리는 방향으로 해석함이 타당하다는 것이다. 결국 이 견해는 "헌법 제37조 제2항과는 별도로 헌법 제21조 제2항을 둠으로써 표현의 자유 제한 방식에 한계를 둔 헌법제정자의 의사와, 검열의 개념본질상 그 동기 여하를 불문하고 표현의 자유보장의 핵심을 침해할 소지가 매우 크다는 점에 비추어 볼 때, 검열은 엄격한 과잉금지원칙에 의해 심사되어야 할 것"이라고 결론짓는다.

이와 유사하게, 헌법재판소가 검열금지 법리에 위반된다고 판단한 영화등급분류보류제도는, 과잉금지원칙에 의해서도 위헌이라고 판단될 수 있음을 지적하는 견해 역시 존재한다.[2] 이 견해에서는, 영화등급분류보류제도가 추구하는 공익목적 달성은 굳이 사전검열제

---

2) 이하, 정연주, "영화상영등급분류보류와 언론·출판의 자유: 헌재결 2001. 8. 30 2000헌가9 영화진흥법 제21조 제4항 위헌제청사건을 중심으로", 「헌법판례연구」 제5권, 2003, pp.413-414 참조.

가 아니더라도 사후심사나 검열의 성격을 띠지 아니한 사전심사 등의 수단으로도 가능하므로, 달성되는 공익과 침해되는 사익 간의 비례성이 유지되는 최소한의 제한수단이라고 보기 어렵다는 결론을 도출해 낸다.

헌법재판소에서도 "학문과 예술의 자유를 규정한 헌법 제22조에는 헌법 제21조 제2항과 같은 허가제 금지규정이 없으나,…예술 및 언론·출판에 대한 전면적 금지는 어떠한 공익적 이유를 내세우더라도 예술 및 언론·출판의 자유의 말살(抹殺)이나 다름없어 허용될 수 없고 따라서 헌법 제37조 제2항에 의하여서도 예술 및 언론·출판에 대한 허가제는 허용될 수 없는 것"[3]이라는 소수의견이 제시된 바 있다.

2. 견해 ② : 미국의 사전제한금지법리를 적극 수용

이 견해에서는, 검열의 개념을 '국민이 사상의 자유시장에서 특정한 표현에 대한 평가의 기회를 가지기도 전에, 정부 또는 제3자가 그 내용을 심사하여 이를 걸러내는 모든 조치'라는 실질적인 의미로 이해해야 한다고 주장한다.[4] 이렇게 이해할 경우, 표현의 자유에 대한 제한은 '검열', '검열 아닌 사전제한', '사후처벌'이라는 기존의 3단계 구조가 아니라, '검열=사전제한', '사후처벌'이라는 2단계 구조로 파악되어야 하고, 전자는 엄격심사, 즉, 그 자체가 위헌추정을 받고 정부 측에서 중대한 국가이익의 목적과 그 조치의 필요성에 대한 엄중한 입증책임을 완수하지 못하는 한 바로 위헌이라고 판단되는 심사기준이 채택될 필요가 있다고 한다.

---

3) 헌재 1993. 5. 13. 91헌바17, 판례집 5-1, 275, 291-292, 재판관 변정수의 반대의견.
4) 이하, 이인호, 앞의 글(1997b), pp.258-261; 이인호, 앞의 글(2012), pp.191-192 참조.

이 견해는 앞서 제3장 제2절에서 살펴본 미연방대법원의 사전제한금지법리를 적극 수용하자는 것으로 이해될 수 있다. 헌법재판소 결정 중 일부 소수의견에서도 유사한 입장을 제시한 바 있는데, 아래에서 볼 수 있듯이 해당 견해의 근본적인 의문은 '검열 금지가 절대적인가'였지만 실제로 전개되는 논리를 살펴보면 일정한 '사전제한'은 허용되어야 한다는 것으로서, 검열의 개념 자체를 좁은 의미가 아니라 미연방대법원에서 상정하는 사전제한과 동일한 것으로 파악하고 있음을 알 수 있다.

> "헌법상의 검열 금지를 어떠한 예외도 허용되지 않는 절대적인 것으로 보아야 하는가에 대하여는 의문이 있다. 검열금지의 원칙을 절대적인 것으로 받아들이는 해석이 헌법규정의 문언에 충실한 해석이라는 점은 수긍할 수 있다.
>
> [다만] 위와 같은 영화의 특성으로 인하여 대부분의 선진 자유민주주의 국가에서도 어떤 형태이든 영화에 대한 사전제한을 수용하고 있고, 특히 미국처럼 표현의 자유에 대하여 특별한 헌법적 보장을 하여온 나라에서조차 영화검열 자체를 위헌이라고 보고 있지는 않다는 점을 주목할 필요가 있다.
>
> 다수의견이 검열금지의 원칙을 엄격히 적용하고자 하는 것은 과거 권위주의적 정부 하에서 검열을 정부입장의 옹호 내지 홍보수단으로 악용하던 데 대한 반응으로 일면 이해할 수 있는 측면이 없는 것은 아니다. 그러나 이는 지나친 과민반응이라 아니할 수 없다."5)

3. 견해 ③ : 기본권의 내용 중 하나로 파악

검열금지 법리를 기본권 제한에 관한 원칙이 아니라, '검열을 받지

---

5) 헌재 2001. 8. 30. 2000헌가9, 판례집 13-2, 134, 153-155, 재판관 송인준의 반대의견.

않을 권리' 또는 '검열로부터 자유로울 권리' 등 '표현의 자유'라는 기본권을 구성하는 세부내용 중 하나로 이해하는 견해도 존재한다.[6]

이 견해는, 검열금지는 국가를 수범자로 하는 객관적 원칙임과 동시에 국민이 국가에 대해 요구할 수 있는 주관적 권리로 재구성될 수 있다고 보면서, 국민은 국가에 검열의 부작위를 요구할 수 있는 권리, 즉, '검열을 받지 않을 권리'를 향유하고, 이에 따라 국가는 국민에 대한 검열을 하지 않을 의무를 부담한다고 이해한다. 앞서 제3장 제1절에서 살펴본 독일의 기존 법리에 관한 비판담론 중에도 유사한 입장이 존재하였다.

이처럼 검열금지를 '표현의 자유'라는 기본권을 구성하는 세부내용 중 하나로 이해하는 견해에 따른다면, 일반적·개별적 법률유보 조항에 따라 일정한 경우에는 검열을 받지 않을 권리의 제한, 즉, 검열이 정당화될 수 있는 결과를 낳을 수 있다. 또한 사인에 의한 표현금지에 대해서도 기본권의 제3자효 이론을 통해 해당 기본권을 주장할 여지가 생기기도 한다. 아르헨티나, 칠레, 핀란드 헌법이 이 견해와 유사하게 검열금지에 관한 조항을 기본권의 일종으로 규정하고 있다(밑줄은 필자).

「아르헨티나 헌법」

제14조 모든 국민은 일하고 합법적인 사업을 할 권리, 항해하고 무역할 권리, 당국에 청원할 권리, 아르헨티나 영토에 출입, 잔류, 여행할 권리, <u>사전검열 없이 언론을 통해 생각을 발표할 권리</u>,[7] 재산을 사용하고 처분할

---

6) 이하, 이준일, "블랙리스트의 헌법적 쟁점", 「세계헌법연구」 제23권 제1호, 2017, p.60 참조.

7) 아르헨티나 대법원은 대체로 '해당 권리는 대단히 중요한 것이지만 절대적인 것은 아니고 극히 예외적인 상황에서 그 목적에 의해 제한될 수 있으므로, 언론에 대한 모든 사전검열은 헌법에 반한다는 강한 추정을 가진다'는 입장을 보이고 있다고 한다. Néstor Pedro Sagüés, "Judicial Censorship

권리, 유익한 목적으로 단체를 결성할 권리, 신앙을 자유롭게 고백할 권리, 가르치고 배울 권리가 있으며, 그 행사를 정한 법률에 따른다.

「칠레공화국 헌법」

제19조 헌법은 모든 국민에게 다음을 보장한다.

12. 사전검열 없이 어떠한 형태 및 수단으로든 의견을 제시하고 정보를 제공할 언론의 자유.

1999년 6월 11일 「핀란드 헌법」

제12조 (표현의 자유와 정보접근법) 모든 국민은 표현의 자유를 가진다. 표현의 자유에는 타인의 사전 제한 없이 정보, 의견, 기타 통신을 표현하고 유포하고 받을 권리가 포함된다.

II. 기존에 제시된 대안적 해석에 관한 검토

1. 견해 ①에 대한 검토

검열금지 법리를 엄격한 과잉금지원칙 심사로 재해석하는 견해도 어느 정도 타당한 논거를 찾아볼 수는 있다.[8]

먼저 앞서 제2장 제2절에서 살펴본 것처럼 검열금지 조항이 우리나라 헌법에 최초로 도입된 1960년 헌법의 경우, 표현의 자유와 관련된 제13조가 아니라 기본권 제한의 일반적 법률유보 조항인 제28조 제2항의 일부로 해당 조항을 두고 있었다. 또한 제3장 제2절 및

---

of the Press in Argentina", *Southwestern Journal of Law and Trade in the Americas*, Vol.4, 1997, pp.50-58 참조.

8) 필자 역시 견해 ①에 따른 대안적 해석 방안을 제시한 바 있었다. 임효준, 앞의 글(2019b), pp.104-109 참조.

제3절에서 살펴본 미연방대법원의 사전제한금지법리 및 이와 유사한 이해를 하고 있는 캐나다나 유럽인권재판소처럼, 검열금지 법리의 취지를 '표현의 자유에 관한 제한 수단 전반에 적용되는 일반적인 심사척도를 적용하면서 그 심사기준만을 강화하는 의미'로 새기는 사례도 다수 존재한다. 현행 헌법 제41조와 제67조에 규정된 보통선거원칙, 비밀선거원칙 등에 관한 헌법재판소의 결정[9]에서 볼 수 있듯이, 헌법이 일정한 원칙에 관한 규정을 두고 있다고 하여 일체의 예외가 인정되지 않는다고 해석되는 경우보다는, 외견상 해당 원칙에 반하는 것처럼 보이는 입법에 관한 위헌성 심사 시 과잉금지원칙의 심사기준을 강화하라는 의미로 파악한 사례들이 보편적으로 존재해 오기도 하였다.

그러나 이 견해는 기존 법리와 비교하였을 때, 표현의 내용을 심사하여 금지 여부를 결정하는 행위 중 어떤 것이 헌법적으로 금지되는지 여부를 예측하기 어렵게 만든다는 난점을 갖는다. 나아가 모든 형태의 표현의 자유 제한 수단에 대해 법익 형량을 거쳐 허용될 가능성을 열어두므로, 검열금지 법리에 대한 대안적 해석을 넘어서서 그 독자적인 의의까지 상실시킨다는 비판이 제기될 수도 있다. 또한 엄격한 심사기준 하에서는 실제적인 법익형량이 어떻게 이루어져야 하는지 그 모호성을 극복하기 어려운 측면이 있으므로,[10] 영화 사전

---

9) "보통선거의 원칙에 반하는 선거권 제한의 입법을 하기 위해서는 헌법 제37조 제2항의 규정에 따른 한계가 한층 엄격히 지켜져야 하므로, 엄격한 비례심사를 하여야 한다." 헌재 2017. 5. 25. 2016헌마292등, 판례집 29-1, 209, 219.
  "비밀선거의 원칙에 대한 예외를 두는 것이 선거권을 침해하는지 여부를 판단할 때에도 헌법 제37조 제2항에 따른 엄격한 심사가 필요하다." 헌재 2020. 5. 27. 2017헌마867, 판례집 32-1하, 364, 372.
10) 그동안 헌법재판소는 일부 결정에서 과잉금지원칙의 "엄격한 심사기준"이라는 명시적인 표현을 사용한 바 있으나, 통상적인 과잉금지원칙 심사와 비교하여 어떠한 근거와 어떠한 척도 및 기준으로 엄격한 심사를 하였는

심의제도 등 과거에 위헌결정이 선고된 바 있는 전형적인 검열에 대해서도 헌법적으로 허용된다는 내용의 결정이 내려질 가능성 역시 배제할 수 없다는 한계가 있다.

2. 견해 ②에 대한 검토

미국에서 전개되어 온 사전제한금지법리로부터 일정한 시사점을 얻을 수는 있겠으나, 해당 법리 자체를 우리나라에 그대로 도입하는 것에는 무리가 따른다고 하겠다. 법률에 대한 위헌성 추정이나 이에 따른 입증책임의 전환, 범주구별식 접근방법 및 위헌심사기준의 차등화 방식 등은 우리나라에서 채택되어 온 표현의 자유와 관련된 위헌성 심사 체계 일반과 정합성이 떨어진다.

근본적으로 미연방대법원의 사전제한금지법리는, 우리나라 헌법 제21조 제2항과 같은 조항이 전혀 존재하지 않는 미연방헌법의 구조를 전제로 문언상 제약 없이 발전되어 온 것이다. 제3장 제2절에서 살펴본 기본권 제한 입법에 관한 미연방대법원의 다층적 심사기준 역시 이러한 배경의 산물이므로, 제37조 제2항과 같은 조항이 존재하는 우리나라 헌법의 해석에 있어서, 나아가 다양한 개별 사건에 대한 탄력적 대응을 가능하게 하는 과잉금지원칙이라는 단일 심사기준을 포기하면서까지, 이를 도입하는 것은 타당하지 않다고 하겠다.[11]

지에 대한 논증을 하고 있지는 못하다는 평가가 있다. 이우영, 앞의 글, p.304 참조.
11) 같은 취지로, 홍강훈, "「기본권 제한 입법의 이원적 통제이론」에 따른 헌법 제21조 언론 출판의 자유에 대한 허가 및 검열금지의 법적 의미", 「공법연구」 제48집 제4호, 2020, pp.93, 107-108 참조.

3. 견해 ③에 대한 검토

검열금지를 표현의 자유를 구성하는 기본권의 일종으로 보는 견해는, 제2장 제1절에서 살펴보았던 영미권에서 사전제한금지법리가 처음 채택되었을 당시의 이해, 즉, 표현의 자유 보장을 사전제한의 금지와 등식화했던 당시의 지배적 생각에 그 기원을 두고 있는 듯하다.

그러나 이제는 미국에서조차도, 헌법상 권리의 영역을 형성하는 실질적 기준을 '실체적 헌법(constitutionalism of substances)'으로, 헌법상 권리를 제한하는 다양한 수단의 합헌성에 관한 논의를 '수단적 헌법(constitutionalism of means)'으로 나누어 파악하는 구조가 널리 받아들여지고 있고, 이러한 구조에 입각하여 표현의 자유에 관해서 역시 '표현의 자유의 영역을 형성하는 실체적 기준'과 '표현을 제한하는 데 사용되는 국가의 수단' 간의 구별을 행하는 것이 보편화된 지 오래이다.[12] 이에 의할 때, 사전제한금지법리는 실체적 헌법이 아니라 수단적 헌법에 해당한다고 할 수 있다.[13]

우리나라에서 보다 친숙한 용어로 환원하자면, 검열금지는 '기본권의 보호영역 획정'에 관한 문제가 아니라, 이렇게 획정된 기본권의 보호영역에 대해 국가의 제한이 존재할 때 '그 제한의 한계(Schranken-Schranke)'에 관한 문제라는 의미이다. 즉, 검열금지는 표현의 자유를 보호하는 수단이지 그 자체로 고유한 보호대상이 아니라고 하겠다.[14] 앞서 제3장 제1절에서 살펴본 바와 같이, 우리나라와 기본권 제한 및 제한의 한계에 대해 동일한 구조로 이해하는 독일에서도 이와 같은 내용으로 검열금지 법리의 성격을 이해하고 있다.[15]

---

12) J. C. Jeffries, Jr., 앞의 글, pp.410-411; Martin H. Redish, 앞의 글, p.89; Thomas I. Emerson, 앞의 글(1955), p.648 참조.
13) Ariel L. Bendor, 앞의 글, pp.293-295, 304-306 참조.
14) 최규환, 앞의 책, pp.101-102 참조.

　따라서 이러한 오늘날의 보편적 이해에 의할 때, 검열금지를 기본권으로 이해하는 것에는 이론상 무리가 따른다고 하겠다.

---

15) 「독일 기본법」은 표현의 자유에 관해 제5조 제2항에서 개별적 법률유보조항이 존재하고 있으므로 검열금지가 이에 대한 한계로서 기능하는 반면, 우리나라 헌법은 개별적 법률유보조항 대신 일반적 법률유보조항으로 제37조 제2항을 두고 있으므로 검열금지가 이에 대한 한계로서 기능한다는 차이 정도만 있을 뿐이다. 홍강훈, 앞의 글, p.92 참조.

제2절 새로운 대안적 해석의 방향 설정

I. 개관

이 책에서는 앞서 살펴본 기존의 대안적 해석들과 달리, '표현의 자유 제한 수단 중 검열의 요건에 해당하는 것은 절대적으로 금지된다'는 기존 법리의 큰 틀을 유지하면서도, 검열의 적극적 요건을 확장해석 함과 동시에 소극적 요건을 도입하는 방안을 제시해 보고자 한다. 구체적으로는 기존 법리에서 제시하는 검열의 4가지 요건을 검열의 적극적 요건으로 삼되 '행정권이 주체가 되는 사전심사절차'라는 시기 및 주체 요건을 최대한 확장해석 하고, 일정한 '절차적 보호장치'를 검열의 소극적 요건으로 도입하여 이에 해당하는 요소가 있으면 검열의 개념에서 배제하는 방식이다. 구체적인 의미는 다음과 같다.

II. 검열금지의 효과 유지 : 절대적 금지

제4장 제1절에서 제시된 기존의 대안적 해석들은, 모두 '절대적 금지'라는 기존 법리의 효과까지 변화시키려는 것이었다. 그러나 기존 법리가 검열금지를 '예외가 인정되지 않는 절대적 성격을 가진 원칙'으로 이해하고자 했던 근간에는, 과거에 자행되었던 검열의 역사가 되풀이 되지 않도록 하고 표현의 자유가 자유민주주의 국가에서 가지는 중요성을 확실하게 함과 동시에 이를 헌법적으로 수호하겠다는 의지를 표명하는 의미가 자리잡고 있었다고 할 수 있다.[1] 실

---

1) 계희열, "헌법상 언론·출판의 자유", 「법학논집」 제34집, 1998, p.33; 황도수, 앞의 글, pp.183-184, 189-190; 임승은, 앞의 글, p.60; 정재황, 앞의 글

제로 현행 헌법에서 검열금지 조항이 도입된 지 얼마 되지 않아 영화, 비디오물, 음반 등에 대한 사전심의제도에 관하여 일련의 위헌결정이 내려질 수 있었던 데에는, 기존 법리가 지닌 '절대적 원칙성'이 큰 역할을 수행하였다고도 할 수 있다.

이처럼 그동안 확고히 정립된 내용에 따라 일정한 기능을 발휘해온 기존 법리에 관해 그 해석을 수정함에 있어서는, 법적안정성을 최대한 유지하여야 현실적 혼란을 줄일 수 있을 것이다. 이러한 점에서 검열금지의 효과까지 변경시키는 것은 기존 법리의 근간을 흔드는 것으로서 무리한 해석이 될 여지가 있다. 검열금지의 효과에 대해 달리 이해하려는 기존의 대안적 해석들 모두, 일정한 한계점을 지니고 있기도 하였다. 따라서 이 책에서는 기존의 대안적 해석들과 달리, 검열의 요건에 해당하면 '절대적으로 금지된다'는 기존 법리의 효과를 유지한 상태에서, 검열의 요건에 관한 세부적인 해석론만을 달리하는 시도를 해보고자 한다.

III. 검열의 적극적 요건 확장해석 : 적용영역 확장

1. 논의의 배경

제2장 제3절에서 살펴본 기존 법리의 가장 큰 한계는, 좁게 설정된 검열의 요건으로 말미암아 기존 법리에 따른 검열과 실질적으로는 동일한 성격을 가지는 행위가 있다고 하더라도, 검열금지 법리에서 배제되고 있다는 것이었다. 이 책에서 새롭게 제시하는 대안적 해석은 이 문제를 해결하기 위해, '① 일반적으로 허가를 받기 위한 표현물의 제출의무, ② 행정권이 주체가 된 사전심사절차, ③ 허가를

_____

(1991), pp.221-222 참조.

받지 아니한 의사표현의 금지, ④ 심사절차를 관철할 수 있는 강제수단'이라는 기존 법리에 따른 검열의 요건은 유지하면서도, 각각의 요건을 가능한 한 최대한의 범위로 확장해석 해보고자 한다.

이 4가지 요건 중 ①, ③, ④는 검열의 '방식' 요건을 정한 것으로, ②는 검열의 '주체' 요건('행정권이 주체가 된')과 검열의 '시기' 요건('사전심사')을 정한 것으로 나누어 볼 수 있다. 이 중 '방식' 요건은 '주체'와 '시기'에 관한 나머지 두 요건에 비해 보다 용이하게 포괄적인 해석이 가능하다.

'행정권이 주체가 된 사전심사절차'와 가장 거리가 멀다고 할 수 있는 '사인인 인터넷 서비스 제공자에 의한, 이미 발표된 인터넷 게시글 삭제'를 예로 들어 살펴보자.[2] 인터넷에 글을 게시하기 위해서는 인터넷 서비스 제공자에게 글을 제출하여 등록시키거나 그의 관리·지배하에 있는 공간에 저장시켜야 하므로 ① '일반적으로 허가를 받기 위한 표현물의 제출의무' 요건이 충족된다고 해석할 수 있다. 또 인터넷 서비스 제공자는 해당 게시글의 내용을 심사하여 일정한 기준을 통과하지 못한 것에 대해서는 삭제하게 되므로 ③ '허가를 받지 아니한 의사표현의 금지' 요건도 갖춘 것으로 해석할 여지가 존재한다. 인터넷 서비스 제공자는 이와 같은 절차를 거부하는 이용자가 있을 경우, 약관에 의하여 그 계정을 정지시키거나 서비스 이용을 중단시키는 등의 조치를 취할 수 있으므로 ④ '심사절차를 관철할 수 있는 강제수단'도 존재한다고 볼 수 있다.

따라서 검열 요건의 확장해석 논의에서는, 검열의 '주체'와 '시기'라는 두 가지 요건을 더 넓혀서 해석할 수 없는지가 핵심이 된다고 하겠다. 따라서 이하에서는 확장해석 가능성에 대해, '시기' 요건과 '주체' 요건의 순서로 검토해 보기로 한다.

---

2) 이하, 최규환, 앞의 책, pp.85-86; 김현귀, 「인터넷 서비스 제공자를 통한 인터넷상 표현의 자유 제한」, 헌법재판소 헌법재판연구원, 2014, p.131 참조.

2. 검열의 '시기' 요건 확장해석 가능성

가. 기존 법리의 '시기' 요건 해석

(1) 표현의 '발표' 또는 '유통' 단계의 행위

제2장 제2절에서 살펴본 것처럼, 헌법재판소는 검열금지를 최초로 언급한 90헌바26 결정에서부터 "검열금지라 함은 의사표현이 <u>외부에 공개되기 이전에</u> 국가기관이 그 내용을 심사하여 특정한 의사표현의 공개를 허가하거나 금지시키는 이른바 <u>사전검열의 금지</u>를 말한다. 이에 반하여 그 공개 후에 국가기관이 간섭하는 것을 금지하고 있는 것은 아니다."[3]라고 판시하였고, 영화 사전심의제도에 관해 처음으로 위헌으로 판단한 93헌가13등 결정부터는 "검열은 행정권이 주체가 되어 사상이나 의견 등이 <u>발표되기 이전에 예방적 조치로서</u> 그 내용을 심사, 선별하여 발표를 사전에 억제하는, 즉, 허가받지 아니한 것의 발표를 금지하는 제도를 뜻한다."라고 하여 줄곧 "헌법 제21조 제2항이 금지하는 검열은 <u>사전검열만을 의미</u>"[4]한다고 보아오고 있다(이상, 밑줄은 필자).

커뮤니케이션학계에서는 1948년 발표된 해럴드 라스웰(Harold Lasswell)의 'SMCRE 모델'이 커뮤니케이션 과정을 설명하는 데 널리 통용되어 오고 있다. 이에 의하면 커뮤니케이션이란 ① 어떤 사람이(Source, 정보원) ② 특정한 내용을(Message, 메시지) ③ 적절한 수단으로(Channel, 채널) ④ 상대방에게 전달하여(Receiver, 수용자) ⑤ 일정

---

3) 헌재 1992. 6. 26. 90헌바26, 판례집 4, 362, 370-371.
4) 인용된 두 문구를 명시적으로 사용한 것은, 헌재 1996. 10. 4. 93헌가13등, 판례집 8-2, 212, 222-223. 헌법상 검열이 사전검열만을 의미한다는 전제는 검열금지 법리를 적용한 가장 최근의 결정인 헌재 2020. 8. 28. 2017헌가35등, 판례집 32-2, 78, 87까지 이어져 오고 있다.

한 반응을(Effect, 효과) 일으키는 과정의 반복으로 파악된다.5)

위 5가지 요소 중 검열의 시기 요건 맥락에서 의미를 갖는 '메시지', '채널', '수용자' 요소만을 선별하여 각각 표현의 '발표', '유통', '수용' 단계로 명명한다면, 헌법재판소는 아래와 같이 '발표' 또는 '유통' 단계에서 표현의 내용을 심사하여 금지 여부를 결정하는 행위만을 사전검열로 파악하는 것으로 보인다.

(2) '발표' 단계의 행위로 해석한 사례

헌법재판소는 다수의 결정들에서 "개인이 정보와 사상을 발표하기 이전에", "사상이나 의견 등이 발표되기 이전에", "의사표현의 발표여부가 오로지 행정권의 허가에 달려있는 사전심사", "영화의 상영 여부를 종국적으로 결정할 수 있도록 하는 것은 검열에 해당"과 같이(이상, 밑줄은 필자), '사전'의 시기 구분은 표현의 발표 시점을 기준으로 한다는 판시를 하였다.6)

(3) '유통' 단계의 행위로 해석한 사례

그런데 위와 달리, 표현이 최초로 발표된 후라도 특정한 장소에서 또는 특정한 형태로 유통되기 이전 시점에 해당 표현의 내용을 심사하여 금지 여부를 결정하는 행위가 있다면, 이 역시 '사전'검열

---

5) Harold Lasswell, "The Structure and Function of Communication in Society", Lyman Bryson ed., *The Communication of Ideas*, New York, Harper & Row, 1948, pp.37-51; 윤석민, 「커뮤니케이션의 이해」, 커뮤니케이션북스, 2007, pp.77-79 참조. 커뮤니케이션법제 전반을 이 모델에 따라 재편한 뒤, 커뮤니케이션 이론과 법학 이론을 교차시키는 방식을 취함으로써 새로운 체계를 구축한 문헌으로, 石村善治, 「言論法制と表現の自首」, 立花書房, 1979 참조.

6) 가령, 헌재 1992. 11. 12. 89헌마88, 판례집 4, 739, 759; 헌재 1996. 10. 4. 93헌가13등, 판례집 8-2, 212, 222-224 등.

로 파악하는 경우 역시 존재해 왔다.

이와 관련하여 전형적으로 문제되어 왔던 것은, 외국에서 발표된 표현물의 수입을 금지하는 경우 이를 내국인에 대한 사전검열로 볼 것인지에 관한 사안이다. 헌법재판소는 2005년 외국비디오물 수입추천 제도에 관하여 검열에 해당한다고 판단하면서 "외국비디오물이 라는 표현물이 국내에서 유통되기 위해서는 수입추천업무를 담당하는 기관에 유통 이전에 제출되어야 한다."[7]라는 논리로 '사전'성을 인정한 바(밑줄은 필자), 외국에서 이미 발표된 표현물이라고 하더라도 국내에 '유통'되기 이전이라면 여전히 '사전'검열에 해당한다고 보고 있다.

또한 심의받지 않은 음반의 판매·배포·대여 목적 보관행위를 금지하는 규정,[8] 비디오물 복제를 위해 심의를 받도록 하고 심의받지 않은 비디오물의 대여·상영·보관 등을 금지하는 규정[9]에 대해서도 사전검열이라고 파악하는 등 국내에서 이미 발표된 표현물에 대한 후속적인 유통 단계에서 이루어지는 행위라도 사전성을 인정한 경우 역시 존재한다.

이를 두고 사전성의 충족 여부를 판단하는 시간적 기준 자체는 엄밀히 말해 '표현' 전이라고 할 수 없고 오히려 중요한 관건은 그 표현을 '의사소통의 구조 속에 놓기 전'인지 여부에 있다고 평가하는 견해가 있다. 특정한 표현매체가 가진 고유의 의사소통구조 내지 표현물 유통경로의 구조에 비추어 불특정 혹은 다수의 타인이 인지할 수 있는 상태에 놓이기 전에 그 허가 여부를 결정하는 것이 검열의 '사전성'이라고 해석해야 한다는 것이다.[10] 같은 맥락에서, 특정한

---

7) 헌재 2005. 2. 3. 2004헌가8, 판례집 17-1, 51, 61.
8) 헌재 1997. 3. 27. 97헌가1, 판례집 9-1, 267.
9) 헌재 2000. 2. 24. 99헌가17, 판례집 12-1, 107.
10) 이 견해에서는, "인쇄보도 매체의 경우 보도기사 작성 후 본 인쇄에 들어

정보가 발표되기 전에 금지된 경우와 외국에서는 발표가 되었으나 국내로 반포·판매되는 시점에 금지된 경우 모두, 자국의 사상의 자유시장에서 해당 정보가 유통되지 못한다는 점에서는 동일하므로 이 둘을 달리 취급해서는 안 된다고 보는 견해 역시 존재한다.[11]

나. '시기' 요건의 확장해석 가능성

우리나라 헌법 제21조 제2항의 문언을 살펴보면 단순히 '검열'이 인정되지 않는다고 규정되어 있을 뿐 구체적인 시기를 한정하고 있지는 않다. 이러한 점은, 시기를 한정하는 표현을 명시적으로 포함하고 있는 스페인, 네덜란드, 노르웨이, 폴란드, 멕시코, 칠레, 핀란드 등의 헌법 문언과 비교해 보면 더욱 두드러진다(밑줄은 필자).

「스페인 헌법」

제20조 ② 이러한 권리의 행사는 <u>어떠한 형태의 사전 검열</u>에 의한 제한도 받지 아니한다.

2008년 「네덜란드왕국 헌법」

제7조 ① 표현의 자유에 대한 <u>사전 허가제</u>는 법에 의한 국민의 의무가 없는 한 금지된다.

가기 전 혹은 인쇄된 신문이 배부되는 시점, 서적의 경우 원고작성과 편집이 완료되어 책자가 제작된 후 서점에 유통되는 시점, 영화의 경우 영화촬영 및 상영본 편집완료 후 각 배급사에 배급되는 시점을 각각 그 기준으로 하여 이보다 앞선 시점에 그 내용을 심사해 허가 여부를 결정하는 것에 해당한다면 검열의 '사전성' 요건을 충족한다."라고 해석한다. 최규환, 앞의 책, pp.86-88 참조.

11) 김민배, "인터넷에서 언론의 자유와 검열", 「민주법학」 제29호, 2005, pp. 293-294 참조.

「노르웨이 헌법」

제100조 동영상의 해로운 영향에서 아동과 청소년을 보호하기 위해 필요한 경우 외에는, 사전 검열 및 기타 예방적 조치를 적용해서는 아니 된다.

「폴란드공화국 헌법」

제54조 2. 사회적 의사소통수단에 대한 사전검열과 언론에 대한 허가제는 금지된다.

「멕시코합중국 헌법」

제7조 법률이나 기관이 헌법 제6조 첫 번째 단락에 명시한 내용을 제외하고는 사전검열을 하거나 전파의 자유를 제한할 수 없다.

「칠레공화국 헌법」

제19조 헌법은 모든 국민에게 다음을 보장한다.

12. 사전검열 없이 어떠한 형태 및 수단으로든 의견을 제시하고 정보를 제공할 언론의 자유.

1999년 6월 11일 「핀란드 헌법」

제12조 표현의 자유에는 타인의 사전 제한 없이 정보, 의견, 기타 통신을 표현하고 유포하고 받을 권리가 포함된다.

금지되는 검열의 시기를 발표 전이나 유통 전으로 한정지어 해석해야 하는 근거에 대해 헌법재판소가 명시적으로 밝힌 바도 없다.[12] 검열금지를 최초로 언급한 90헌바26 결정에서 단순히 "언론·출판에 대한 검열금지는 사전검열금지만을 의미한다는 것이 세계의 자유민

---

12) 정필운, 앞의 글, p.239; 양건, 앞의 글(1998), p.220 참조.

주주의국가에 있어서 일반적인 경향"13)이라고만 제시하고 있을 뿐이다.

기존 법리에 따른 검열의 두 번째 요건, 즉, '행정권이 주체가 된 사전심사절차' 중 일부를 구성하고 있는 '주체' 요건('행정권이 주체가 된')에 대해서는 곧이어 살펴보는 내용과 같이 이미 어느 정도 실질적인 관점이 취해지고 있는바, 그렇다면 나머지 일부인 '시기' 요건('사전심사')에 대해서도 이와 마찬가지로 실질적인 관점을 취하는 입론이 불가능하지는 않을 것이다.

가령, 형식적으로는 표현 발표나 유통 단계 이후 시점, 즉, 표현의 수용 단계나 그 이후의 시점에서 표현의 내용을 심사하여 금지 여부를 결정하는 행위가 이루어지는 경우라도, 그 이전 시점에 행해지는 행위와 본질 및 효과 등의 측면에서 동일하다면 검열의 시기 요건을 충족한다고 해석해 볼 여지가 있다는 것이다. 그 과정에서, 제3장 제2절에서 살펴본 것처럼 '표현물에 대한 위법성이 형사처벌 등 사법기관에 의한 본안 판단에서 최종적으로 판단되기 전'을 '사전(prior)'이라고 해석하는 미연방대법원의 법리를 특히 참조해 볼 수 있을 것이다.

3. 검열의 '주체' 요건 확장해석 가능성

가. 기존 법리의 '주체' 요건 해석

(1) '행정기관'이 직접 행하는 행위

기존 법리에서는 '행정권이 주체가 된'이라는 검열의 주체 요건을 해석함에 있어서, 행정기관이 표현의 내용을 심사하여 금지 여부를

---

13) 헌재 1992. 6. 26. 90헌바26, 판례집 4, 362, 370.

결정하는 일련의 행위 일체를 '직접' 수행하는 경우에만 이에 해당한다고 보고 있다. 따라서 이러한 해석에서는 논의의 초점을 위와 같은 행위를 직접 수행하는 주체가 행정기관인지 아닌지 여부에 두게 되고, 이에 따라 어떤 주체를 행정기관이라고 판단해야 하는지 그 기준에 천착하게 된다. 실제로 그동안 헌법재판소가 검열금지 법리를 적용한 결정들을 살펴보면, 어느 다른 요건 판단보다도 '문제되는 주체가 행정기관에 해당하는가'가 핵심적 쟁점이 되어 왔음을 알 수 있다.14)

(2) '행정기관'의 판단기준 : 실질적 관점
우리나라 헌법재판소는 검열금지 법리를 적용하여 최초로 위헌결정을 선고한 93헌가13등 결정에서부터, 행정기관인지 여부는 실질적으로 판단하여야 한다고 판시한 바 있다.

"검열을 행정기관이 아닌 독립적인 위원회에서 행한다고 하더라도 행정권이 주체가 되어 검열절차를 형성하고 검열기관의 구성에 지속적인 영향을 미칠 수 있는 경우라면 실질적으로 보아 검열기관은 행정기관이라고 보아야 한다. 그렇게 해석하지 아니한다면 검열기관의 구성은 입법기술의 문제이므로 정부에게 행정관청이 아닌 독립된 위원회의 구성을 통하여 사실상 검열을 하면서도 헌법상 검열금지원칙을 위반하였다는 비난을 면할 수 있는 길을 열어주기 때문이다."15)

그동안의 헌법재판소 결정례들을 분석해 보면, ① 행정기관이 심

---

14) 지성수, "구 음반·비디오물 및 게임물에 관한 법률 제18조 제5항 위헌소원", 「헌법재판소결정해설집 2007」, 2008, p.356; 정재황, 앞의 글(2013), p.182 참조.
15) 헌재 1996. 10. 4. 93헌가13등, 판례집 8-2, 212, 226.

의기관의 구성 및 심의권한 위탁에 영향을 미칠 수 있는지, ② 행정기관이 심의기관의 구체적인 심의업무 처리에 대하여 지휘·감독할 수 있는지, ③ 행정기관이 심의규정을 제·개정할 권한을 가지는지, ④ 행정기관이 심의기관에 필요한 비용을 지원할 수 있는지를 종합적으로 고려하여, 검열의 주체 요건 충족여부를 판단해 왔음을 알 수 있다.[16]

헌법재판소는 지금까지 검열금지의 맥락에서 문제되는 각종 위원회 등에 대해 대체적으로 행정기관이라고 인정하는 결론을 법정의견으로 채택하여 왔는데, 영상물등급위원회(2000헌가9 결정), 건강기능식품협회(2006헌바75 결정, 2016헌가8등 결정), 대한의사협회(2015헌바75 결정), 한국의료기기산업협회(2017헌가35등 결정) 등에 대해서는 행정기관이 아니라고 판단한 소수의견들도 존재하였다.

(3) '행정기관' 판단의 구체적 논거

문제되는 위원회 등이 행정기관이 아니라고 판단한 의견들에서는, 해당 위원회가 순수 민간인으로 구성되고 행정기관의 위촉은 형식적인 것에 그치는 점, 위원들은 각계 전문가로서 행정기관이 구체적 지시를 하거나 실질적인 영향을 미칠 여지가 없는 점, 위원들의 임기가 보장되고 의사에 반하여 면직되지 않는 등 독립적 지위가 보장되는 점, 심의기준을 행정기관이 정한다고 하더라도 이는 법률의 위임에 따라 심의 이전에 공표된 객관적 기준이므로 심의 자체의 독립성이나 자율성이 훼손된다고 볼 수 없는 점, 심의결과 보고의무나 승인제도를 두지 않거나 두고 있더라도 행정기관이 그 결과에 대해

---

16) 이종훈, 앞의 글, p.26; 김민규 외, 「검열과 등급분류 사이: 세계 심의제도 현황」, 한국콘텐츠진흥원, 2003, pp.11-12; 박종현, "게임광고 심의에 대한 헌법적·정책적 고찰: 광고 사전심의제도 관련 헌법재판소 결정례들에 대한 분석을 중심으로", 「법학논총」 제31권 제3호, 2019, p.23 참조.

간섭할 수 없는 점, 예산지원이 없거나 미미한 수준인 점, 검열로 판
단한 헌법재판소 결정에 따라 행정기관적 색채를 불식하고 출범한
것인 점 등의 논거를 주로 들고 있다.[17]

　이에 반해, 문제되는 위원회가 행정기관이라고 판단한 의견들에
서는, 앞서 언급한 4가지 종합적 고려요소를 살펴보면서 "국가에 의
하여 검열절차가 입법의 형태로 계획되고 의도된 이상",[18] "음비게
법상의 영상물등급위원회의 경우 그 설립 및 구성이 국가 입법절차
로 완성되고",[19] "현재 실제로 이와 같은 예산지원을 받고 있지는 않
다고 하지만 법률상 위와 같은 지원을 통하여 행정기관은 언제든지
사전심의절차에 영향력을 행사할 수 있다 할 것",[20] "현재에는 행정
기관이 그 업무에 실질적인 개입을 하고 있지 않더라도 행정기관의
자의에 의해 언제든지 개입할 가능성이 열려 있다면 이 경우 역시
헌법이 금지하는 사전검열이라는 의심을 면하기 어려울 것"[21]과 같
이, 현재 시점에서는 위 4가지 요소 없이 운영되고 있더라도 법률 규
정에 따라 그렇게 운영될 가능성이 있다면 그것만으로도 행정기관
에 해당한다는 입장을 보이고 있다.

---

17) 헌재 2001. 8. 30. 2000헌가9, 판례집 13-2, 134, 151-157, 재판관 송인준의
　　반대의견 및 재판관 주선회의 반대의견; 헌재 2010. 7. 29. 2006헌바75, 판
　　례집 22-2상, 232, 258-261, 재판관 이강국, 재판관 송두환의 별개의견; 헌
　　재 2015. 12. 23. 2015헌바75, 판례집 27-2하, 627, 643-647, 재판관 조용호
　　의 반대의견; 헌재 2020. 8. 28. 2017헌가35등, 판례집 32-2, 78, 90-92, 재판
　　관 이영진의 반대의견 참조.
18) 헌재 1996. 10. 4. 93헌가13등, 판례집 8-2, 212, 227.
19) 헌재 2006. 10. 26. 2005헌가14, 판례집 18-2, 379, 391.
20) 헌재 2010. 7. 29. 2006헌바75, 판례집 22-2상, 232, 264, 재판관 이공현, 재
　　판관 김종대의 반대의견.
21) 헌재 2015. 12. 23. 2015헌바75, 판례집 27-2하, 627, 640; 헌재 2018. 6. 28.
　　2016헌가8등, 판례집 30-1하, 313, 329; 헌재 2020. 8. 28. 2017헌가35등, 판
　　례집 32-2, 78, 88.

나. '주체' 요건의 확장해석 가능성

이처럼 기존의 검열금지 법리는 검열의 주체 요건을 '행정기관'으로 한정하면서도, 형식적으로는 행정기관이 아니지만 실질적으로 행정기관성을 띠는 주체에 관해 해당 요건을 충족한다고 보고 있다. 그렇다면 이러한 관점의 연장선상에서, 형식적으로는 행정기관이 아닌 다른 주체들, 즉, 국가기관 중 행정기관에 속하지 않는 사법기관[22]이나 더 나아가 사인이 행하는 행위라고 하더라도 실질적으로는 행정기관이 하는 행위와 동일한 성질을 지닌 것으로 평가되는 경우가 존재한다면, 이 역시 검열의 주체 요건을 충족한다고 해석할 여지가 없는 것인지 의문이 제기된다.

앞서 제3장 제1절에서 살펴본 독일의 기존 법리에 대한 비판 담론 중에는 '직접적으로 사인이 행하는 행위라고 하더라도 국가 주도의 행위에 기초하고 있는 한' 검열에 해당한다고 보는 입장이 있었으며, 일본의 기존 법리에 대한 비판 담론 중에도 검열의 주체 요건은 '표현의 내용을 심사하여 금지 여부를 결정하는 행위가 실제로 누구의 손에 의해 실시되는가'의 문제가 아니라 '그러한 행위의 실시를 의도하는 자가 누구인가'의 문제로 판단해야 한다는 입장이 존재하였다.

이러한 맥락에서 '행정권이 주체가 된'이라는 주체 요건을 행정기관이 직접 행하는 경우뿐만 아니라, 행정기관으로 대표되는 국가가 사법기관에 표현금지를 구하거나, 사인에게 일정한 표현의 내용을 심사하여 금지 여부를 결정할 의무를 부과하는 경우 등까지 확장하여 해석할 가능성은 없는지 검토해 볼 필요가 있다.

---

22) 입법기관은 제2장 제1절에서 살펴보았듯이 원칙적으로 일반적·추상적 규율을 할 뿐 개별 표현물을 대상으로 한 규율을 하지는 않으므로, 처분적 법률을 제정하는 등의 특별한 사정이 없는 한 제1장 제2절에서 연구범위로 설정된 '검열'에 해당하는 행위를 직접 행하는 주체가 될 수 없다.

4. 시기 및 주체 요건 확장해석 논의의 분석틀

이어지는 제4장 제3절에서는, 기존 법리의 엄격한 요건 해석상 현재는 검열의 범주에 포함되어 있지 않지만, 실질적인 관점에서 검열에 포함될 필요가 있는 현상들에 관해 살펴봄으로써, '행정권이 주체가 된' '사전심사'라는 검열의 주체 및 시기 요건에 대한 확장해석의 가능성을 제시하고자 한다.

먼저 검열의 '시기' 요건과 관련하여 '표현 수용 단계의 행위'와 '표현 수용 이후 단계의 행위' 역시 '사전심사'라는 요건을 충족한다고 해석할 가능성이 있음을 보이고, 이어서 '시기' 요건의 확장해석 가능성을 전제로 검열의 '주체' 요건과 관련하여 '사법기관의 행위'와 '사인의 행위' 중 일정한 영역 역시 '행정권이 주체가 된'이라는 요건을 충족한다고 해석할 가능성이 있음을 살펴보고자 한다.

위 4가지 현상을 검토함에 있어서는 총 3단계 과정을 취하였다. ① 논의의 국면 및 구체적 사례 탐색, ② 기존 법리의 이해 제시, ③ 검열금지 법리 적용의 타당성 논증이 그것이다.

① 단계에서는 검열금지 법리의 맥락에서 해당 현상이 문제되게 된 배경을 살펴보고 논의의 범위를 획정한 뒤, 우리나라에서 오늘날 전형적으로 문제되고 있는 사례를 탐색하고자 한다. ② 단계에서는 기존 법리를 되짚어 보면서 ①에서 파악한 현상들이 그동안 검열로서 다루어지지 않은 이유에 관해 제시한다. ③ 단계에서는 구체적으로 3가지 측면의 논증을 진행하고자 한다. 먼저 문제되는 현상이 기존 법리에 따른 검열과 갖는 동질성을 포착하고, 다음으로는 문제되는 현상이 기존 법리에 따른 검열보다 표현억제적 효과가 더 강한 경우가 있음을 보인 뒤, 마지막으로 관련된 표현의 자유 법리로부터 추가적인 이론적 근거를 얻고자 한다.

Ⅳ. 검열의 소극적 요건 도입 : 구체적 타당성 도모

1. 논의의 배경

검열의 적극적 요건을 확장해석 함으로써 검열금지 법리의 적용 영역을 확대하는 것만큼이나 중요한 작업은, 이렇게 확장된 적용영 역 내에서 기존 법리의 또 다른 한계라고 할 수 있는 지나친 경직성 을 극복하여 구체적 타당성을 확보하는 방안을 마련하는 것이라고 할 수 있다.

제2장 제1절에서 살펴본 것처럼, 검열금지 법리는 검열이라는 행 위가 표현의 자유를 제한하는 여러 수단들 중에서도 가장 큰 해악을 지녀 강한 표현억제적 효과를 갖는다는 데 근거를 두고 있다. 그 해 악의 내용은, 권력자에 의한 자의적 결정가능성이 존재한다는 '자의 성', 표현 금지 여부 결정 과정에서 표현자가 배제된다는 '일방성', 일반 대중에 의한 평가 기회를 상실시킨다는 '비공개성', 표현의 시 기를 지연시킨다는 '시기지연성' 등으로 파악해 볼 수 있었다.

검열금지 법리의 목적이 이와 같은 해악을 지닌 행위를 절대적으 로 금지하는 데에 있는 것이라면, 법의 이념 중 하나로 일컬어지는 '합목적성'이라는 관점에서 접근하여 볼 때, 이러한 해악을 지니지 않은 행위는 절대적으로 금지되는 영역에서 제외할 필요가 있다는 '목적론적 해석'이 가능할 것이다. 즉, 검열의 시기, 주체, 방법 요건 을 갖춘 행위라고 하더라도 다른 표현의 자유 제한 수단과 동일한 정도로 4가지 해악을 충분히 완화시키는 장치가 존재한다면, 검열에 해당하지 않는다고 판단될 가능성도 열어둘 여지가 있다는 것이다.

그러나 기존 법리는 검열의 요건을 제시함에 있어서, 검열을 성 립시키는 적극적인 요건만을 고려하여 왔다. 이 책에서는 위와 같은 필요성을 충족시키기 위하여, 기존 법리에 따른 검열의 요건을 검열에 해당하도록 만드는 '적극적 요건'으로 상정하고, 이와 달리 검열에 해당하지 않도록 만드는 '소극적 요건'을 추가적으로 도입하고자한다. 그 내용은 제2장 제3절에서 본 바와 같이 비판점이 존재하는실체적 기준, 즉, 법리의 적용이 배제되는 일정한 표현물 범주를 설정하고 이에 해당하는지 여부를 판단하는 방식이 아니라, 절차적 기준, 즉, 일정한 절차적 보호장치를 상정하고 이를 충분히 갖추고 있는지 판단하는 방식으로 구성한다. 이에 의할 때, 문제되는 표현의자유 제한 수단이 시기, 주체, 방법에 관한 적극적 요건을 충족한다면 일응 검열에 해당할 여지가 있게 되지만, 그러한 수단이 일정한절차적 보호장치를 갖추고 있다면 최종적으로는 검열에 해당하지않는 것으로 판단된다.

2. '절차적 보호장치'에 관한 기존 논의

가. 검열금지 맥락에서 절차적 보호장치 논의의 보편성

그동안 검열금지 법리와 관련하여 절차적 보호장치를 그 정당화요건으로 내세우는 논의들은 다수 존재해 왔다. 대표적으로, ① '수정헌법 제1조상 적법절차'라고도 불리는 미연방대법원의 Freedman기준과 ② 유럽인권재판소의 2012년 Ahmet Yıldırım 결정에서 제시된 Albuquerque 재판관의 의견, 그리고 ③ UN 인권이사회 표현의 자유 특별보고관 라 뤼(La Rue)의 2011년 보고서 내용으로부터 검열에관한 절차적 요소를 도출해 낼 수 있다는 견해가 있다.[23] 각각의 내용은 이미 제3장 제2절 및 제3절에서 살펴본 바 있다.

이에 더하여, 제3장 제1절에서는 우리나라와 매우 유사한 상황에놓인 독일과 일본에서도, 검열의 요건을 확장하려는 논의에 있어서

---

23) Dawn C. Nunziato, 앞의 글, pp.402-403 참조.

절차적 보호장치의 요소를 강조하는 담론이 있음을 확인한 바 있다. 이러한 배경 하에, 아예 검열의 정의를 "특정 내용이 대중에게 현출되는 것을 막기 위해, 자의적으로 그리고 어떠한 <u>법적인 보장(legal guarantee)도 없이</u> 적용되는 제한의 형태"[24]라고까지 제시하는 견해도 존재한다(밑줄은 필자).

나. 인터넷 환경에서 절차적 보호장치의 강조

이러한 절차적 보호장치는 제2장 제3절에서 살펴본 '인터넷 검열'과 관련하여 더욱 강조되고 있다. 앞서 제1장 제2절에서 언급한 바와 같이, 인터넷 환경에서는 어느 한 국가의 검열이 모든 국가에서의 검열이 된다고 할 수 있다. 그런데 전 세계의 다양한 국가들은, 어떤 표현이 보호되어야 하고 어떤 표현이 그렇지 않은지 그 실체적 윤곽에 대해 상당히 다른 관점을 가지고 있다. 각국의 입장에서도 다양한 국가에 속한 사람들의 표현물에 대해 일일이 그 맥락을 고려하여 금지 여부를 결정하기란 상당한 한계가 있을 수밖에 없다. 이러한 상황에서 국가들 간에 합의할 수 있는 것은, 결국 절차적 보호에 관한 요소가 될 수밖에 없다고 하겠다.[25]

이에 따라, 제2장 제3절에서 살펴본 바 있는 인터넷 서비스 제공자의 '콘텐츠 모더레이션(content moderation)'에 관해 헌법적 평가를 함에 있어서도, '개별 표현물을 삭제할지 여부에 대한 판단이 제대로 내려졌는가'가 아니라 '해당 시스템의 절차적 요소가 제대로 갖추어졌는가'의 관점으로 전환하여야 한다는 견해가 존재한다.[26] 즉, 입법

---

24) András Koltay, 앞의 책, pp.98-99 참조.

25) Dawn C. Nunziato, 앞의 글, pp.386-387; Jack M. Balkin, 앞의 글(2018), pp.2044-2045; Rebecca Tushnet, "Power Without Responsibility: Intermediaries and the First Amendment", *George Washington Law Review*, Vol.76 No.4, 2008, p.1015 참조.

26) Ivar A. Hartmann, "A New Framework for Online Content Moderation",

자가 인터넷 서비스 제공자에게 콘텐츠 규제를 위한 절차적 가이드
라인을 제공하면, 인터넷 서비스 제공자는 개별 표현물에 대한 실체
적 심사보다 위 절차의 준수에 충실할 필요가 있고, 이러한 행위를
사후적으로 평가하는 법원의 입장에서도 그 절차가 제대로 이행되
었는지를 판단해야 한다는 것이다.

3. 검열의 소극적 요건으로 '절차적 보호장치' 상정 가능성

우리나라에서도 검열금지의 맥락에서 절차적 보호장치를 고려하
는 견해가 없었던 것은 아니다.

우선 검열의 적극적 요건 충족 여부를 판단함에 있어, 이를 고려
하는 견해들이 제시된 바 있다. 가령, 검열의 주체 요건을 판단함에
있어서, "헌법이 금지하는 검열기구인지의 여부는, 심의기구의 판단
이 공개적으로 공정하게 이루어지고 있으며 검증받은 당사자의 주
장에 기초하여 전문가의 의견이 정확하게 반영되는지, 심의기구의
판단에 대한 사법부의 구제절차는 신속하게 이루어지며 입증책임이
심의기구에게 있는지 등 검열의 위험을 제거할 수 있는 절차적 보장
이 갖추어져 있는지 여부를 종합적으로 고려하는 새로운 판단기준
이 설정되어야 할 것"[27]이라는 견해가 제시된 바 있다.

또한 기존 법리에 따른 시기, 주체, 방법 요건을 충족하는 것은
모두 검열에 해당한다고 보면서도, 절차적 보호장치를 갖춘 일정한
검열은 금지되지 않는다는 예외를 설정하는 견해도 있었다.[28] 이 견

Computer Law & Security Review, Vol.36, 2020, pp.7-8 참조.

27) 임상혁, 헌재 판례상 검열기관의 의미에 관한 재고찰, 법률신문, 2005. 10. 17.,
   https://www.lawtimes.co.kr/Legal-Opinion/Legal-Opinion-View?serial=17266
   (최종접속일: 2021.9.5.).

28) 이하, 이인호, "영화검열법제에 대한 비판과 그 개선방향: 엄격한 의미의 음
   란에 대한 사전검열의 정당화요건", 「법과사회」 제26권, 2004, pp.184-185;

해에서는 미연방대법원에서 전개된 적법절차의 법리가 우리나라의 표현물 심의제도에서도 충분히 고려되어야 함을 강조하면서, 특정한 표현물을 신속히 차단시켜야 할 '긴급한 상황이 명백히 인정'되는 경우라면, 표현의 위법성 판단 절차에 있어 '최소한의 공정성과 신속성'이 담보될 것을 요건으로 하여, 검열이 허용될 수 있다고 한다. 여기서 '최소한의 공정성'이란 적어도 대립당사자적 구조 하에서 표현의 위법성 여부가 결정되어야 한다는 것을, '신속성'이라 함은 표현의 위법성 결정이 신속하게 이루어져야 한다는 것을 의미한다고 한다.

이 책에서는 이러한 기존의 견해들에서 한발 더 나아가, '절차적 보호장치'를 아예 검열에 관한 별도의 독립된 소극적 요건으로서 구성함으로써, 이에 해당하면 검열이라는 개념 자체에 해당하지 않는 것으로 파악하고자 한다. 검열의 적극적 요건을 충족하는 수단이라고 하더라도, 검열의 전형적 해악으로 파악되는 자의성, 일방성, 비공개성, 시기지연성 4가지 요소를 각각 다른 표현의 자유 제한 수단만큼 충분히 완화시킬 수 있는 절차적 보호장치들이 존재한다면, 이를 종합적으로 고려하여 검열에 해당하지 않을 가능성을 상정하는 방식이다. 이어지는 제4장 제3절에서, 검열의 적극적 요건에 관해 먼저 검토한 후, 소극적 요건에 관한 내용을 자세히 다루기로 한다.

장재옥·이인호, "정보화와 예술의 자유: 예술표현의 자유와 한계를 중심으로", 「중앙법학」 제4집 제2호, 2002, pp.146-147 참조.

제3절 새로운 대안적 해석의 구체적 내용

Ⅰ. 검열의 적극적 요건 확장해석 1 : '시기' 요건

1. 표현 수용 단계의 행위

가. 논의의 국면 및 구체적 사례

(1) 논의의 국면

이미 자유로이 발표와 유통이 된 표현이라고 하더라도, 이를 수용하는 단계에서 그 내용을 심사하여 금지 여부를 결정하는 행위가 있을 수 있다. 가령, 강연을 위해 연사와 청중이 모여 있는 가운데, 연사의 연설은 직접적으로 방해하지 않고 청중을 해산시키는 경우가 이에 해당할 수 있다.[1] 이러한 행위는 그 기술적 특성 때문에 인터넷 매체에 집중하여 특히 이루어지고 있다. 필터링 기술을 통해 인터넷 이용자들이 특정 콘텐츠에 접근하지 못하도록 하는 방식이 세계 각국에서 보편화되고 있기 때문이다.[2] 이러한 새로운 기제는 제2장 제3절에서 살펴본 것처럼 '인터넷 검열'로 통칭되고 있으며, '필터링을 통한 검열'은 '법률에 의한 검열'과 동위선상에 놓인다고 보는 견해도 존재한다.[3] 이러한 현상을 두고 '고전적 검열로부터 인

---

1) 장영수, 「헌법학」, 제11판, 홍문사, 2019, pp.675-676 참조.
2) Gordon Hull, "Overblocking Autonomy: The Case of Mandatory Library Filtering Software," Continental Philosophy Review, Vol.42, 2009, p.81 참조.
3) Christopher Stevenson, 앞의 글, pp.536-537 참조. 필터링은 문제되는 표현에 대하여 사후적으로 처벌하는 좀더 수용가능한 방법을 채택하는 대신 청중에게 도달하는 것 자체를 막는다는 점에서, 구(舊)형태의 검열과 닮아 있다고 분석하는 문헌도 존재한다. András Koltay, 앞의 책, p.103 참조.

터넷 검열로의 전이(transition from classical censorship to Internet censorship)'라고 일컫기도 한다.4)

　이러한 인터넷 검열은 여러 가지 방식으로 행해질 수 있지만, 제1 장 제2절에서 설정한 연구범위로 한정하여 본다면, 그 유형은 크게 두 가지로 나누어 볼 수 있다. 첫째는 특정한 인터넷 웹사이트의 접근을 차단하는 방식이고, 둘째는 검색결과에서 특정한 웹사이트의 내용을 제거하는 방식이다.5) 제2장 제3절에서 언급한 바 있는, 전 세계의 인터넷 검열과 감시에 대해 연구하는 학문적 협력단체인 '오픈넷 이니셔티브'는 인터넷 검열의 유형을 ① 기술적 차단(technical blocking), ② 검색결과 제거(search result removals), ③ 콘텐츠 자체의 삭제(take-down), ④ 유도된 자기검열(induced self-censorship)로 구별하고 있는데,6) 이 중 ①, ②가 여기서 다루어지는 내용이고, ③은 이어지는 '2. 표현 수용 이후 단계의 행위' 항목에서 다루어질 내용에 해당한다.7)

　(2) 구체적 사례 : SNI 차단방식

　2019년 2월 우리나라의 방송통신심의위원회는 2. 항목에서 자세히 살펴볼 '정보통신심의제도'를 운영함에 있어, 불법정보에 대한 접속차단 등을 행하는 과정에서 'SNI(Server Name Indication) 차단방식'

---

4) Constance Bitso et al., "Trends in Transition from Classical Censorship to Internet Censorship: Selected Country Overviews", *Innovation*, Vol.46, 2013, pp.167-168 참조.
5) 이재진·이정기, 「표현, 언론 그리고 집회결사의 자유」, 한양대학교출판부, 2011, pp.38-39; 김주환·류병운, "한국의 인터넷 규제에 대한 국제·비교적 검토", 「홍익법학」 제12권 제1호, 2011, pp.232-237 참조.
6) OpenNet Initiative, About Filtering, https://opennet.net/about-filtering(최종접속일: 2021.9.5.) 참조.
7) ④는 자기검열에 관한 사항으로, 제1장 제2절에서 설정한 연구범위를 벗어난다.

을 새롭게 도입한 바 있다. 이는 기존의 영문 웹사이트 주소(URL) 차단방식[8]과 도메인 네임 서버(DNS) 차단방식[9]이 암호화된 보안접속 (https) 방식을 이용할 경우 우회가능하다는 한계를 극복하기 위해 도입된 것이다.[10] SNI 차단방식은 보안접속 시 데이터가 암호화되기 직전에 SNI 필드 영역에 평문으로 노출되는 웹서버의 이름을 인터넷 서비스 제공자가 확인하여, 방송통신심의위원회에서 심의·의결한 불법정보에 해당할 경우 웹사이트 화면을 암전 상태로 만드는 방식을 의미한다. 이는 특정 표현이 분명히 인터넷상에 이미 발표되어 있고 유통되고 있는 것이지만, 특정 국가의 이용자들만큼은 이를 수용할 수 없게 되는 구조의 전형을 보여준다.

이러한 조치가 취해지자 '인터넷 검열의 시초'가 될 것이라는 우려와 함께 청와대 국민청원 홈페이지에 시행 중단을 요구하는 글이 게시되었고, 이에 26만 여명이 동의하여 "검열은 있어서도 안 되고 있을 수도 없는 일"이라는 정부의 공식 답변이 게재된 바 있다.[11] 학계

---

8) 주소창에 입력한 URL이 불법정보로 미리 등록된 URL과 일치할 경우 접속을 차단하는 방식을 의미한다.

9) 제2장 제3절에서 살펴본 중국의 '방화장성'의 원리와 유사하게, DNS가 주소창에 입력된 URL을 숫자로 구성된 IP 주소로 변환시키는 과정에서 '페이지를 표시할 수 없습니다'와 같은 문구가 송출되는 웹사이트로 연결시키는 방식을 의미한다.

10) 김승주, "강화된 불법 음란물 차단 정책: 인터넷 사전 검열인가, 디지털 성범죄 방지책인가", 「언론중재」 2019년 여름호, 2019, pp.63-65; 김태연, "해외 불법·유해정보 내용규제 실효성 연구: SNI 필드 차단 기술 도입 및 해외 사업자 자율규제 현황을 중심으로", 서울대학교 석사학위논문, 2020, pp.2-3 참조.

11) 청와대 국민청원, https 차단 정책에 대한 반대 의견, https://www1.president. go.kr/petitions/522031(최종접속일: 2021.9.5.); 방송통신위원회, (보도자료) 방통위, "불법정보를 유통하는 해외 인터넷사이트 차단 강화로 피해구제 확대", 2019. 2. 12; 방송통신위원회, (설명자료) 해외 불법사이트 차단은 통신·데이터 감청과 무관합니다., 2019. 2. 14; 최진응·신용우, "https 접속 차단 정책의 현황 및 개선 과제", 「이슈와 논점」 제1575호, 2019, pp.1-4 참조.

에서도 이를 검열의 일종으로 파악하는 관점을 보인 바 있으며,12) 해당 조치에 대해 검열금지 법리에도 위배될 수 있음을 위헌사유 중 하나로 하여 청구된 헌법소원심판 사건이 헌법재판소에 계속 중이다.13)

나. 기존 법리의 이해

기존의 검열금지 법리에 따르면, 위와 같은 문제는 표현의 발표·유통 전에 행해지는 행위가 아니므로 검열에 해당하지 않게 된다. 보다 정확히 말하자면, 기존 법리는 위와 같은 현상을 아예 표현자의 표현의 자유가 아닌 수용자의 알권리의 관점에서 접근하여 왔고, 따라서 당연히 검열금지 법리의 검토 대상으로조차 삼지 않아 왔다. 단적인 예로 제2장 제1절에서 살펴본 독일 연방헌법재판소의 1969년 신문압수 결정의 태도를 들 수 있다.

물론 자유로운 의사의 형성은 충분한 정보에의 접근이 보장됨으로써 비로소 가능한 것이라는 점을 들어 '알권리도 표현의 자유의 일종'이라고 보는 입장도 존재하고,14) 이에 의할 때 표현 수용 단계에서 금지 여부를 결정하는 행위는 '수용자'의 장래의 표현의 자유 제한이라는 점에서 검열에 해당할 수 있다는 입론도 가능은 할 것이다. 그러나 이는 수용자가 의도하는 표현의 내용이 특정되기 전의 행위를 문제 삼는 것이므로 개별 표현물을 금지하는 것에 해당한다고 보기는 어렵다는 점에서, 제1장 제2절에서 설정한 검열의 범위를

---

12) 국회입법조사처·국회의원 송희경/신용현/김경진 주최, 「인터넷 접속 차단 정책 현황 및 과제 세미나 자료집」, 2019, pp.34-35, 39 참조.

13) 서울경제, [단독]'불법사이트 차단 조치' 위헌 심판 받는다", 2019. 8. 12., https://www.sedaily.com/NewsVIew/1VMXWOF16I(최종접속일: 2021.9.5.) 참조.

14) Alexander Meiklejohn, *Free Speech and Its Relation to Self-Government*, Union: Lawbook Exchange, 2012, p.25; Mark Tushnet, 앞의 책, pp.60-61; 문재완, "표현의 자유와 민주주의", 「세계헌법연구」 제17권 제2호, 2011, pp.95-97 등 참조.

넘어선다.

따라서 아래에서는 표현 수용 단계에서 그 내용을 심사하여 금지 여부를 결정하는 행위가, '표현자'의 관점에서 검열이라고 구성될 가능성은 없는지 살펴보기로 한다.

다. 검열금지 법리 적용의 타당성

(1) 기존 검열과의 동질성

헌법재판소도 판시하고 있듯이, 표현의 자유는 전통적으로 사상 또는 의견의 자유로운 표명(발표의 자유) 뿐만 아니라 그것을 전파할 자유(전달의 자유)까지도 포함한다.[15] 누군가가 말을 할 때 독백을 제외한다면 반드시 듣는 이를 전제로 하고 있으며, 이러한 점에서 표현의 자유는 단순히 목소리를 내게 해달라는 것이 아닌, 타자에게 들리도록 말할 수 있게 해달라는 것을 의미한다고 할 수 있다. 다시 말해, 표현의 자유에는 자신의 표현을 수용자에게 전달하여 이를 수령할 수 있는 상태에 놓이게 할 수 있는 권리까지 포함된다는 것이다.[16]

(가) 각국의 이론

이러한 관점은 오래 전부터 여러 나라에서 보편적으로 등장하여 왔다. 먼저 미국에서는 토마스 스캔런(Thomas Scanlon)에 의해 이러한 논의가 전개되었다. 그는 표현의 자유의 주체로 표현자 이외에

---

15) 헌재 1989. 9. 4. 88헌마22, 판례집 1, 176, 188; 헌재 2009. 5. 28. 2006헌바 109등, 판례집 21-1하, 545, 563 등 참조.
16) 장철준, "디지털 시대 헌법상 표현의 자유 개념 변화를 위한 시론: 혐오표현 문제를 중심으로", 「언론과 법」 제18권 제1호, 2019, pp.86-87; 박찬권, "헌법체계상 인격권과 표현의 자유의 규범적 위상 및 상호관계: 상업광고의 기본권 보호범위에 관한 보론", 「공법연구」 제48집 제1호, 2019, pp.160-161; Thomas R. Litwack, 앞의 글, pp.532-536 참조.

'수용자'라는 타자 개념을 도입하였고, 국가가 공익을 보호한다는 명목 하에 표현자의 표현의 자유를 제약하려 할 때 이러한 수용자의 '들을 이익'을 근거로 내세움으로써 그러한 행위를 제한하려는 이론을 제시하였다.17)

독일에서도 의사표현은 의견형성과 상대방에 대한 설득, 이로써 상대방이 자신의 견해에 동조하도록 하는 정신적 작용의 달성을 본질적인 목적으로 하는 것이라는 전제 하에, 표현의 자유는 의사를 표명하는 사람의 의사소통과 관련된 인격발현을 전반적으로 포괄하는 통합적인 의사소통기본권(Kommunikationsgrundrecht)으로 이해되어야 한다는 이론이 전개된 바 있다.18)

우리나라에서도 오늘날의 언론자유는 의사표현의 자유에만 국한되지 않으며, 포괄적인 의사소통의 자유로 이해된다는 견해가 존재한다. 특정인이 의사를 표현하고, 일정한 매체가 이를 매개·전달하는 단계를 거쳐, 다른 특정인에 의해 그 의사가 수령됨으로써 비로소 완결되는, 의사소통의 전체 과정을 보장하는 기본권으로 보아야 한다는 것이다.19)

---

17) 스캔런은 표현을 통해서 발생하는 이익을 세 가지 측면에서 파악한다. 첫째, 말할 수 있으므로 얻는 이익, 둘째, 타인의 표현을 접하여 얻는 이익, 셋째, 여타의 방법으로 표현에 의해 영향 받는 구경꾼으로서 얻는 이익이 그것이다. 각각 참여자의 이익(interests of participants), 청취자의 이익(interests of audiences), 구경꾼의 이익(interests of bystanders)으로 명명한다. Thomas Scanlon, "A Theory of Freedom of Expression", *Philosophy & Public Affairs*, Vol.1 No.2, 1972, pp.204-205; Thomas Scanlon, "Freedom of Expression and Categories of Expression", *University of Pittsburgh Law Review*, Vol.40 No.4, 1979, p.519 참조.

18) Pieroth/Schlink, *Grundrechte Staatsrecht II*, 28 neu bearb. Aufl., C.F. Müller, 2012, S.142 참조.

19) 장영수, 앞의 책, pp.672-673; 지성우, "한국 헌법상 표현의 자유에 관한 고찰: 역사, 현재 그리고 미래", 「헌법재판연구원 제8회 국제학술심포지엄 발표자료집」, 2019, p.39 참조.

(나) 각국의 헌법문서

또한 다수의 헌법 문서들로부터도 이러한 관점은 확인된다. 먼저 「세계인권선언(Universal Declaration of Human Rights)」 제19조는 표현의 자유에 관하여 "어떠한 매체를 통해서도 정보와 사상을 추구하고, 얻으며, 전달하는 자유를 포함한다."[20]라고 규정한다(밑줄은 필자).

제2장 제1절에서 살펴본 「독일 기본법」 제5조 제1항은 표현의 자유를 규정하면서 '표명하다(äußern)'와 '확산시키다(verbreiten)'을 병렬적으로 배치하여, '표현주체가 외부세계를 향하여 표출하는 것'과 함께 '타인과 접촉하여 정신적 작용을 교차함으로써 상호 소통하는 것'을 동시에 헌법적으로 보호한다는 점을 명확히 하고 있다.[21]

라트비아, 포르투갈, 스페인의 헌법 문언에서 볼 수 있듯이, 각국 헌법 중에도 표현의 자유에 관한 규정에서 수용자를 전제한 행위까지 함께 명시하면서, 이 역시 검열금지 조항의 적용대상에 포함되도록 규정하는 경우가 많다(밑줄은 필자).

「라트비아공화국 헌법」

제100조 모든 사람은 표현의 자유에 대한 권리를 가진다. 여기에는 정보를 자유롭게 수령·보관·배포하고 자신의 견해를 표현할 권리가 포함된다. 검열은 금지된다.

2005년 「포르투갈 공화국 헌법」

제37조 (표현과 정보의 자유) 1. 모든 국민은 자신의 생각을 자유롭게 표

---

20) 이 조항의 번역은, 국가인권위원회, 세계인권선언, https://www.humanrights. go.kr/common/download.jsp?fn=UNIVERSAL_DECLARATION_OF_HUMAN_RIG HTS(korean).pdf&realname=UNIVERSAL_DECLARATION_OF_HUMAN_RIGHTS (korean).pdf(최종접속일: 2021.9.5.) 참조.

21) Pieroth/Schlink, 앞의 글, S.142; 이진구, 앞의 글, pp.76-77 참조.

현할 권리와 함께 단어, 이미지 또는 그 외의 수단을 통해 생각을 알릴 권리를 가지며, 타인에게 정보를 전달하고 스스로 정보를 확인하며 방해나 차별 없이 정보를 습득할 권리를 가진다.

2. 상기 권리의 행사는 어떠한 검열 방식이나 형태로든 방해받거나 제한받지 아니한다.

「스페인 헌법」

제20조 ① 다음 각 호의 권리는 인정하고 또한 보장한다.

a) 사상, 이념 및 의견을 말이나 글 또는 기타 전달수단을 통해 자유롭게 표명하고 전파할 수 있는 권리

② 이러한 권리의 행사는 어떠한 형태의 사전 검열에 의한 제한도 받지 아니한다.

더 나아가 스웨덴 「표현의 자유에 관한 기본법」에서는 해외에서 이미 송출된 라디오 프로그램이라도 스웨덴에 송출되기 전이라고 한다면 여전히 검열금지 조항이 적용된다고 규정하고 있고, 라디오 프로그램의 내용을 문제 삼아 라디오 수신기기의 소지나 사용을 금지하는 조치를 할 수 없도록 하는 규정도 두고 있다(밑줄은 필자).22)

「표현의 자유에 관한 기본법」

제1장 기본 규정

제3조 정부나 기타 공공기관은 라디오 프로그램이나 기술적 기록물에 발표될 내용을 강제로 사전 검열 할 수 없다.

(둘째 문단 생략)

---

22) "이 법에 따른 검열로부터의 보호는 모든 사람이 라디오와 TV를 소유할 권리를 포함한다."라는 견해로, Joakim Nergelius, *Media Law in Sweden*, Wolters Kluwer Law & Business, 2015, p.40.

이 법에 규정된 경우를 제외하고, 정부나 기타 공공기관은 라디오 프로그램이나 기술적 기록물의 내용을 문제 삼아 <u>라디오 프로그램을 수신하거나 기술적 기록물의 내용을 이해하는 데 필요한 기술적 기기의 소지나 사용을 방해 또는 금지할 수 없다</u>. 같은 이유로 라디오 프로그램 전송을 위한 지상 통신망 건설을 금지할 수도 없다.

제7조 해외에서 송출되거나 위성으로 스웨덴에 전송되었지만 <u>스웨덴에서 송출되지 않은 제6조의 라디오 프로그램을 국내에 수정 없이 계속 동시 전송하는 경우에는, 다음 규정만 적용한다.</u>

사전 검열과 기타 제한을 금지하는 <u>제3조 첫째 문단</u>

기술적 기기의 소지와 지상 통신망 건설에 관한 <u>제3조 셋째 문단</u>

결국 발표 전에 표현을 금지하는 경우와 발표는 되었으나 수용을 금지하는 경우는 규범적 관점에서 차이가 없다는 것이다.

(2) 기존 검열보다 표현억제적 효과가 강할 가능성

검열의 개념 자체를 "어떤 정보가 권력자로 하여금 대중들에게 책임을 지도록 만듦으로써 권력을 약화시킬 가능성이 있다고 생각될 때, 그 정보의 대중적 표현이나 <u>그 정보에 대한 대중적 접근에 대하여</u> 권력자에 의해 취해지는 제한(restriction of the public expression of or <u>public access to information</u> by authority)"이라고 정의하는 견해가 존재한다(이상, 밑줄은 필자).[23] 이 견해는 나아가, 표현에 대한 직접적 금지보다 접근에 대한 장벽을 세우는 것이 덜 가시적이고 비용도 적게 들기 때문에, 오히려 권력자들은 후자를 훨씬 쉽게 이용할 수 있다고도 지적한다.[24]

이 견해에서는 3개의 층위로 구성된 '정보피라미드'를 제시하는

---

23) 이하, Margaret E. Roberts, 앞의 책, pp.37-44, 56-61, 104-112 참조.
24) 같은 견해로, Tim Wu, 앞의 글, pp.279-280 참조.

데, 하부 층위에서 중부 층위로의 정보의 흐름은 미디어가 정보원을 발굴해 내어 이를 발표하는 것으로 상정하고, 중부 층위에서 상부 층위로의 정보의 흐름은 대중들이 미디어에 접근하여 이를 수용하는 것으로 상정한다. 새롭게 등장한 미디어 중 하나인 소셜미디어는 중부 층위를 거치지 않고 하부 층위에서 상부 층위로 정보가 바로 흘러갈 수 있게도 만든다.

이어서 검열은 위와 같은 정보피라미드의 어느 단계에서든지 '표현을 제한하는 방식'과 '접근을 제한하는 방식' 두 가지로 모두 일어날 수 있다고 하면서, 하부 층위에서 중부 층위로의 정보의 흐름을 금지하면 미디어가 특정 유형의 정보에 접근하는 것이 불가능해지고(접근 제한) 이로 인해 그들의 관점을 표현하는 것이 불가능해지며(표현 제한), 중부 층위에서 상부 층위로의 정보의 흐름을 금지하면, 미디어가 이미 준비된 내용을 송출할 수 없게 되고(표현 제한) 이로 인해 이를 대중들이 공유할 수 없게 된다(접근 제한)고 설명한다. 이러한 4가지 유형 중 현재 논의되고 있는, 표현 수용 단계에서 그 내용을 심사하여 금지 여부를 결정하는 행위는 가장 마지막 경우에 해당한다고 할 수 있을 것이다.

이러한 유형에 해당하는 경우, 일단 특정 정보가 표현된 뒤 유통되고는 있는 것이기 때문에, 추가 비용을 들여 금지 장치를 우회하는 수단을 취함으로써 해당 정보에 접근할 여지는 남아 있다. 제2장 제3절에서 살펴본 중국의 '방화장성'과 같은 경우에도 가상사설망(VPN, virtual private network)이나 프록시(Proxy) 서버를 통해 중국 밖에 있는 컴퓨터에 가상으로 로그온(log-on)하는 방식으로써 우회접속을 하는 것까지 차단하지는 못한다. 그럼에도 불구하고 이 견해가 이를 검열로 파악하는 이유는, 접근에 대한 비용이 대중에게 가하는 효과가 놀랍도록 강력하기 때문이다. 위와 같은 우회접속 수단을 강구할 수 없는 대중들도 존재하고, 강구하더라도 이는 직접 접속하는 것보다 속도가 느리며, 하나의 우회접속 수단이 차단되면 다른 대안을 찾아 나서야 하고, 무엇보다 일반 대중들은 차단된 정보의 존재 자체에 대해서 모르기 때문에 우회접속 수단을 강구할 수조차 없다고 강조한다.

이와 같이 표현 수용 단계에서의 금지는 사실적인 측면에서 보더라도, 발표나 유통 단계에서의 금지보다 더 은밀하게 그러나 더 강한 효과를 가지고 행해질 가능성이 있는 것이다.

(3) 인터넷 접근권 논의로부터의 시사점

제3장 제3절에서 유럽인권재판소의 결정을 중심으로 살펴본 '인터넷 접근권' 논의로부터도, 표현 수용 단계에서 이루어지는 행위를 검열금지 법리로 포섭시킬 시사점을 얻을 수 있다. 인터넷 접근권 논의는 표현자 측에 속하는 '내용' 영역에서의 차단뿐만 아니라 수용자 측에 속하는 '물리'나 '논리'의 영역에서의 차단 역시, 기존의 검열에 해당하는 형태로 표현의 자유에 대한 제약이 된다는 점을 인지하게 만들기 때문이다.

인터넷의 연결은 물리, 논리, 내용의 세 영역으로 나누어질 수 있는데, 각각의 영역에서 모두 인터넷 연결은 차단될 수 있다. 물리적으로는 개인의 통신기기를 압수하거나 전체 통신망을 중단시키는 방법으로, 논리적으로는 특정 이용자 계정의 인터넷서비스 이용을 중단하거나 그 이용권한을 제한하는 방법 또는 특정 웹사이트에 대한 연결을 모두 차단하거나 제한하는 방법으로 제약될 수 있고, 내용적으로는 특정 웹사이트 내의 콘텐츠를 삭제하는 방법으로 제약될 수 있다. 기존의 검열금지 법리에서는 내용 영역의 차단에만 초점을 두어 왔다면, 인터넷 접근권 논의는 물리나 논리의 영역의 차단 역시 검열과 유사한 표현의 자유에 대한 제약이 된다는 점을 암시한다.[25]

---

25) 이상, 김현귀, 앞의 책(2019), p.23 참조.

라. 검토

지금까지 살펴본 내용으로 확인할 수 있듯이, 표현 수용 단계에서 표현의 내용을 심사하여 금지 여부를 결정하는 행위는, 실질적 효과 측면에서뿐만 아니라 규범적 측면, 이론적 측면에서도 검열금지 법리의 적용대상에 포함되어야 할 이유가 있다.

제2장 제1절에서 살펴보았던 검열금지 법리의 이론적 기초들을 곱씹어 보면, 이들은 모두 단순히 표현이 이루어져야 할 것 뿐만 아니라 이 표현을 수용할 수 있을 것까지 전제하고 제시된 내용들이었다고 할 수 있다. 아무리 표현을 허용하더라도 수용할 수 없게 만든다면 표현을 허용하지 않는 것과 다름없기 때문이다. 결국 검열금지 법리가 추구하는 목적은 오로지 표현의 발표나 유통 전에 이를 금지하는 조치에 대해서뿐만 아니라 발표되고 유통된 표현물이 대중들에게 도달하게 전에 억제하는 조치에 대해서까지 적용되어야 달성될 수 있다고 하겠다.

특히 표현 수용 단계에서 이루어지는 행위가 '인터넷 검열'의 전형으로 파악되고 있는 만큼, 표현의 대부분이 인터넷을 통해 이루어지고 있는 오늘날 이 영역을 헌법상 금지되는 검열의 요건 내로 해석하는 것은 실효성 확보의 관점에서도 큰 의의를 갖는다. 이러한 관점에 의할 때 '사전성'이라는 검열의 시기 요건은, 기존의 검열금지 법리에서 파악해 온 '발표 또는 유통 이전' 뿐만 아니라 '수용 이전'까지를 의미하는 것으로 일단 한 차원 더 넓혀서 해석될 수 있다.

2. 표현 수용 이후 단계의 행위

가. 논의의 국면 및 구체적 사례

(1) 논의의 국면

이번에는 한걸음 더 나아가 표현의 발표와 유통뿐만 아니라 수용까지도 정상적으로 이루어졌으나, 그 이후 시점에 그 내용을 심사하여 금지 여부를 결정하는 사례들을 살펴보고자 한다. 다만, 제2장 제1절에서 살펴본 것처럼 형사재판 절차 등에서 사법기관의 최종적 판단에 따라 표현의 위법성이 확정된 이후에 위법한 표현을 제거하는 행위는 검열과 구별되므로,26) 여기에서 문제되는 것은 표현의 수용까지 이루어진 후이지만 위법성에 관하여 사법기관의 최종적인 판단은 내려지기 이전의 시점에 표현의 내용을 심사하여 금지 여부를 결정하는 경우이다.

  (2) 구체적 사례 : 정보통신심의제도

  우리나라 현행법상 이 유형에 속하는 사례로는 앞서 몇 차례 언급된 바 있는 '정보통신심의제도'를 들 수 있다. 「정보통신망 이용촉진 및 정보보호 등에 관한 법률」 제44조의7 제1항에서는, 음란정보, 명예훼손정보, 국가기밀 누설정보 등과 같이 「형법」을 비롯한 개별 법에서 형사처벌의 대상으로 삼고 있는 정보에 관해 인터넷을 통한 유통을 금지하고 있다. 이러한 정보가 인터넷에 유통되고 있는 경우, 먼저 방송통신심의위원회가 해당 정보를 심의하여 인터넷 서비스 제공자에게 해당 정보의 삭제 또는 접속차단 등을 하도록 시정요구를 할 수 있고(「방송통신위원회의 설치 및 운영에 관한 법률」 제21조 제3호 및 제4호, 「방송통신위원회의 설치 및 운영에 관한 법률 시행령」 제8조 제2항 제1호 및 제4항), 이에 따르지 않을 경우 방송통신위원회가 인터넷 서비스 제공자에게 해당 정보의 처리를 거부, 정지,

---

26) 미연방대법원도 Alexander v. United States, 509 U.S. 544 (1993) 판결에서 음란물 판매 등으로 유죄판결을 받은 성인오락(adult entertainment) 회사의 소유자로부터 재고품을 몰수한 것은, 형사소송에 의해 충분히 심리된 후 부과된 것이므로 사후제재에 해당하는 것이고 장래에 보호받을 것으로 추정되는 표현을 사전제재 하는 것은 아니라고 판단하였다.

제한하도록 명령할 수 있다(「정보통신망 이용촉진 및 정보보호 등에 관한 법률」 제44조의7 제2항 및 제3항).[27]

헌법재판소는 그동안 '정보통신심의제도'에 관해 4차례 합헌결정을 선고한 바 있는데, 검열금지 법리에 관해서는 언급되지 않았고, 법정의견들은 모두 과잉금지원칙 심사를 통해 표현의 자유를 침해하지 않는다고 판단하였다.[28]

나. 기존 법리의 이해

발표 또는 유통 이전 시점으로 검열의 시기 요건을 한정하는 기존 법리를 따르는 견해들을 자세히 살펴보면, 수용 이후 시점에 '표현의 내용을 심사하여 금지 여부를 결정하는 행위'가 검열에서 배제되는지에 관해 명확히 밝히고 있지 않음을 알 수 있다. 특히 표현에 대한 사전제한과 사후제한을 엄격히 구별하는 견해들에서는, '사후제한'이라는 개념을 표현금지를 포함한 모든 형태를 아우르는 것이 아니라 형사'처벌'이나 민사상 '손해배상' 등 표현 자체는 금지하지 않은 채 일정한 제재만을 가하는 행위를 지칭하는 것으로 이해하고 있기 때문이다.

실제로 대표적인 관련 문헌들의 문구를 살펴보면, "검열(censorship)은 정부기관에 의한 표현의 사전제한(prior restraint)을 의미하고, 불법한 표현의 유포에 대한 <u>사후처벌(subsequent punishment)</u>과는 구별되는 것이 일반적"[29]이라거나, "표현에 대한 사전제한은 표현이 시

---

27) 「공직선거법」 제82조의4 제3항 및 제4항에서도 공직선거법 위반정보에 관하여 비슷한 내용의 제도를 규정하고 있다.

28) 헌재 2012. 2. 23. 2008헌마500, 판례집 24-1상, 228; 헌재 2012. 2. 23. 2011헌가13, 판례집 24-1상, 25; 헌재 2014. 9. 25. 2012헌바325, 판례집 26-2상, 466; 헌재 2015. 10. 21. 2012헌바415, 판례집 27-2하, 1.

29) 홍승기, "방송광고 사전심의 위헌 판단의 함의: 헌법재판소 2005헌마506 사건을 중심으로", 「행정법연구」 제37호, 2013, p.56.

장에 도달하는 것을 막는 것이지만 <u>사후제한은 표현을 통한 전파는</u> <u>허용하되 그 영향에 대한 책임을 지도록 하는 것</u>",30) "사후제한은 이 미 발표된 표현에 대하여 <u>사후에 법적 책임을 부과한다는 것</u>을 의미 하는데, 그 책임으로는 형사책임, 민사책임을 생각할 수",31) "사전제 한은 일정한 의사표현을 할 수 있는지 여부를 정부가 사전에 결정할 수 있도록 하는 규제방법인 데 대하여, 사후제한은 의사표현이 행하 여진 후에 그 내용을 이유로 <u>일정한 제재를 가하는 것</u>을 말하고, 사 후의 형사처벌이 그 대표적 예"32)와 같이(이상, 밑줄은 필자), 사후제 한의 개념을 모두 표현 그 자체는 유지시키면서 이에 대한 일정한 법적 책임을 지우는 것만으로 파악하고 있음을 알 수 있다. 다시 말 하면, 발표·유통되어 수용되고 있는 표현 그 자체를 금지하는 형태 까지 사후제한의 일종으로 염두에 두지는 않았다는 것이다.

따라서 이 견해들에 따르더라도, 표현 수용 이후에 이루어지는 표현금지 행위까지 일률적으로 형사처벌 등의 제재만을 가하는 행 위와 동일한 성질을 가진다고 파악할 수는 없다.

다. 검열금지 법리 적용의 타당성

(1) 기존 검열과의 동질성

제2장 제1절에서 살펴본 검열의 4가지 주된 해악 중 권력자에 의 한 자의적 결정가능성이 존재한다는 '자의성' 및 표현의 금지 여부 결정 과정에서 표현자가 배제된다는 '일방성'의 요소는, 일방적 결정 에 의해 강제적으로 표현을 금지시키는 경우라면 그 시기를 불문하

---

30) 조소영, "헌법실무연구회 제149회 발표회 지정토론문", 「헌법실무연구」 제 17권, 2017, p.34.
31) 황도수, 앞의 글, pp.186-187; 박용상, 앞의 글(2010), pp.87-88.
32) 김철수 외, 앞의 책, p.202.

고 동일하게 존재할 수 있는 요소이다. 잠시나마 수용의 가능성이 있었다는 측면에서 기존 법리에 따른 검열과 다소 차이가 있을지는 모르겠으나, 표현을 금지하는 결정이 이루어지면 해당 표현을 수용하지 못한 다수의 평가와 비판 가능성은 전면적으로 봉쇄되어 버리므로, 검열금지 법리에서 배척하려는 '비공개성' 및 '시기지연성'의 요소도 여전히 존재하게 된다.[33]

　　정보통신심의제도에 관한 헌법재판소 결정들에서도 이러한 관점의 반대의견이 꾸준히 제시되어 오고 있다. 이들 견해에서는, 현행 정보통신심의제도는 1차적 판단권을 행정기관에 부여함으로써 정보의 내용을 선별하여 시정요구나 취급거부 등을 명할 수 있도록 하는 것으로 "검열제와 유사한 위험성을 내포"하고 있다고 판단한다. "행정기관에게 이와 같이 광범위한 규제대상에 관하여 포괄적인 규제권한을 부여한다면, 규제대상인 표현이 특정인, 특정세력, 특정집단, 특정가치관에 불리한지 유리한지에 따라 차별적·편향적인 법집행이 이루어질 수 있도록 통로를 제공하는 효과가 발생하므로, 표현의 자유가 가지는 민주주의 기능이나 표현의 자유의 사법적 보장을 충분히 배려한 것이라고 하기 어렵다."[34]라는 것이다. 또한 "행정기관의 취급거부명령 등에 대해 사법적 심사가 가능하다 하더라도 이는 어디까지나 사후적인 구제수단일 뿐, 행정기관의 제재에 대한 법원의 판단이 있을 때까지 제재명령으로 인한 위축효과를 무시할 수는 없다."[35]라고도 지적한다.

---

33) 이인호, 앞의 글(2012), pp.192-193; 이인호 외, 앞의 책, pp.206-207; 김동철, 「자유언론법제연구」, 나남, 1987, p.18; 정재황 외, 앞의 책, p.275 참조.
34) 헌재 2012. 2. 23. 2008헌마500, 판례집 24-1상, 228, 256, 재판관 김종대, 재판관 송두환, 재판관 이정미의 이 사건 정보통신망법조항 부분에 대한 반대의견.
35) 헌재 2015. 10. 21. 2012헌바415, 판례집 27-2하, 1, 15, 재판관 이정미, 재판관 김이수의 반대의견.

이러한 헌법재판소 결정보다 몇 년 앞선 2010년에는 국가인권위원회가 이미 같은 맥락에서 "행정기관의 판단에 따라 표현행위를 차단하는 것은 사전적이든 사후적이든 표현의 자유에 대한 위축효과를 발생할 개연성이 크다."라면서 "본 심의제도는 사후적 심사라고 할지라도 사실상 검열로서 기능할 위험이 매우 높다는 점을 부인하기 어렵다."36)라는 이유로 정보통신심의에 관한 권한을 민간자율심의기구에 이양하는 내용으로 관련 규정을 개정할 것을 권고한 바도 있다.

학계에서도 역시, 사법기관의 최종 결정이 나오기 전에 행정기관이 논쟁의 대상이 된 글을 삭제하도록 요청하는 것은 자의적 판단에 따라 국민이 알아야 할 내용과 그렇지 않은 것을 구분하는 태도로서, 검열을 금지하는 헌법 정신에 맞지 않는 것이라는 지적이 행해지고 있다.37)

(2) 기존 검열보다 표현억제적 효과가 강할 가능성

표현이 수용까지 된 뒤에 행해지는 금지라고 하더라도, 그 이전의 시점에 행해지는 금지보다 표현억제적 효과가 더 클 위험성을 가지고 있음을 보여주는 사례들이 존재한다. 대표적으로, 일제강점기 신문에 대해 행해졌던 '납본검열'과 '교정쇄검열'의 관계에서 찾아볼 수 있다.

일제강점기 인쇄물에 대한 법적 규율은 「출판법」과 「신문지법」으로 이분화되어 있었는데, 각각의 법률은 모두 표현 내용에 관한 심

---

36) 국가인권위원회 상임위원회 결정, 정보통신심의제도에 대한 개선권고, 2010. 10. 18.
37) 문재완, "SNS 규제와 표현의 자유", 「제38대 한국언론학회 제1차 기획연구 '한국사회의 정치적 소통과 SNS' 세미나 자료집」, 2012, p.139; 양선희·김재영, "통신심의 실태에 관한 비판적 고찰: 방송통신심의위원회 산하 통신심의소위원회 회의록 분석을 중심으로", 「한국언론정보학보」 통권 제55호, 2011, p.33; 황성기, "사적 검열에 관한 헌법학적 연구", 「세계헌법연구」 제17권 제3호, 2011, p.169 참조.

사절차를 규정하고 있었지만 인쇄물에 대한 제출의무가 부과되는 시기가 달랐다.38) 당시 인쇄물은 '원고-문선-조판-교정-연판-인쇄'의 공정을 밟았는데, 「출판법」 제2조에서는 고본(원고)을 첨부하여 지방 장관을 경유해 내무대신에게 허가를 신청할 것을 규정하고, 제5조에서는 위 허가를 받아 출판한 경우 인쇄 후 즉시 제본 2부를 납본할 것을 추가로 규정하고 있었던 반면, 「신문지법」 제10조에서는 발행에 앞서서 발간할 신문지 2부씩을 관할관청에 납본하도록만 규정하여 「출판법」 제2조에 해당하는 규제가 존재하지 않았다.

이에 따라, 「출판법」의 적용을 받는 인쇄물은 '원고' 단계의 결과물로 내무대신에게 제출하여 허가를 받아야 했던 반면(이른바 '원고검열'), 「신문지법」의 적용을 받는 인쇄물은 '인쇄' 단계에서 이와 동시에 납본을 하고 문제가 지적될 시 즉각 그 결과를 지면에 반영하면 되었다(이른바 '납본검열').39) 오늘날의 관점으로 환원하자면, 출판법의 경우 '발표 전' 심사를, 신문지법의 경우 '발표 후' 심사를 규정하고 있었던 것이다.

그런데 1920년대부터 오히려 「신문지법」의 적용을 받는 신문사들은 검열의 시기를 앞당길 것을 관할당국에 요구하는 모습을 보인다. 그 이유는 당시 납본검열의 관행상 초판 인쇄를 마치자마자 납본이 이루어진 뒤 검열 결과가 전화로 통보되면 이를 즉시 반영하여야 했는데, 이처럼 인쇄까지 마친 뒤 검열 결과가 부정적으로 나오면 인쇄자본은 매우 큰 타격을 입을 수밖에 없었기 때문이다. 압수를 당하거나 압수를 당하지 않으려면 아예 재인쇄, 붓질, 따 붙이기 등을

---

38) 이하, 박용상, "한국의 언론법사", 「법조」 제439권 제4호, 1993, pp.35-43; 한만수, "식민지시기 교정쇄 검열제도에 대하여", 「한국문학연구」 제28집, 2005, pp.127-131, 137-151; 한병구, 앞의 책, pp.330-334 참조.

39) 김창록, "일제강점기 언론·출판법제", 「한국문학연구」 제30집, 2006, pp.289-294; 정근식, "식민지적 검열의 역사적 기원: 1904~1910년", 「사회와 역사」 제64권, 2003, pp.15-25 참조.

해야 했기에, 추가경비가 발생할 뿐만 아니라 작업량이 많아져 다음 발행일을 맞추기도 어렵게 되었다고 한다.

이에 따라 그 타격을 감쇄하고자 신문사들은 '조판' 단계에서 자발적으로 관할당국에 내용 심사를 의뢰하는, 즉, 발표 전 검열을 받겠다는 관행이 형성되었는데(이른바 '교정쇄검열'), 관할당국도 교정쇄검열은 법적인 의무가 아니었고 더구나 납본검열은 여전히 남아 있었기 때문에, 이러한 신문사의 의사를 거부할 이유가 없었다고 한다.

이러한 현상은 오늘날까지도 나타나고 있는데, 많은 자본이 투입되어야 하는 표현물에 관해서 더욱 그러하다.40) 대표적으로 영화업계에서는 "대규모 제작비를 투입한 영화가 일단 상영을 시작한 후에 상영 중단 결정이 내려질 경우 막대한 경제적 손실을 피할 수 없게 되기 때문에, 이를 예방할 수 있는 사전금지를 선호할 수밖에 없다."41)라는 주장도 나오고 있는 실정이다. 광고업계,42) 외국 음반 수입업계43) 등에서도 오히려 발표 전 금지가 발표 후 금지보다 막대한 자본의 손실을 막을 수 있기 때문에 더 선호된다는 의견 역시 존재한다.

결국 이러한 사례는 표현자의 입장에서 발표 후에 이루어지는 표현금지가, 발표 전에 이루어지는 표현금지보다 더 불이익한 경우가 존재할 수 있음을 보여준다.

(3) '사전' 개념의 상대성 논의로부터의 시사점
(가) '사전' 개념의 상대성 논의
'사전'이라는 개념의 상대성을 강조하는 논의가 행해지고 있다.

---

40) William T. Mayton, 앞의 글, pp.253-254 참조.
41) 양영철, 「영화산업」, 집문당, 2006, p.109 참조.
42) 이승선, "'방송불가' 판정 광고사전심의의 위헌성에 관한 연구: 과잉금지원칙을 중심으로", 「광고연구」 제69호, 2005, pp.220-221 참조.
43) 헌재 2006. 10. 26. 2005헌가14, 판례집 18-2, 379, 385, 영상물등급위원회위원장의 의견 참조.

특정한 표현의 발표가 이루어진 후 해당 표현의 내용을 심사하여 금지시키는 것은 일응 사후제한적 성격이 있으나, 더 이상 그 표현을 지속할 수 없고 수용할 수 없다는 점에서는 그 시점을 기준으로 장래를 향한 사전제한의 성격도 지니게 된다는 것이다.[44] 가령, 출시가 된 서적을 사후에 평가해 유통을 차단시키는 것도 결국 아직 배포가 이루어지지 않은 복사본에 대해서는 사전적인 제재에 해당할 수 있다는 관점이다.[45] 이와 유사하게, 「방송법」 제100조 제1항 제2호에서 방송심의규정을 위반한 경우 방송통신위원회가 해당 프로그램의 정정·수정·중지를 명할 수 있도록 한 것 역시, 향후 프로그램 방영에 대해서는 사전제한이 될 수 있다는 견해도 존재한다.[46]

이는 앞서 제2장 제1절에서 검열금지 법리의 이론적 기초 중 하나로 언급되었던 사상의 자유시장 이론의 관점에서도 뒷받침된다. 이 이론은 표현의 다양성 확보라는 가치를 본질로 하는데, 이를 달성하기 위해서는 사상의 자유시장이 일시적으로 '형성'되었다는 것만으로는 불충분하고 '유지'될 필요까지 있음이 당연하기 때문이다.[47] 발표된 표현을 다시 금지하는 것은 잠시나마 형성되었던 사상의 자유시장을 무위로 돌리는 것이므로, 검열금지 법리의 적용대상으로 볼 필요가 있다고 하겠다.

이러한 관점의 연장선상에서, 말과 글을 통한 표현에 있어서 사전과 사후의 구별이라는 것이 언제나 명확한 것은 아니며, 무엇이 사전제한을 구성하는지에 관한 공통된 이해는 존재하지 않는다는, 또는 사전제한에 대한 정확하고 논리적으로 일관된 정의는 제시되

---

44) 박경신, 앞의 글(2002), p.74; 박용상, 앞의 글(2010), pp.147-148; 박선영, 앞의 글(2010), p.693 참조.
45) 박경신, 앞의 책, p.335 참조.
46) 김옥조, 앞의 책, p.39 참조.
47) 황성기, 앞의 글(2000), pp.173-175, 181-182 참조.

고 있지 않다는 견해도 존재한다.[48] 우리나라 헌법재판소의 결정에
대해서도, '사전'이라는 시기 요건을 설정해 놓기는 하였지만 개별
사건들을 살펴보면 구체적으로 그 기준시점을 어디로 잡아야 할지
에 관해 일관된 입장을 보여주고 있지 못하다는 지적이 있다.[49] 음
반의 경우 "제작, 판매, 보관" 행위 이전(94헌가6 결정, 97헌가1 결정),
비디오물의 경우 "제작, 복제, 수입, 판매, 배포, 유통, 대여, 시청제
공" 행위 이전(96헌가23 결정, 99헌가1 결정, 99헌가17결정)에 이루어
지는 금지를 모두 '사전'검열로 보는 등 '사전'의 정확한 의미가 무엇
인지에 관해 규명하고 있지 못하다는 것이다.

　(나) 커뮤니케이션 과정에 관한 순환 모델
　이러한 사전 개념의 상대성은 커뮤니케이션 이론의 관점에서도
살펴볼 수 있다. 제4장 제2절에서 검열의 시기 요건을 도식화하기
위하여 제시한 라스웰의 'SMCRE 모델'은 커뮤니케이션 과정을 선형
적(linear)이고 일방향적으로 이해한다. 이 모델에 대해서는, 커뮤니
케이션 과정을 단계별로 단순화함으로써 명확하게 하는 장점은 있
지만, 실제 커뮤니케이션 과정에서 일어나는 쌍방향성, 동시성 등의
요소를 설명할 수 없다는 비판이 있어 왔다. 이에 따라 수용자의 피
드백 등 지속적인 교환 관계를 설명할 수 있도록 보완된 상호작용
모델(interactive model)이나, 교류 모델(transactional model) 등이 등장
하게 되었다.[50]
　그 중 대표적인 것이 윌버 슈람(Wilbur Schramm)의 '순환적 커뮤

---

48) 김현귀, 앞의 책(2014), pp.123-124; Marin Scordato, "Distinction without a
　　Difference: A Reappraisal of the Doctrine of Prior Restraint", *North Carolina
　　Law Review*, Vol.68 No.1, 1989, p.2 참조.
49) 김배원, 앞의 글, p.82 참조.
50) 윤석민, 앞의 책, pp.79-81; 김진영, 「자아 커뮤니케이션」, 커뮤니케이션북
　　스, 2015, pp.1-5 참조.

니케이션 모델(circular model)'이라 할 수 있다. 이 모델에 의하면 커뮤니케이션이란, '어느 한 곳에서 시작하여 어느 한 곳에서 끝나는 현상이라기보다는 끝이 없는 현상'이다. 표현자와 수용자를 같은 기능을 하는 커뮤니케이션의 동등한 참여자로, 그리고 그 역할을 서로 바꿔가면서 수행하는 것으로 규정한다. 커뮤니케이션의 참여자는 자신의 메시지를 쓰는 한편 다른 사람에 의하여 쓰인 메시지를 읽고 반응하며, 이 반응은 동시에 다시 메시지 쓰기로 이어져 상대방에게 전달됨으로써 커뮤니케이션은 끝없는 순환 과정을 갖게 된다는 것이다.[51]

이러한 순환 모델에 따를 때, 특정한 표현물을 기준으로 사전과 사후를 구분하는 것은 가능하지도 않고 의미도 없게 된다. 어떠한 표현물이든 커뮤니케이션의 순환 과정에서 기존부터 존재하여 오던 표현물의 변형된 형태이자 앞으로도 변형되어 갈 대상에 해당하기 때문이다. 최근 인터넷상에서 활발하게 나타나고 있는 밈(meme) 현상,[52] 즉, '모방과 변이를 통해 전해지는 문화적 요소나 사회적 사고

---

51) W. Schramm, "How Communication Works", W. Schramm ed., *The Process and Effects of Mass Communication*, University of Illinois Press, 1954, pp.3-26; 박정순, 「대중매체의 기호학」, 개정판, 커뮤니케이션북스, 2009, pp.44-51 참조.
52) '밈(meme)'이란, 원래 리처드 도킨스(Richard Dawkins)가 그의 저서 「이기적 유전자」에서 진화론을 통한 사회문화현상 분석에 사용했던 용어로서, 모방을 의미하는 그리스어 어근 'mimeme'와 'gene(유전자)'의 합성어에서 기원하였다. 도킨스는 문화의 전달과 확산 과정도 생물학적 유전자처럼 자기 복제 기능을 하며, 이러한 문화복제 현상을 '밈'이라고 정의하였다. 인터넷 환경 하에서는 밈 현상이 더욱 두드러지게 나타나는데, 음악영상물 패러디나, 특정 주제로 릴레이 영상을 제작해 나가는 이른바 '챌린지(challenge)' 행위 등이 이에 해당한다고 할 수 있다. 리처드 도킨스, 홍영남 역, 「이기적 유전자」, 30주년 기념판, 을유문화사, 2006, pp.335-342; 수전 블랙모어, 김명남 역, 「문화를 창조하는 새로운 복제자 밈」, 바다출판사, 2010, pp.367-390; 조동기, "사이버 공간의 문화적 특성과 '인터넷 밈'의 확산에 대한 연구", 「철학사상문화」 제21호, 2016, pp.216-221 참조.

의 과정'에서 이와 같은 모습을 단적으로 목격할 수 있다. 이에 의할 때, 특정 표현물이 발표되어 수용까지 된 후에 이루어지는 금지라고 하더라도 그 표현물이 속하는 거대한 표현 담론 하에서는 앞으로 예정되어 있던 표현물 전체에 대한 금지로 작용할 수 있다.

라. 검토

이처럼 검열의 방점은 표현의 내용을 심사하여 금지 여부를 결정하는 행위 그 자체에 있는 것이고, 시기의 요소가 개념본질적인 것이라고 보기는 어렵다.[53] 기존 법리에 따른 검열과 동일한 행위임에도 그것이 행해지는 시기라는 형식적 요소 때문에 일률적으로 검열금지 법리에서 배제된다고 보는 것은, 검열금지 법리의 기본취지를 몰각시키는 것이며 현실적·이론적 타당성도 떨어지는 것이라고 하겠다.

2010년 서울고등법원에서도, 인격권 침해를 이유로 한 방해배제 청구권 행사의 일환으로 이미 발표된 기사에 대한 삭제를 청구한 사안에 관해 판단하면서, "이미 발생한 침해에 대한 배제를 구하는 것은 침해행위의 사전금지를 구하는 것과는 구별되어야 하는 것이나, 양자는 특정한 표현 자체를 존재하지 못하도록 원천적으로 봉쇄하는 점에서 표현의 자유에 미치는 효과에 차이가 없으므로, 침해행위의 배제를 구하는 경우에도 침해행위의 사전금지를 구하는 경우의 법리가 그대로 적용된다."[54]라고 판시하여 위와 같은 관점을 취한 바 있다.

---

53) 황성기, 앞의 글(2011), pp.180-181; 장재옥·이인호, 앞의 글, p.146; 김현귀, 앞의 책(2014), pp.135-136; 방석호, "사이버 스페이스에서의 검열과 내용규제", 「사이버커뮤니케이션 학보」 제3호, 1998, p.250 참조.
54) 서울고등법원 2010. 6. 23. 선고 2008나63491 판결. 이 판결은 상고기각되어 확정되었는데(대법원 2013. 3. 28. 선고 2010다60950 판결), 상고심 판결은 위 판시를 명시적으로 지지하거나 배척하지 않고 있다.

결국 수용 이후에 표현의 내용을 심사하여 금지 여부를 결정하는 행위라고 하더라도 실질적으로는 발표나 유통 이전에 이루어지는 행위와 동일한 것으로 평가될 여지가 있으므로, 이 역시 동일한 법리에 따라 규율될 필요가 있다고 하겠다.

Ⅱ. 검열의 적극적 요건 확장해석 2 : '주체' 요건

1. 사법기관의 행위

가. 논의의 국면 및 구체적 사례

(1) 논의의 국면

제1장 제2절에서 살펴보았듯이 이 책에서 초점을 두는 사법기관의 행위는, 사인이 개인적 법익 침해를 이유로 표현금지를 구하는 경우에 관한 것이 아니라, 국가가 국가적·사회적 법익, 즉, 공익의 보호를 목적으로 표현금지를 구하는 경우에 관한 것이다. 이에 해당하는 것으로는 형사절차에서 수사기관의 신청에 따라 법관의 영장발부로 행해지는 표현물의 압수가 있을 수 있고, 미국에서처럼 국가가 직접 당사자가 되어 국가안보나 청소년 보호 등을 이유로 표현금지 가처분 등을 신청하는 경우가 있을 수 있다.

(2) 구체적 사례 : 정기간행물 취소심판

이 중 우리나라 현행법상 가처분 절차는 개인의 법익을 보전하는 절차이기 때문에 공익 목적에서 국가가 가처분을 신청하는 것은 아직 실현되기 어렵다.55) 그러나 1962년 헌법 개정논의 과정에서 "정

---

55) 이인호, 앞의 글(1997b), pp.264-265; 이규진, "언론자유와 사전제한의 법리: 방영금지가처분 합헌 결정을 중심으로", 『언론중재』 2001년 겨울호, 2001, p.35 참조.

부 스스로가 언론기관에 대해서 어떠한 처분을 내리는 것은 위험천만하므로, 법원에 소추해서 법원으로 하여금 처분을 할 수 있게끔 보장해 주는 것이 좋겠다."[56]라는 제안이 이루어지거나, 근래에도 정보통신심의제도와 관련하여 "불법정보를 신속히 차단시켜야 할 긴급한 상황이 존재한다고 인정하는 경우, 행정청이 법원에 가처분을 신청하고 법원이 빠른 시일 안에 대립당사자적 구조 하의 결정이 가능할 것"[57]이라는 견해가 피력되는 등 이와 같은 제도의 현실화 가능성이 아예 존재하지 않는 것은 아니다.

이미 「잡지 등 정기간행물의 진흥에 관한 법률」 제24조 제2항에서는, 지방자치단체의 장이 발행목적 위반이나 공중도덕·사회 윤리 침해 등 정기간행물의 내용을 이유로 하여 법원에 정기간행물의 등록 또는 신고 취소심판을 청구할 수 있도록 규정하고 있어, 유사한 제도를 두고 있기도 하다.

나. 기존 법리의 이해

그동안 우리나라에서 전형적으로 논의되었던 사안은, 사인이 자신의 인격권이나 프라이버시, 저작권 등 개인적 법익 침해를 이유로, 문제되는 표현의 발표를 전후하여 법원에 해당 표현의 금지를 청구하는 경우였다. 앞서 제2장 제2절에서 살펴본 것처럼, 헌법재판소는 2000헌바36 결정에서 헌법상 금지되는 검열의 주체는 '행정권'에 한하므로 위와 같은 경우는 검열에 해당하지 않는다는 입장을 취했다. 학계에서도 대체로 이러한 입장을 지지하면서, 법원이 금지청구를 인용하면 언론보도를 원천적으로 통제하는 결과가 되지만 이는 금지청구의 요건을 엄격히 함으로써 해결해야 하는 문제라고 이해하

---

56) 대한민국국회, 「헌법개정심의록」 제2집, 1967b 중 헌법심의 공청회 속기록 〈서울〉, 1962. 8. 23., pp.161-162, 법원대표 이병용의 발언내용.
57) 장재옥·이인호, 앞의 글, p.147.

고 있다.58)

그러나 이 책에서 초점을 맞추는 국가의 신청에 의한 사법기관의 표현금지에 대해서는 기존 법리에서도 명확한 입장을 보이고 있지 않다. 역시 제2장 제2절에서 살펴본 것처럼, 헌법재판소는 검열의 요건을 처음으로 구체화했던 93헌가13등 결정에서 "검열금지의 원칙은 정신작품의 발표 이후에 비로소 취해지는 <u>사후적인 사법적 규제</u>를 금지하는 것이 아니"59)라는 입장을 취한 바는 있으나(밑줄은 필자), 그 이전 시점에 사법기관에 의해 취해지는 표현금지에 대해서는 판단한 바가 없다.60)

또한 2000헌바36 결정에서 사인의 신청에 의한 법원의 표현금지 가처분이 검열이 아니라고 판단한 근거로는, 검열의 주체 요건을 결여한 점뿐만 아니라, '개별 당사자간의 분쟁에 관하여 심리, 결정하는 것'이어서 검열의 방법 요건도 결여하였다는 점 역시 설시되어 있다. 이에 관하여, 이와 같은 가처분은 개인의 권리를 실현하는 것으로서 사인 간의 법률관계에서 행해지는 대사인적 효력의 영역에 해당하기 때문에 검열금지 법리가 적용되지 않는 것이지, 사법기관이 주체라는 이유로 검열금지 법리가 배제되는 것은 아니라는 비판적 견해 역시 존재한다.61)

이러한 배경 하에, 국가가 사법기관에 표현금지를 구할 수 있도록 한 제도에 관해, 사법기관이 표현의 내용을 심사하여 금지 여부를 결정하는 행위를 직접적으로 행하는 주체라는 이유만으로 검열금지 법리의 적용영역에서 아예 배제하는 것이 타당한지 검토해 볼 필요가 있다.

58) 김재형, 「언론과 인격권」, 박영사, 2012, pp.210-217 참조.
59) 헌재 1996. 10. 4. 93헌가13등, 판례집 8-2, 212, 224.
60) 이인호, 앞의 글(2004), pp.186-187 참조.
61) 홍강훈, 앞의 글, p.101 참조.

다. 검열금지 법리 적용의 타당성

(1) 기존 검열과의 동질성

표현의 내용을 심사하여 금지 여부를 결정하는 행위가 본안소송 절차에서 해당 표현의 최종적인 위법성이 판단되기 전에 행해지는 경우라면, 그것이 사법기관에 의한 것이든 행정기관에 의한 것이든 동일한 특성을 공유할 가능성이 있다. 양자 모두 남용의 우려가 있다는 점, 사상의 자유시장에서 자유로운 토론과 비판의 기회를 봉쇄한다는 점, 예측에 기초해서 추상적 판단을 하게 된다는 점, 표현의 시기가 지연된다는 점 등에서 차이가 없기 때문이다.62) 즉, 제2장 제1절에서 살펴본 검열의 주된 4가지 해악이 단지 사법기관에 의한 것이라는 사정만으로 사라지지는 않는다는 것이다.

사법기관이 행하는 행위라고 하더라도, 표현물의 내용을 입수하여 조사하고 그 결과에 따라 일정한 표현물의 금지 여부를 심사, 선별하는 것이라면, 운영과 효과 또는 작용과 결과 면에서 행정기관에 의한 경우와 그 핵심이 일관되어 있다는 지적도 존재한다.63) 이는 표현을 금지하는 행위의 형식적인 주체가 중요한 것이 아니라 표현에 미치는 실질적인 영향이 중요함을 다시 한 번 보여준다.64) 제3장 제1절에서 살펴본 독일 연방헌법재판소의 1992년 악마의 무도 결정이나, 제3장 제3절에서 살펴본 프랑스 최고행정법원의 1960년 「France-Soir」지

---

62) 권용진·임영덕, 앞의 글, p.433; 이인호, 앞의 글(1997b), p.259; 이인호, 앞의 글(2004), pp.186-187; Howard O. Hunter, "Toward a Better Understanding of the Prior Restraint Doctrine: A Reply to Professor Mayton", *Cornell Law Review*, Vol.67 No.2, 1982, p.293 참조.

63) 홍성주, "방송금지 가처분 신청의 현황과 위헌성 논란", 「관훈저널」 2001년 겨울호, 2001, pp.85-88; Thomas I. Emerson, 앞의 글(1955), p.671; Vincent Blasi, 앞의 글, pp.91-93 참조.

64) T. Barton Carter et al., 앞의 책, p.29 참조.

압수 판결 역시 같은 맥락에서 이해될 수 있다.

(2) 기존 검열보다 표현억제적 효과가 강할 가능성

사법기관이 행정기관에 비해 표현의 자유를 더 보호하려는 성향을 지닌다고 단정할 수 없다는 주장도 존재한다. 우선 절차적 측면에서 압수나 가처분의 경우, 정식 재판과 달리 변론 없이 절차가 진행될 수 있고 증명에 이르지 않는 소명만으로도 판단할 수 있도록 되어 있어, 합의제 행정기관에 의한 숙고된 심사절차와 비교해 볼 때 남용의 위험성이 더 클 수도 있다는 지적이 있다.[65]

내용적 측면에서 보더라도 법원은 대체로 금지명령을 거부하는 데에서 오는 부담을 회피하려는 성향을 지니고 있다고 한다.[66] 이는 미국에서 정부가 국가보안에 관련된 금지명령을 신청한 경우에 두드러지게 나타나고 있다. 법원이 정부의 신청을 기각한다면 자신의 결정에 대하여 국민으로부터 심각한 비난을 받을 위험을 감수하여야 하는 반면, 이를 인용한다면 표현자로부터 비난을 받을지언정 국민 전체로부터 비난받을 염려는 없게 되기 때문이다. 금지명령이 인용되면 대중들은 그 표현의 내용이 무엇인지도 모르게 될 뿐만 아니라, 법원이 잘못 판단하였는지에 관하여 전혀 판단할 수도 없게 된다.

나아가 미연방대법원에서 발령되는 금지명령은 문제가 된 특정 표현물뿐만 아니라 동일한 주제를 다루는 장래의 모든 표현도 막는 효과를 가지며,[67] 법원들은 이러한 금지명령에 위반한 행위를 사후 처벌 조항에 위반한 행위보다 더 심각한 범죄(법정모독죄)로 취급하는 경향도 보이고 있다고 한다.[68]

---

65) 이인호, 앞의 글(1997b), pp.259-260; 김형성, 앞의 글, p.53 참조.
66) 이하, 양건, 앞의 글(1998), pp.221-223; 황도수, 앞의 글, pp.187-188 참조.
67) Thomas I. Emerson, 앞의 글(1955), p.671; Stephen R. Barnett, 앞의 글, pp.551-553 참조.

(3) 표현물 압수에 관한 특별요건 논의로부터의 시사점

표현물의 압수에 관해서는 일반적인 압수와 달리 특유한 법리를 전개하고 있는 경우가 많은데,[69] 이 역시 실질적으로 전형적인 검열과 동일한 효과가 있을 수 있음을 염두에 둔 것이라 할 수 있다. 대표적으로 제3장 제2절에서 살펴본 미연방대법원의 음란표현물 압수에 관한 특별요건 법리가 그러하다.

우리나라에서도 1980년부터 1987년까지 존재하였던 「언론기본법」 제7조에서 표현물 압수에 관한 특유한 요건을 규정했던 적이 있었다. 이에 따르면, 정기간행물과 방송표현물의 압수는 몰수될 것이라는 상당한 이유가 있는 경우에 한하여 가능하고(제1항), 영장에 압수의 원인이 된 부분과 위반법률을 적시하여야 하며(제2항), 압수 후 6개월 동안 기소되지 않으면 압수가 해제된 것으로 간주하고(제4항), 압수가 부적법한 경우 적정한 보상을 행하도록 되어 있었다(제5항). 위 법률은 비록 폐지되었지만, 표현물 압수의 경우에는 여전히 그 취지를 살려 엄격한 형량과 영장주의와 같은 일정한 절차의 적용이 이루어져야 할 것이라는 견해가 존재한다.[70]

라. 검토

대법원은 사인이 개인적 법익 침해를 주장하며 출판물에 대한 발행·판매 등의 금지를 구한 사건들에서조차, "표현행위에 대한 사전억제에 해당하므로 헌법 제21조 제2항의 취지에 비추어 원칙적으로 금지하되 엄격하고 명확한 요건이 갖추어진 예외적인 경우에만 허

---

68) 존 노왁·로널드 로툰다, 앞의 책, pp.125-127; Geoffrey R. Stone et al., 앞의 책, pp.148-149 참조.

69) 「멕시코헌법」 제7조는 더 나아가, 검열금지 조항에 이어서 "어떠한 경우에도 범죄수단으로서 정보, 의견 및 사상의 전파에 사용된 재산을 압수할 수 없다."라는 조항을 두고 있다.

70) 박용상, 앞의 글(2010), pp.181-183 참조.

용되는 것으로 보아야 한다."라고 판시해 오고 있다. 절차적 요건에
대해서도, 임시의 지위를 정하기 위한 가처분은 「민사집행법」 제304
조71)에 따라 예외적으로 변론기일 또는 심문기일 절차를 거치지 않
을 수 있으나, "예외적인 사정이 있는지 여부는 표현행위의 사전억
제라고 하는 결과의 중대성에 비추어 일반적인 임시의 지위를 정하
기 위한 가처분보다 더욱 신중하게 판단되어야 할 것"이라고 판시하
고 있다.72)

이 결정에 대해서는, 사법기관도 검열의 주체에 포함되어야 한다
는 견해에서 지적된 '가처분 절차의 미비점'을 충실히 보완한 것이라
는 평가가 행해지고 있다.73) 다른 한편 압수 절차에 관해서도, "출판
직전에 내용을 문제 삼아 출판물을 압수하는 것은 실질적으로 사전
검열과 같은 효과를 가져올 수도 있는 것이므로 범죄혐의와 강제수
사의 요건을 엄격히 해석하여야"74) 한다고 판단한 대법원 결정도 존
재한다.

이와 같은 법원의 입장은, 결국 사법기관이 행하는 행위가 형식
적으로는 검열에 해당하지 않을지 몰라도 실질적으로는 검열의 성
격을 가진 것이고, 다만 절차적 요건을 엄격히 갖춘 경우에만 허용
될 수 있다는 것으로 정리해 볼 수 있을 것이다. 그렇다면 이러한 판
단 과정을 검열금지 법리의 적용영역에서 의도적으로 배제한 뒤 행
하기보다는, 검열금지 법리 안으로 포섭하여 행하는 것이 더 타당할

71) "제304조(임시의 지위를 정하기 위한 가처분) 제300조제2항의 규정에 의한
    가처분의 재판에는 변론기일 또는 채무자가 참석할 수 있는 심문기일을
    열어야 한다. 다만, 그 기일을 열어 심리하면 가처분의 목적을 달성할 수
    없는 사정이 있는 때에는 그러하지 아니하다."
72) 이상, 대법원 2005. 1. 17.자 2003마1477 결정.
73) 김상환, "표현행위의 사전금지를 구하는 가처분사건에 관한 법원의 심사
    기준과 절차(대법원 2005. 1. 17. 자 2003마1477 결정)", 대법원 헌법연구회
    편저, 「헌법판례해설 1」, 사법발전재단, 2010, pp.462-463 참조.
74) 대법원 1991. 2. 26.자 91모1 결정.

것이다. 기존 법리에 따르면 독재정권에 장악된 법원이 국가의 표현
금지 청구 또는 압수 신청에 대해 거수기 역할만 하는 경우까지도,
사법기관이 표현의 내용을 심사하여 금지 여부를 결정하는 형식을
취하였다는 이유만으로 검열에 해당할 가능성을 일체 부정하게 되
는데, 이는 심히 납득할 수 없는 결론이라 하겠다.

2. 사인의 행위 : 이른바 '사적 검열'

가. 논의의 국면 및 구체적 사례

(1) 논의의 국면

사인에 의해 이루어지는 표현금지 행위를 국가와의 관계를 기준으
로 분류해 보면, 크게 다음과 같은 세 가지 유형이 있을 수 있다. 첫째,
공무수탁사인과 마찬가지로, 국가가 이미 그 내용을 심사하여 금지 여
부를 결정한 표현물에 대해 실제적인 금지 행위만을 대행하는 경우이
다. 둘째, 국가가 사인에게 일정한 표현물의 내용을 심사하여 금지 여
부를 결정할 의무 및 의무 위반 시 법적 책임을 부여함으로써 사인이
스스로의 결정에 따라 표현금지를 행하도록 하는 경우이다. 셋째, 순
수한 자율규제로서 국가의 강제 없이 이용약관 등 사인간의 개별적인
계약 내용에 따라 표현금지를 행하는 경우이다.75) 이러한 유형들은
모두 국가에 의해 이루어지는 전형적 검열과 대비된다는 점에서, 이
른바 '사적 검열(private censorship)'로 통칭되고 있다.76)

---

75) 김현귀, 앞의 책(2014), p.107; 홍남희, 앞의 글(2018), p.150; 이인호 외, 앞
    의 책, pp.208-210 참조.
76) 권헌영, "인터넷상 표현의 자유보장에 관한 헌법구조적 한계와 과제", 「언
    론과 법」 제10권 제2호, 2011, p.83; 김현귀, 앞의 책(2014), pp.124-125; 황
    성기, 앞의 글(2011), pp.164-165; 홍남희, 앞의 글(2018), p.150 등 참조.

이 중 여기서 다루고자 하는 것은 두 번째 유형이다. 첫 번째 유형의 경우, 제2장 제1절에서 살펴보았던 영국의 출판허가제 시기 서적상조합의 행위가 그 전형적 사례라고 할 수 있는데, 표현금지 여부에 대한 결정은 국가가 행하고 사인은 그 과정에서 국가의 수족과 같이 기능할 뿐이라는 점에서 국가에 의한 기존의 전형적인 검열과 다를 바 없다. 국가가 구체적인 집행상의 효율과 편의를 위해 규제 권한의 일부를 사인에게 위임하여 배분한 것에 불과하기 때문이다.[77] 세 번째 유형은 국가에 의해 사인에게 강제된 행위가 존재하지 않으므로 제1장 제2절에서 설정한 연구범위를 벗어나는 것이다.[78]

인터넷을 통한 의사소통이 다수를 차지하는 오늘날, 두 번째 유형은 제2장 제3절에서 살펴본 것처럼, 국가가 인터넷 서비스 제공자에게 자신의 서비스를 통해 게시되는 표현물에 대해 모니터링하고 문제되는 표현물이 유통될 시 이를 삭제하도록 하는 등의 조치의무를 부과한 뒤, 이에 위반하였을 경우 행정적·형사적 제재를 가하는 입법으로 주로 구현되고 있다.[79]

(2) 구체적 사례 : 인터넷 서비스 제공자의 조치의무

우리나라 현행법상으로도 이러한 유형에 해당할 수 있는 사례들이 존재한다. 먼저 인터넷 서비스 제공자 중 웹하드 사업자는 불법

---

77) 최규환, 앞의 책, pp.94-95 참조. 서울민사지방법원 1989. 8. 29. 선고 88가합4039 판결에서도, 정부기관이 특정한 출판물에 대해 출판사에게는 시판 자제를, 시중 서점에게는 판매금지를 종용함으로써 해당 출판물의 판매가 현실적으로 거의 불가능하게 된 경우, 직접적인 표현금지 행위는 출판사나 서점이 한 것이지만 궁극적으로는 국가기관이 출판자 및 저작자의 권리를 침해한 것이라고 보아 국가배상을 인정하였다.
78) 이 유형에 관한 보다 자세한 논의는, 황성기, 앞의 글(2011), pp.164-165, 170-175 참조.
79) 홍남희, 앞의 글(2016), p.118; 이인호 외, 앞의 책, p.209 참조.

음란정보가 있는지 인식할 수 있는 조치와 해당 정보를 검색하거나 송수신하는 것을 제한하는 조치 등을 하여야 한다(「전기통신사업법」 제22조의3 제1항 제2호).

또한 제2장 제3절에서 살펴본 것처럼, 모든 인터넷 서비스 제공자는 불법촬영물(이른바 '몰래카메라 영상') 등이 유통되고 있음을 인식하게 된 경우 삭제, 접속차단 등의 조치를 취하여야 한다(「전기통신사업법」 제22조의5 제1항). 이러한 의무를 위반하면, 사업취소나 시정명령, 형사처벌, 과태료와 같은 제재가 가해진다(「전기통신사업법」 제27조 제1항 제3호의2 및 제3호의4, 제92조 제1항 제1호, 제95조의2 제1호의2, 제104조 제1항 제1호).

헌법재판소는, 인터넷 서비스 제공자로 하여금 아동·청소년이용음란물을 발견하기 위한 조치 및 발견 시 삭제, 전송 방지 또는 중단을 위한 기술적 조치를 하도록 하고, 위반 시 3년 이하의 징역 또는 2천만원 이하의 벌금에 처하도록 규정하였던 구 「아동·청소년의 성보호에 관한 법률」 제17조 제1항에 대하여, 과잉금지원칙 심사를 통해 인터넷 서비스 제공자의 영업수행의 자유나 서비스 이용자의 표현의 자유를 침해하지 않는다고 판단한 바 있다.[80] 이 결정에서 검열금지 법리에 관한 언급은 없었다.

나. 기존 법리의 이해

기존의 법리에서는 이 문제를, 표현을 금지하는 직접적인 주체가 국가가 아닌 사인이라는 것에 방점을 두고 '기본권의 대사인적 효력 또는 제3자적 효력이 검열금지 법리에 있어서도 인정될 수 있는가'라는 관점으로 바라봐 왔다. 이에 의할 때 검열금지는 사법상 일반 조항을 매개하여 사인에게 적용될 수 있는 것이 아니라, 헌법상 조

---

80) 헌재 2018. 6. 28. 2016헌가15, 판례집 30-1하, 350, 362-366 참조.

항에 의해 직접적으로 적용되어야 하는 법리라는 점에서 대국가적 효력만을 갖는 것이지 대사인적 효력을 갖는 것은 아니라는 결론이 도출되어 왔던 것이다.[81] 제3장 제3절에서 살펴본 것처럼 유럽인권 재판소에서는 2015년 Delfi 결정에서 이를 기본권의 대사인적 효력에 관한 문제로 접근하는 견해가 다수의견을 차지하였지만, 이에 관해 의문을 제기하는 소수의견도 제시되었다.

이러한 배경 하에, 이하에서는 앞서 살펴본 사적 검열의 유형 중 두 번째가 검열금지 법리의 주체 요건을 충족한다고 해석될 가능성이 있는지 살펴보고자 한다.

다. 검열금지 법리 적용의 타당성

(1) 기존 검열과의 동질성

여러 번 확인하였듯이 헌법상 검열금지 법리의 의의는, 일차적으로 표현의 내용을 심사하여 금지 여부를 결정하는 행위를 재량권을 보유한 주체가 자의적으로 판단할 수 없게 만드는 것에 있다고 할 수 있다. 이에 의할 때, 표현의 금지 여부를 결정하는 자가 상대방인 표현자보다 우월한 지위에 있다면, 해당 표현은 사상의 자유시장에서 사장될 수 있다는 점에서 동일하므로, 그 성격을 불문하고 검열의 주체가 될 여지는 열어두어야 한다고 하겠다.[82]

역사적으로 검열의 개념은 명백하게 국가와 연결되어 있었지만, 이는 그 당시 표현을 금지하는 주된 주체가 주로 국가였다는 현실에

---

81) 마리안 파쉬케, 앞의 책, pp.81-82; 전정환, 앞의 글, p.531; 이부하, "방송광고와 관련한 청소년보호법제: 독일의 법제도를 중심으로", 「한독사회과학논총」 제22권 제1호, 2012, pp.104-106; 김하열, 앞의 책, p.478 참조.

82) 방석호, "인터넷 내용규제 관련 현행법제의 비교분석", 「언론중재」 1999년 봄호, 1999, p.56 참조.

따른 것이었다. 소수의 인터넷 서비스 제공자가 정보의 유통을 독점하고 있는 오늘날의 상황에서는 정보의 게시와 유통에 관한 선별적인 행위가 국가가 아닌 인터넷 서비스 제공자에 의해 행해지게 되었으므로, 검열금지 법리에서 이들을 달리 취급할 이유가 없다.[83] 특히 사법기관에 의한 최종적인 표현의 위법성 판단이 내려지기 전에 행해지는 표현금지 행위라는 점에서도, 기존의 검열과 같은 특성을 공유한다고 할 수 있다.[84] 결국 여러모로 제2장 제1절에서 살펴본 검열의 4가지 해악이 동일하게 나타날 수 있는 것이다.

이러한 관점을 반영하듯, 제2장 제1절에서 살펴본 바 있는 「미주인권협약」 제13조 제3항에서는 표현의 자유에 대한 제한 행위를 할 수 없는 주체로 '정부'와 '사인(민간)'을 병렬적으로 규정하고 있다.

「미주인권협약」

제13조(사상과 표현의 자유) 3. 표현의 권리는 신문용지, 무선방송 주파수 또는 정보의 보급에 사용되는 장비에 대한 정부나 민간의 규제남용과 같은 간접적 수단이나 방법에 의하여, 또는 사상과 의견의 전달과 유포를 저해할 수 있는 다른 수단에 의하여 제한될 수 없다.[85]

헌법에서 우리나라와 유사하게 검열이 금지된다고만 규정하고 있는 러시아와 카자흐스탄의 경우에도, 각각 「연방언론법」과 「언론법」 조항에서는 국가기관이나 정부관료 뿐만 아니라 비정부기구나 기타 기관까지 검열의 주체가 될 수 있음을 규정하고 있다(밑줄은 필자).

---

83) 이인호 외, 앞의 책, pp.216-217; András Koltay, 앞의 글, pp.425-426 참조.
84) Marjorie Heins, "The Brave New World of Social Media Censorship", *Harvard Law Review Forum*, Vol.127, 2014, p.326; 이권일, 앞의 글, pp.94-96 참조.
85) 이 조항의 번역은, University of Minnesota Human Rights Library, 미주인권협약, http://hrlibrary.umn.edu/instree/K-zoas3con.html(최종접속일: 2021.9.5.) 참조.

「러시아 연방언론법」

제3조 언론에 대한 검열, 즉, 정부관료나 국가기관, 공공기관, 비정부기구(officials, state organs, organizations, and non-governmental associations)가 언론기관의 편집부에 메시지나 자료의 사전 승인을 구할 것을 요구하는 것과, 그 메시지나 자료 또는 그 일부의 전파를 금하는 것은 금지된다.[86]

「카자흐스탄 언론법」

제1조 18) 검열 - 메시지나 자료 또는 그 중 개별적 부분의 전파를 제한하거나 금지하기 위하여, 국가기관이나 정부관료, 기타 기관(state bodies, officials and other organizations)의 요청 또는 다른 이유에 의해 언론으로 하여금 해당 메시지나 자료의 사전적 승인을 받도록 요구하는 것[87]

우리나라 헌법재판소도 제4장 제2절에서 살펴보았듯이 검열의 주체 요건에 관해 판단하면서, 국가에 의하여 검열절차가 입법의 형태로 계획되고 의도되었다면 구체적인 행위자의 성격이 어떠한지 크게 문제되지 않는다는 입장을 보인 바 있다.

(2) 기존 검열보다 표현억제적 효과가 강할 가능성

나아가 사인에 의한 표현금지는, 실체적인 측면이나 절차적인 측면에서 국가가 직접 행하는 검열보다 표현의 자유를 더 억제하는 성질도 지닐 수 있다는 점이 지적되어 오고 있다. 이는 제3장 제1절에서 살펴본 독일의 「네트워크법집행법」이나 제3장 제3절에서 살펴본

---

86) 이 조항의 영문 번역은, Law of the Russian Federation: ON MASS MEDIA, https://www.wipo.int/edocs/lexdocs/laws/en/ru/ru235en.pdf(최종접속일: 2021.9.5.) 참조.

87) 이 조항의 영문 번역은, On Mass Media: The Law of the Republic of Kazakhstan dated 23 July 1999 No. 451-I, https://www.wipo.int/edocs/lexdocs/laws/en/kz/kz084en.pdf(최종접속일: 2021.9.5.) 참조.

프랑스의 「아비아법」을 둘러싸고 일어났던 논란들과도 상통한다.

우선 실체적인 측면에서는, 표현금지 의무를 제대로 이행하지 못한 사인에 대해서는 형사적, 행정적 제재가 가해질 수 있기 때문에, 이러한 의무를 이행해야 하는 사인으로서는 법적 책임의 위험을 조금이라도 줄이기 위해 스스로 규제를 과도하게 강화할 가능성이 높다.[88] 인터넷 서비스 제공자는 법원도 수행하기 힘든 표현물의 위법 여부를 짧은 시간 안에 판단할 능력이 부족할 뿐만 아니라 지속적인 서비스 제공을 위해서는 경미한 제재라도 회피할 유인이 있기 때문에, 문제되는 표현물에 대해 사실 여부의 판단이나 법익 형량을 신중히 검토하기보다는 삭제 조치를 우선시 하는 경향을 가질 수밖에 없다는 것이다. 의심스러운 경우 삭제하는 시스템(over-blocking)을 택하는 것이 이익을 추구하는 회사의 입장에서는 당연한 것일 수 있다는 지적이다.[89]

절차적인 측면에서 보아도 국가가 직접 행하는 검열보다 표현억제적 효과를 강하게 만드는 여러 가지 요소들이 존재한다고 할 수 있다. 먼저 사인에 의한 표현금지는 규칙이 공개되지 않으며, 이러한 투명성의 결여 때문에 금지여부를 예측할 수 없다는 문제가 있다.[90] 국가가 행하는 절차였다면 일반적으로 적용될 수 있는 적법절차, 가령 청문이나 고지, 이의제기 가능성 보장, 공개주의 및 서면주의 등이

---

88) 레베카 매키넌, 앞의 책, p.119; 최규환, 앞의 책, p.67; Jack M. Balkin, 앞의 글(2018), p.2017; 방석호, 앞의 글(1998), pp.258-259; 이재진·이정기, 앞의 책, pp.63-64; 황성기, "가짜뉴스에 대한 법적 규제의 문제", 「관훈저널」 2018년 봄호, 2018, p.89; 이향선, 「가짜뉴스 대응 개선을 위한 정책 방향 연구」, 방송통신심의위원회, 2018, pp.58-59 참조.

89) 이권일, 앞의 글, pp.91-92; 박신욱, 「온라인서비스제공자의 책임 및 그 확장과 관련된 독일 네트워크 법집행법(NetzDG) 연구」, 법학연구 제21집 제2호, 2018, pp.278-279; Seth F. Kreimer, 앞의 글, pp.28-31 참조.

90) Marjorie Heins, 앞의 글, p.326; 최규환, 앞의 책, pp.65-66; András Koltay, 앞의 책, p.182 참조.

부재한다.91) 이 때문에 이용자들은 이러한 행위가 행해지는지조차 인식하지 못하는 경우가 많고, 과도한 조치가 취해지더라도 사법심사 등 적당한 구제책이 없으며, 사회적인 공론화 역시 쉽지 않다.92)

(3) 일반적 감시의무 금지 논의로부터의 시사점

정보매개자책임과 관련하여, 국제적으로 두 가지의 법리가 확립되어 있다고 정리하는 견해가 존재한다. '일반적 감시의무(general monitoring) 금지 법리'와 '책임제한 제도(intermediary liability safe harbor)'가 그것인데, 이 중 일반적 감시의무 금지 법리란 정보매개자에게 불법정보의 유통을 막기 위해 이용자가 공유하는 모든 정보를 일반적·상시적으로 모니터링한 뒤 불법성을 판단하여 삭제·차단할 적극적 의무를 지워서는 안 된다는 것이다. 정보가 유통되는 장을 마련했다는 이유만으로 정보매개자에게 위 의무를 부과하는 것은 현실적·기술적으로 불가능할 뿐만 아니라, 가능하다고 하더라도 정보매개자가 과도한 사적 검열을 행하여 합법적인 정보의 유통도 차단하거나 일종의 허가제로 운영할 수도 있다는 점을 그 논거로 한다.93)

「역내 시장에서의 정보사회서비스, 특히 전자상거래의 일정한 법적 측면에 대한 2000년 6월 8일의 유럽의회 및 이사회지침(Directive 2000/31/EC)」(이하 '유럽연합 전자상거래지침') 제15조에서는, "서비스제공자가 자신이 전송 또는 저장하는 정보를 모니터링 할 일반적 의무를 부과해서는 안 되며, 불법 행위임을 드러내는 사실 또는 정황을 적극적으로 조사할 일반적 의무도 부과해서는 안 된다."94)라고

91) Jack M. Balkin, 앞의 글(2018), p.2018; András Koltay, 앞의 책, p.182; 이동후 외, 「온라인 상 혐오표현 유통방지를 위한 법제도 개선 방안 연구」, 방송통신위원회, 2019, pp.151-152 참조.
92) 문재완, 앞의 글(2015), pp.192-193; Marjorie Heins, 앞의 글, p.326; András Koltay, 앞의 책, p.219 참조.
93) 이상, 사단법인 오픈넷, 앞의 글(2021. 3. 5.) 참조.

하여, 위 법리를 명문화하고 있다. 저작권에 관한 사안이기는 하나, 유럽사법재판소는 2012년 벨기에 법원이 음악, 사진, 동영상 등의 저작권 침해 중단 및 예방을 위한 조치로서 소셜 네트워크 서비스 제공자에게 필터링 시스템을 도입할 것을 요구하는 내용의 금지명령을 하는 것은, 유럽연합 전자상거래지침 제15조의 일반적 감시의무를 부과하는 결과가 되므로 허용될 수 없다고 판단한 바 있다.95)

라. 검토

이상의 내용을 종합해 볼 때, 이 문제에 관해 기본권의 대사인적 효력 문제로 접근하여 검열금지 법리에서 배제시키는 것은 타당하지 않다고 하겠다. 기본권의 대사인적 효력은 기본권 충돌 상황을 전제하는데, 이는 두 사인이 대립되는 자신의 기본권을 각각 주장하는 경우에 발생하는 것이다. 가장 전형적으로 제1장 제2절에서 연구범위에서 제외하였던, 사인이 인격권 등 개인적 법익을 이유로 다른 사인의 표현에 대해 법원에 금지를 구하는 행위가 이에 해당할 수 있다. 그러나 여기서 문제되는 상황은 이와 달리, 표현물을 삭제하는 인터넷 서비스 제공자조차 국가에 의해 그러한 의무가 지워진 것이다.

다시 말하면, 인터넷 서비스 제공자가 자신의 기본권을 실현하기 위해 표현자와의 기본권이 '충돌'하는 상황이라기보다는, 국가에 의해 인터넷 서비스 제공자와 표현자의 기본권이 모두 '제한'받고 있는 상황에 해당한다는 것이다. 표현금지 행위를 하는 외형적인 주체가

---

94) 이 조항의 번역은, 올리버 쥬메, "유럽의 정보매개자 책임: 전자상거래 지침을 중심으로", 사단법인 오픈넷·국회입법조사처 외 주최, 「정보매개자 책임의 국제적 흐름 세미나 자료집」, 2015, p.138 참조.

95) CJEU C-360/10, Belgische Vereniging van Auteurs, Componisten en Uitgevers CVBA (SABAM) v Netlog NV. 이 판결에 관하여는, 나강, "온라인서비스제공자의 책임 제한 규정체계 개선에 대한 소고- 일반적 감시 의무를 중심으로", 동아법학 제80호, 2018, pp.320-323 참조.

사인이라는 점만으로 기본권의 대사인적 효력의 문제로 접근하게
되면, 사인이 그러한 행위를 하게 된 것이 자발적 의사에 근거한 것
이 아니라 법적으로 강제되었기 때문이라는 점을 간과하는 오류를
범하게 된다.96) 따라서 오히려 이러한 현상은 '국가에 의한 검열의
새로운 형태' 또는 '검열의 전가현상'으로서, 인터넷 서비스 제공자
는 실질적으로 국가의 요구에 의한 대리자로 기능하는 것에 불과하
다거나 인터넷에서의 검열은 사라지지 않았으며 주체만 바뀐 것이
라고 파악됨이 타당하다.97)

결국 이 문제 역시, 기본권의 대사인적 효력의 국면으로 보아 인
터넷 서비스 제공자의 이익과 이용자의 이익 간의 조화를 꾀하는 방
식을 취할 것이 아니라, 형식적으로 다른 주체를 이용한 것일 뿐 궁
극적으로는 국가에 의한 표현의 금지 여부 결정 행위와 동일하다고
봄으로써 검열금지 법리의 주체 요건을 충족시킬 수 있다고 판단함
이 타당하다고 하겠다. 이와 같은 수직적 접근은, 제3장 제3절에서
살펴본 바와 같이 UN 인권이사회의 2011년 표현의 자유 특별보고서
와 유럽평의회의 2016년 「인터넷 중개자에 관한 권고」에서도 취해진
바 있다.

Ⅲ. 검열의 소극적 요건 도입 : 절차적 보호장치

이하에서는, 지금까지 살펴본 검열의 적극적 요건에 이어서 검열의
소극적 요건에 대해 살펴본다. 제4장 제2절에서 살펴보았듯이 검열의
소극적 요건은 절차적 보호장치로 구성되며, 이에 의하면 문제되는 표
현의 자유 제한 수단이 검열의 적극적 요건을 충족하더라도 절차적
보호장치가 결여되어 있는 경우에만 최종적으로 검열로 판단된다.

---

96) 최규환, 앞의 책, pp.94-95; 홍남희, 앞의 글(2018), p.150 참조.
97) 이인호 외, 앞의 책, p.216; 이재진·이정기, 앞의 책, pp.63-64 참조.

검열의 소극적 요건을 설정한 것은, 적극적 요건을 갖춘 행위들 중에서도 검열금지 법리에서 상정하는 강한 표현억제적 효과, 즉 제2장 제1절에서 살펴본 자의성(권력자에 의한 자의적 결정가능성 존재), 일방성(표현 금지 여부 결정 과정에서 표현자 배제), 비공개성(일반 대중에 의한 평가 기회 상실), 시기지연성(표현의 시기 지연)의 요소들이 충분히 완화되어 있는 경우라면 절대적으로 금지되는 대상에서는 제외함으로써, 구체적 타당성을 기하려는 데에 목적이 있다. 따라서 모든 경우에 일률적으로 요구되는 절차적 보호장치를 상정하는 것은 가능하지도 않고 바람직하지도 않다.

이에 따라 이하에서는 검열의 주된 해악인 위 4가지 요소를 완화시킬 수 있는 절차적 보호장치들을, 구체적 사례를 드는 방식으로 다양하게 제시해 보고자 한다. 실무에 있어서는 이 책에서 제안하는 내용이 다음과 같은 방식으로 구현될 수 있을 것이다.

① 문제되는 표현의 자유 제한 수단이 검열의 적극적 요건을 충족한다고 판단될 경우, ② 검열의 소극적 요건으로서 아래에서 제시되는 여러 절차적 보호장치들 중 해당 수단에 존재하는 장치들로는 무엇이 있는지, 그리고 이러한 장치들을 종합적으로 고려할 때 자의성, 일방성, 비공개성, 시기지연성이라는 4가지 해악의 정도가 일반적인 표현의 자유 제한 수단만큼 완화되어 있는지를 살핌으로써 최종적으로 검열에 해당하는지 여부를 판단하고, ③ 검열에 해당하지 않는다고 판단되면 비로소 실체적인 법익간의 형량이 주된 요소를 이루는 과잉금지원칙 심사 등 다른 심사기준을 검토한다.

1. '자의성' 요소를 완화하는 장치

가. 사법기관의 판단 선행
표현금지 여부의 판단에 있어 권력자에 의한 자의적 결정가능성을 완화하는 확실한 장치는, 사법기관에 의한 판단이 먼저 내려진 경우에만 표현을 금지하는 결정을 할 수 있도록 하는 것이라 할 수 있다.[98] 유의할 것은, 본안소송을 통한 사법기관의 최종적인 위법성 판단이 내려진 뒤 행해지는 표현금지는 앞서 I. 2. 항목에서 살펴보 았듯이 검열의 적극적 요건 중 하나인 시기 요건 자체를 충족하지 못하는 것이므로, 여기에서 문제되는 사법기관에 의한 판단이란 가처분이나 긴급심리 등과 같이 본안소송에는 이르지 않는 임시절차에서 이루어지는 것을 의미한다.

제3장 제2절에서 살펴본 미연방대법원의 Freedman 기준에서는, 표현물 심사기관은 허가를 하든지 아니면 법원에 금지를 구하는 제소를 하여야 하고, 해당 표현물을 직접적이고 최종적으로 금지하지 않을 필요가 있다고 제시하고 있다. 제3장 제1절에서 살펴본 독일의 「네트워크법집행법」에 대한 주된 비판도 사법기관의 판단 없이 삭제 등의 조치를 취할 수 있도록 하는 것을 문제 삼는 것이었으며, 제3장 제3절에서 살펴본 프랑스의 「아비아법」 위헌결정의 주된 논거 중 하나 역시 위법한 표현물인지 여부를 법원의 개입 없이 행정당국 또는 일정한 인터넷 사업자에게 맡기고 있다는 점이었다. 제3장 제3절에서 살펴본 UN 인권이사회의 2018년 「표현의 자유 특별보고서」와 「정보매개자책임에 관한 마닐라원칙」도 같은 맥락에서, 행정당국이나 사기업에 일차적인 표현물의 삭제권한을 부여하면 안 되고 사법당국의 결정에 따라서만 그러한 행위를 할 수 있도록 하여야 검열의 위험을 피할 수 있다고 지적한다.

참조할 만한 입법으로, 제3장 제3절에서 살펴보았던 프랑스의 「정보조작대처법률」이 있다. 앞서 본 바와 같이 이 법률은 선거 관련 거짓정보가 인터넷을 통해 유포되고 있는 경우, 행정기관이나 인터넷

---

98) András Koltay, 앞의 책, p.235 참조.

서비스 제공자가 해당 정보를 직접 삭제할 수 있는 것이 아니라 긴급심리판사에게 제소하여 그 결정에 따라 삭제하도록 규정되어 있다. 이러한 긴급심리사건의 전속관할 역시 특정 법원의 특정 재판부로 지정된 바 있다.

나. 무재량성을 전제로 한 신속한 사후적 사법심사

문제되는 모든 표현물에 대해 일정한 사법기관의 판단을 선행시키는 것에 현실적 한계가 존재한다면, 표현금지에 관한 기준이 재량을 남기지 않을 정도로 일의적이고 명백하여 누가 이를 행하는지에 따라 해석이 전혀 달라지지 않는 경우 그리고 문제되는 표현물이 이 기준에 해당함이 명백한 경우에 한하여, 해당 표현물에 대한 금지 여부 결정을 먼저 행하고 난 뒤 즉각적이고 신속한 사후적인 사법심사를 받도록 하는 장치도 고안해 볼 수 있을 것이다.[99]

제3장 제2절에서 살펴본 미국의 사전제한금지법리는 '허가당국에 거의 재량을 남기지 않는 명확한 기준이 있을 것'을 사전제한이 헌법적으로 정당화되는 요소 중 하나로 파악해 오고 있으며, 이러한 전제 하에 2004년 City of Littleton 판결은 사전제한이 중립적이고 재량이 없는 기준에 따르는 경우라면 이에 대한 사법심사의 신속성 정도가 다소 완화될 여지가 있다고 인정한 바 있다. 또한 제3장 제3절에서 살펴본 프랑스의 「아비아법」과 관련하여서는, 행정기관이 인터넷 서비스 제공자에게 특정 콘텐츠의 삭제 요청을 하는 경우 '국가정보 및 자유 위원회'에서 지정한 자에게도 해당 요청을 전달하여야 하고 지정인은 해당 요청의 적법성 여부를 판단하여 행정법원에 제소할 수 있는 장치를 두고 있기도 하였다.

나아가 제3장 제3절에서 살펴본 프랑스의 「정보조작대처법률」한

---

99) 박경신, 앞의 책, pp.303-304 참조.

정합헌결정에서는, 문제되는 표현물이 "명백히 부정확하거나 거짓인 경우로서 선거의 진실성을 변질시킬 위험성도 명백한 경우"에만 위 법률을 적용하여 인터넷상 유포를 중단시키는 한 합헌이라고 판단하였다. 같은 맥락에서, 캐나다 연방대법원의 2000년 Little Sister Book 판결에서는 음란물 세관검사에 있어 절대적인 재량이 관료에게 놓여져 있고 법적 기준이 담보되지도 않는다는 점에서 절차적 보호장치를 결여하였다고 판단한 의견이 전개된 바 있었다.

우리나라 헌법재판소도 "온라인매체상의 정보의 신속한 유통을 고려한다면 표현물 삭제와 같은 일정한 규제조치의 필요성 자체를 부인하기는 어렵다고 하더라도, 내용 그 자체로 불법성이 뚜렷하고, 사회적 유해성이 명백한 표현물 – 예컨대, 아동 포르노, 국가기밀 누설, 명예훼손, 저작권 침해 같은 경우가 여기에 해당할 것이다 – 이 아닌 한, 함부로 내용을 이유로 표현물을 규제하거나 억압하여서는 아니된다."[100]라고 하여, 위법성이 명백한 경우 사법기관의 판단이 선행되지 않은 표현물 삭제의 가능성을 열어둔 바 있다.

다. 위법한 표현금지에 대한 배상제도

마지막으로, 표현금지 행위가 추후 위법한 것으로 판단되었을 때 배상 등의 제도를 인정하는 것 역시, 자의성의 요소를 완화하는 장치로 고려해 볼 수 있을 것이다.

제3장 제3절에서 살펴본 바와 같이 프랑스 최고행정법원은 1966년 Films Marceau 판결에서 위법한 검열로 인한 국가배상을 인정한 바 있으며, 앞서 II. 1. 항목에서 살펴본 우리나라 구 「언론기본법」역시 표현물 압수가 부적법한 경우 적정한 보상을 행하도록 한 규정을 두기도 하였다. 제3장 제3절에서 살펴본 UN 인권이사회의 2011년

---

100) 헌재 2002. 6. 27. 99헌마480, 판례집 14-1, 616, 630.

「표현의 자유 특별보고서」에서도 표현의 자유 제한에 대한 보호장치의 예시 중 하나로 '남용적인 적용에 대해 이의를 제기하고 배상을 받을 수 있는 가능성'을 제시하고 있었다.

2. '일방성' 요소를 완화하는 장치

가. 대심적 구조 형성 및 의견제출의 기회 보장

표현금지 여부를 결정하는 과정에서 표현자가 배제된다는 측면을 완화하는 장치로는, 대심적(adversarial) 구조 형성 및 청문(hearing) 등을 통한 의견제출의 기회 보장, 이의제기 절차 등을 들 수 있다. 이는 제3장 제2절에서 살펴본 미연방대법원의 Freedman 기준 중 하나인 '대심적 구조 하에 청문의 기회가 주어질 것'과 상통하는 것이다. 제3장 제3절에서 살펴본 유럽인권재판소의 2012년 Ahmet Yıldırım 결정에서 전개된 의견 중에도 관련자에 대한 고지와 심문, 이의제기 절차 보장 등을 인터넷 웹사이트 차단명령에 대한 절차적 보호 요건으로 제시한 것이 있었으며, 「정보매개자책임에 관한 마닐라원칙」에도 정보매개자와 콘텐츠 게시자의 의견진술권 및 이의제기권 보장에 관한 내용이 포함되어 있었다.

우리나라 헌법재판소는 일찍이 "적법절차원칙에서 도출할 수 있는 가장 중요한 절차적 요청 중의 하나로, 당사자에게 적절한 고지를 행할 것과 당사자에게 의견 및 자료 제출의 기회를 부여할 것"[101]을 제시한 바 있다. 특히 이 결정의 소수의견은 "기본권의 제한이 중대하면 할수록 적법절차의 요구도 비례하여 커지는 것이며, 고도의 적법절차의 요구는 결국 사법절차의 내용에 접근·동화하는 것이 될 것"[102]이라는 입장을 취하였는데, 이에 의할 때 표현의 자유에 대한

---

101) 헌재 2003. 7. 24. 2001헌가25, 판례집 15-2상, 1, 18.
102) 헌재 2003. 7. 24. 2001헌가25, 판례집 15-2상, 1, 25-26, 재판관 한대현, 재

가장 강한 제한이라고 할 수 있는 검열에 해당하지 않도록 하기 위해서는 본안소송의 내용에 상당히 접근·동화되어 있는 내용의 절차적 보장이 요구된다고 할 것이다. 대심적 구조 및 의견제출의 기회보장은 이와 같은 본안소송 절차의 특질 중 하나에 해당한다.[103]

이와 관련하여, 우리나라의 현행 표현물 규제체계 안에서 그나마 적법절차의 헌법정신을 반영하고 있는 것은, 앞서 Ⅱ. 1. 항목에서 언급한 '정기간행물 취소심판'이 유일한 것이라고 생각된다는 견해가 있다.[104] 이 제도는 앞서 살펴본 바와 같이 정기간행물의 등록 또는 신고를 취소함에 있어 등록·신고관청이 법원에 취소의 심판을 청구할 수 있도록 한 것이다. 법원은 청구가 접수된 날로부터 3개월 이내에 재판을 하여야 하는데, 「정기간행물등록취소심판규칙」 제5조에 따르면 법원은 특별한 사정이 없는 한 지체 없이 심문기일을 열어 심문을 하여야 하고, 당사자는 사건에 관하여 의견을 진술하고 심문에 참여할 수 있다고 규정하고 있다.

나. 사법기관이 행하는 표현금지에서 특히 강조될 필요성

이 장치는 특히 사법기관이 행하는 표현금지 절차에서 더욱 강조될 필요가 있다. 사법기관이 행하는 절차라는 사정만으로 곧바로 대심적 구조가 형성된다거나 당사자에게 충분한 의견진술의 기회가 보장되는 것이 아니기 때문이다. 앞서 Ⅱ. 1. 항목에서 살펴본 것처럼 우리나라 대법원은, 비록 개인적 법익 침해를 이유로 사인이 법원에 청구한 사안이기는 하였지만, 이미 출판물 금지 가처분에 있어서 심문기일의 생략은 신중히 해야 한다는 입장을 취하고 있다.

제3장 제1절에서 살펴본 일본의 기존 법리 비판 담론 중에도, 사

판관 권성, 재판관 주선회의 반대의견.
103) 임석순, 앞의 글, pp.122-124; Dawn C. Nunziato, 앞의 글, p.403 참조.
104) 이인호, 앞의 글(2004), pp.187-188 참조.

법기관에 의한 표현금지 역시 원칙적으로 검열에 해당하되 엄격한 절차적 적법요건이 수반된다면 매우 한정된 경우에 예외가 인정될 수 있다고 보는 입장이 있었다. 가령, 표현물에 대한 압수나 몰수가 법원의 영장에 의한다는 것만으로 검열에 해당하지 않는다고 볼 수는 없으며, 변론이나 구두심문이 이루어지는 등 실질적인 절차적 보장을 갖추고 있어야만 검열에 해당하지 않는다는 것이다.

이와 유사하게, 미연방대법원은 법원의 금지명령이나 법원의 결정에 따른 표현물 압수에 있어서도, Freedman 기준에 따라 원칙적으로 대립당사자 구조와 청문 기회 보장 등 실질적인 절차적 보호장치가 갖추어져야 헌법적으로 정당화될 여지가 있다고 판단해 오고 있음을 제3장 제2절에서 확인할 수 있었다. 비슷한 관점은 제3장 제3절에서 본 바와 같이, 영국 「인권법」이 (본안) 재판 전에 출판을 금지해달라는 청구가 있는 경우 '원칙적으로 양 당사자는 금지 결정이 있기 전에 법원 앞에서 진술을 해야 한다'고 규정한 것에서도 찾아볼 수 있다.

3. '비공개성' 요소를 완화하는 장치

가. 표현의 금지 여부 결정 시 대중의 참여 기회 보장

표현의 내용을 심사하여 금지 여부를 결정하는 주체가 이와 같은 업무를 수행하는 과정 중에 일반 대중이 일정 부분 참여할 수 있는 기회를 보장한다면, '일반 대중에 의한 평가 기회 상실'이라는 검열의 전형적 해악이 상당부분 완화될 수 있을 것이다.[105] 가령, 법률전문가와 정부관계자, 비정부 시민단체와 소셜 네트워크 서비스 이용자 등의 의견을 널리 수렴하는 절차를 마련하는 방안이 있을 수 있다. 제3장 제1

---

105) 김주환·류병운, 앞의 글, p.239 참조.

절에서 살펴본 독일의 「네트워크법집행법」에 대한 비판 내용 중에도 이러한 절차가 결여되어 있다는 점을 지적하는 것이 있었다.

참조할 만한 사례로, 네덜란드의 콘텐츠 심의기구인 'NICAM(The Netherlands Institute for Classifying Audio-visual Media)'의 'You Rate It' 시스템을 들 수 있다. 이는 인터넷에 유통되고 있는 영상표현물에 대해 이용자들로 하여금 자발적으로 유해성의 정도를 평가하도록 하고 그 결과에 따라 차단 여부를 결정하는 방식이다.106) 그밖에 영국에서는 인터넷기업들을 회원으로 조직된 'IWF(Internet Watch Foundation)'가, 일본에서도 재단법인 인터넷협회에 의해 운영되는 '인터넷 핫라인 센터(Internet Hotline Center Japan)'가, 인터넷 이용자로부터 특정 표현물에 대한 신고를 접수받은 뒤 불법적이라고 판단할 경우 정부당국 및 개별 인터넷 사업자에게 통지하는 방식을 취하고 있다.107) 만약 이러한 통지에만 기반하여 표현금지를 행하도록 한다면, 이 역시 검열의 전형적 해악인 '비공개성'의 요소를 상당 부분 완화할 수 있을 것이다.

나. 표현의 금지 여부 결정 주체의 구성 다양화

일반 대중에 의한 평가 기회 자체를 보장하는 것이 현실적으로 어렵다면, 표현의 내용을 심사하여 금지 여부를 결정하는 주체인 위원회 등의 구성을 다양화하는 방법도 생각해 볼 수 있다. 기존 법리에 따르면 제4장 제2절에서 살펴보았듯이, 검열의 적극적 요건 중 하나인 주체 요건을 판단함에 있어서는 해당 주체가 행정기관인지

---

106) You Rate It, https://www.yourateit.eu(최종접속일: 2021.9.5.) 참조.
107) 영국의 사례는, 황용석 외, "미디어 책무성 관점에서의 인터넷 자율규제 제도 비교연구", 「언론과 사회」 제17권 제1호, 2009, pp.119-120; 일본의 사례는, Internet Hotline Center Japan, http://www.internethotline.jp(최종접속일: 2021.9.5.) 참조.

아닌지 일도양단식(all or nothing)의 판단이 행해질 수밖에 없다. 그러나 행정기관에 해당하는 주체라고 판단되더라도 절차적 보호장치에 관한 소극적 요건을 판단함에 있어서는, 그 구성과 실제운영의 측면 등을 고려하여 표현억제적 효과를 충분히 완화하고 있는 장치가 있는지 '정도'의 판단이 이루어질 수 있다.

가령, 건강기능식품광고 사전심의에 관한 2016헌가8등 결정에서는 해당 업무를 수행하는 표시·광고심의위원회가 행정기관이 아니라고 판단한 반대의견은 그 논거 중 하나로, 해당 위원회의 구성원이 행정기관 소속 공무원이 아니라 '건강기능식품 및 광고와 관련한 학식과 경험이 풍부한 사람, 건강기능식품 관련 단체의 장이 추천한 사람, 시민단체의 장이 추천한 사람, 건강기능식품 관련 학회 또는 대학의 장이 추천한 사람과 같은 민간 전문가들'이라는 점을 들고 있다.108) 검열의 소극적 요건을 도입하게 되면, 문제되는 주체가 행정기관인지 여부의 판단에 관한 기존 법리를 변경하지 않더라도 위와 같은 사정은 소극적 요건 판단에서 고려할 수 있게 된다.

관련하여, 인도네시아 헌법재판소의 영화검열 결정도 주목해 볼만하다. 이 결정에서 인도네시아 헌법재판소는 다양한 단계의 영화검열을 설정한 영화법 조항에 대해 조건부 합헌결정을 선고하였는데, 그 조건 중 하나로 "영화 공동체가 검열 과정에서 그들의 영화에 대해 방어할 기회가 주어질 때, 즉, 영화평가기관이 영화 공동체 밖에 있는 사람들을 대표하는 정부와 영화 공동체 간 합의의 결과물로 구성될 때"를 들고 있다.109)

---

108) 헌재 2018. 6. 28. 2016헌가8등, 판례집 30-1하, 313, 333, 재판관 조용호의 반대의견 참조. 유사한 취지로, 헌재 2015. 12. 23. 2015헌바75, 판례집 27-2하, 627, 644-645, 재판관 조용호의 반대의견; 헌재 2020. 8. 28. 2017헌가35등, 판례집 32-2, 78, 91, 재판관 이영진의 반대의견 참조.

109) Decision no. 29/PUU-V/2007. 이 결정에 관하여는, M. Lutfi Chakim, "Institutional Improvement of the Indonesian Constitutional Court: Based on

4. '시기지연성' 요소를 완화하는 장치

표현의 시기 지연을 완화하는 장치로는, 표현의 금지 여부 결정 및 이에 관한 사법기관의 판단이 신속히 이루어지도록 보장하는 것이 있을 수 있다. 이는, 미연방대법원이 제시한 Freedman 기준의 일부인 '표현물 허가와 제소 여부의 결정 및 제소 시 사법기관의 결정이 신속히 이루어질 것'에 준하는 것이다. 신속하다는 것의 기준이 되는 기간을 일률적으로 설정할 수는 없겠지만, 제3장 제2절에서 살펴본 미연방대법원의 일련의 판결들은 합헌적인 기간으로 1-2일에서 길어도 14일 정도를 상정하고 있었다. 제3장 제3절에서 살펴본 프랑스의 「정보조작대처법률」 역시 48시간 정도의 단기간을 제시한다. 또한 제3장 제2절에서 살펴보았듯이, 미연방대법원에서 판단된 법률들 중에는 표현금지 결정에 대한 제소 시 해당 사건을 해당 재판부의 가장 빠른 재판일에 먼저 처리하도록 한 것들도 존재하였는바, 이와 같은 장치들도 중요하게 취급되어야 할 것이다.

신속성을 판단함에 있어서는 문제되는 표현물의 특성도 고려요소가 될 수 있을 것이다. 가령, 제2장 제3절에서 언급한 바 있는 음악영상물의 경우 소비기간이 발매된 지 2주 정도로 다른 표현물과 달리 비교할 수 없을 정도로 매우 짧다는 특성을 가지는바,[110] 이를 일응의 기준으로 삼는 방식이다. 미국에서도 Freedman 기준과 관련하여 정부가 결정을 얼마나 빨리 내려야만 하는지는 전체적인 맥락을 고려해 정해진다는 논의가 있다.[111] 제3장 제3절에서 살펴보았듯

Comparative Study with South Korea and Germany", 서울대학교 석사학위 논문, 2020, pp.22-23 참조.

110) 임효준, 앞의 글(2018), p.251 참조.

111) 켄트 미들턴·윌리엄 리, 앞의 책, p.855 참조. 가령, 짧은 시일 내에서만 흥행할 수 있는 영화를 이미 빌려둔 극장 소유주는, 성인용 책방의 위치가 도시계획과 조화를 이루는지 인허가를 신청한 사업가보다 신속한 심

이 유럽인권재판소 역시 뉴스와 같은 표현물의 경우 "상하기 쉬운 상품"이므로 특히 짧은 기간의 출판 지연이 있더라도 그 가치를 상실해 버릴 수 있음에 주의하여야 한다고 보았다.

그동안 우리나라 헌법재판소에서 검열금지 법리를 적용한 사안을 살펴보면, 제도를 개관하는 설시 부분에서는 기간의 측면도 언급하고 있음을 알 수 있다. 가령, 가장 최근에 선고된 2017헌가35등 결정을 살펴보면, '의료기기 광고의 심의결과는 신청일부터 10일 이내에 신청인에게 통지되어야 하고, 신청인은 이의가 있는 경우 통지받은 날부터 1월 이내에 재심의 신청을 할 수 있으며, 심의기관은 재심의 결과를 신청일부터 10일 이내에 다시 신청인에게 통지하여야 한다'는 점이 기재되어 있다.[112]

그러나 정작 검열금지 법리 위배여부를 판단함에 있어서 이러한 요소들은 제대로 기능해 오지 못하였다. 비디오물 등급보류제도에 관하여 등급분류 보류기간을 3개월 이내로 제한하는 조항에 주목함으로써 "동일한 비디오물에 대한 등급분류를 보류하는 총기간이 3개월을 초과하도록 적용하는 경우에는 헌법에 위반된다."[113]라고 본 소수의견 정도만이 존재할 뿐이다. 검열에 관한 소극적 요건으로 절차적 보호장치에 관한 고려가 도입된다면, 검열금지 법리 위배여부에 관한 구체적 판단에 있어서 이와 같은 요소들도 활용할 수 있게 될 것이다.

사를 받을 권리가 부여된다.
112) 헌재 2020. 8. 28. 2017헌가35등, 판례집 32-2, 78, 85 참조. 이는 다른 결정들도 마찬가지이다. 헌재 2018. 6. 28. 2016헌가8등, 판례집 30-1하, 313, 325-326; 헌재 2015. 12. 23. 2015헌바75, 판례집 27-2하, 627, 637 등 참조.
113) 헌재 2008. 10. 30. 2004헌가18, 판례집 20-2상, 664, 682-683, 재판관 조대현의 한정위헌의견.

제4절 새로운 대안적 해석의 정리

Ⅰ. 새로운 대안적 해석의 도식화

이 책에서 제시하는 검열금지 법리에 대한 새로운 대안적 해석을 기존의 법리와 비교하여 그림으로 정리해 보면 다음과 같다. 아래 [그림 1], [그림 2]의 가장 바깥 사각형은 표현의 자유에 관한 여러 제한 수단 가운데, 내용을 심사하여 표현 그 자체의 금지 여부를 결정할 수 있는 수단의 영역을 표시한 것이다. 표현 그 자체는 허용하되 일정한 제한을 가하는 수단(형사처벌, 등급분류 등)은 이 사각형 바깥에 위치한다.

기존의 검열금지 법리에 의하면, 표현의 금지 여부를 결정하는 수단 중에서 '표현의 발표·유통 전에 행해질 것'과 '행정기관이 직접 이를 행할 것'이라는, 주체와 시기 요건을 충족하는 경우에만 검열에 해당하고 절대적으로 금지되었다([그림 1]의 회색 영역).

그러나 이 책에서 제시하는 새로운 대안적 해석에 의하면, 제4장 제3절 Ⅰ., Ⅱ. 항목에서 살펴본 것처럼 시기와 주체 요건 각각 기존 법리에서 상정했던 범위를 넘어서, '표현이 수용되기 전'이나 '수용된 후라고 하더라도 법원에서 최종적인 위법성 판단을 하기 전'까지, 또 국가가 '법원에 신청'하거나 '사인에 강제'하는 경우까지, 검열에 해당할 가능성이 있게 된다([그림 2]의 회색 영역을 한정짓는 사각형). 새로운 대안적 해석에 의하더라도 사인이 자율적으로 행하는 표현금지나, 법원에서 최종적으로 위법성이 판단된 이후 시점에 행해지는 표현금지는 검열의 개념이 포함되지 않는다([그림 2]의 회색 영역 바깥에 존재하는 흰색 영역). 이 책에서는 이와 같은 내용을 검열의 적극적 요건으로 설정하였다.

다만, 이와 같이 검열의 적극적 요건을 충족시키는 영역에 속하는 행위 중에서도, 제4장 제3절 III. 항목에서 살펴본 것처럼 일정한 절차적 보호장치가 갖추어져 있다고 판단되는 경우에는 검열의 소극적 요건에 따라, 검열 개념에서 배제될 수 있다([그림 2]의 회색 영역 내 흰색 타원).

검열의 적극적 요건에 해당하지 않거나 또는 적극적 요건에 해당하더라도 소극적 요건을 충족시킴으로써 검열에 해당하지 않게 된 표현의 자유 제한 수단에 대해서는, 검열금지 법리에는 위배되지 않은 것으로 판단되고, 비로소 실체적인 관련 법익간의 형량이 가능한 과잉금지원칙 등 다른 심사기준이 적용될 수 있다.

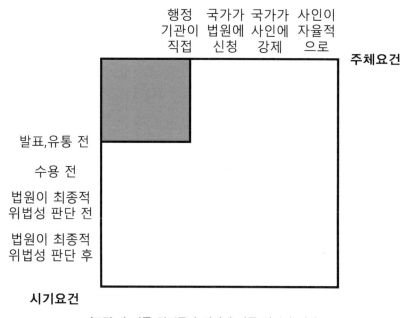

[그림 1] 기존 검열금지 법리에 따른 검열의 영역

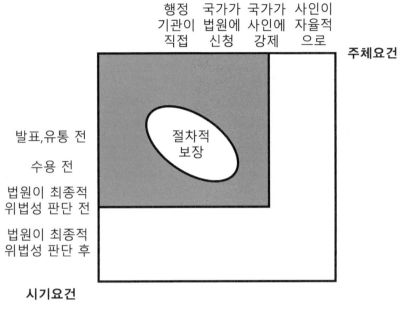

[그림 2] 새로운 대안적 해석에 따른 검열의 영역

Ⅱ. 새로운 대안적 해석에 따른 헌법재판소 결정 검토

이하에서는, 새로운 대안적 해석에 따를 때 검열금지 법리의 위반 여부에 관한 판단이 달라질 가능성이 있다고 보이는 헌법재판소 결정례를 두 가지 선별하여 검토함으로써, 이 장을 마무리하고자 한다.

먼저 '정보통신심의제도'의 일환을 이루는 '방송통신위원회의 인터넷 게시글 취급거부 명령'과 관련하여, 헌법재판소는 제4장 제3절에서 살펴본 2012헌바325 결정에서 검열금지 법리에 따른 검토 자체를 수행하지 않았으나, 새로운 대안적 해석에 따를 경우 검열금지 법리에 위배된다고 판단될 가능성이 있음을 살펴보기로 한다. 이어서, '한국건강기능식품협회의 건강기능식품광고 사전심의'와 관련하여, 헌법재판소는 제2장 제2절에서 살펴본 2016헌가8등 결정에서 검열금지 법리

에 위배된다고 판단하였으나, 새로운 대안적 해석에 따를 경우 검열금
지 법리에 위배되지 않는다고 판단될 여지도 있음을 살펴보기로 한다.

1. 정보통신심의제도 합헌결정에 관한 검토

가. 기존 법리에 따른 헌법재판소의 판단

2012헌바325 결정에서는, '「국가보안법」에서 금지하는 행위를 수
행하는 내용'의 표현물이 인터넷 게시판에 게시된 경우 방송통신위
원회가 인터넷 게시판 관리·운영자에게 취급거부 명령의 일환으로
서 해당 표현물을 삭제할 것을 명할 수 있도록 한 「정보통신망 이용
촉진 및 정보보호 등에 관한 법률」 제44조의7 제1항 제8호 및 제3항
등의 위헌여부가 문제되었다.

헌법재판소는 이 결정에서 명확성원칙 위반 여부 및 과잉금지원칙
위반 여부만을 판단하여 합헌결정을 선고하였다.[1] 표현의 내용을 심사
하여 금지 여부를 결정하는 행위에 관한 사안임에도 불구하고 검열금
지 법리 자체가 다루어지지 않은 이유는, 이미 인터넷 게시판에 발표
되어 유통 중인 표현물에 대하여 인터넷 게시판 관리·운영자로 하여금
해당 표현물을 삭제할 것을 명하는 방식이므로, '표현의 발표 또는 유
통 전'이라는 검열의 시기 요건과 '행정기관이 직접 행할 것'이라는 검
열의 주체 요건을 갖추지 못한 것이라는 전제에 섰기 때문으로 보인다.

나. 새로운 대안적 해석에 따른 판단

(1) 검열의 적극적 요건

그러나 새로운 대안적 해석에 따를 경우, 위 조항들은 검열의 적

---

1) 헌재 2014. 9. 25. 2012헌바325, 판례집 26-2상, 466, 472-475 참조.

극적 요건을 충분히 충족시킬 수 있다.

먼저 표현이 수용된 이후의 시점에 그 내용을 심사하여 금지 여부를 결정하는 행위에 관한 것이지만, 사법기관에서 해당 표현의 최종적인 위법성을 판단하기 전에 행해지는 행위이므로 검열의 시기 요건을 충족한다고 볼 수 있다. 또한 직접적인 표현 삭제 행위는 사인인 인터넷 게시판 관리·운영자에 의해 행해진다고 하더라도, 그러한 행위는 국가를 대표하는 행정기관인 방송통신위원회의 명령에 따라 강제된 것이므로 검열의 주체 요건 역시 충족한다고 보는 데에 무리가 없다.

위 결정은 "해당 이용자를 형사처벌하는 것이 아니라 그 정보의 삭제 등을 하는 데 불과한 점"[2]을 과잉금지원칙 중 피해의 최소성 요소를 충족하였다는 논거로 설시하고 있으나, 검열금지 법리의 관점에서는 오히려 사법기관이 형사재판 등의 절차를 통해 표현물의 위법성을 최종적으로 판단하기도 전에 행정기관에 의해 해당 표현물이 삭제되는 행위야말로, 전형적인 검열의 해악을 보여주는 것이라고 평가될 수 있다.

(2) 검열의 소극적 요건

이상과 같이 검열의 적극적 요건은 충족되었으므로, 검열의 소극적 요건인 절차적 보호장치가 존재하는지 여부를 살펴 최종적인 검열에의 해당 여부를 판단해야 할 것이다.

먼저 '자의성' 요소를 완화하는 장치에 관해 살펴보면, 방송통신위원회가 취급거부 명령을 하기 전에 사법기관의 판단이 선행해야 한다는 요소는 존재하지 않는다. "법원의 확정판결 등에 따라 명령의 전제가 되는 사실이 객관적으로 증명되어 명령에 따른 의견청취

---

2) 헌재 2014. 9. 25. 2012헌바325, 판례집 26-2상, 466, 474-475.

가 불필요하다고 판단되는 경우"에 아래에서 살펴볼 '의견제출의 기회'를 보장하지 않아도 될 여지는 존재하지만(「정보통신망 이용촉진 및 정보보호 등에 관한 법률」 제44조의7 제4항 제2호, 「정보통신망 이용촉진 및 정보보호 등에 관한 법률 시행령」 제35조 제2호), 이 경우에만 취급거부 명령이 가능한 것은 아니다. 또한, 위 결정은 「「국가보안법」에서 금지하는 행위를 수행하는 내용'이라는 문언에 관하여 "국가보안법 제3조 내지 제12조에서 규정하고 있는 범죄구성요건을 충족하는 행위를 수행하는 내용"을 의미하는 것으로서 명확성원칙에 위반되지는 않는다고 보고 있으나,3) 범죄구성요건을 충족하는지 여부에 관한 판단은 본질적으로 무재량성을 띨 수 없으므로 이러한 점에서도 '자의성' 요소를 완화하는 장치가 존재한다고 보기 힘들다.

한편 방송통신위원회는 대통령이 임명하는 정무직 공무원인 5인의 상임위원으로 구성되는바(「방송통신위원회의 설치 및 운영에 관한 법률」 제4조, 제5조) 인터넷상 표현물에 대한 취급거부 명령의 맥락에서 그 구성의 다양성을 갖춘 것이라고 보기는 힘들고, 그밖에 취급거부 결정 과정에서 일반 대중에 의한 평가 기회가 보장되는 기제 등도 존재하지 않으므로, '비공개성' 요소를 완화하는 장치도 존재하지 않는다. 또한 취급거부 그 자체나 이에 대한 불복소송 시 법원의 절차에 관하여 그 기간 제한에 관해 규정하고 있는 조항도 없으므로, '시기지연성'의 요소를 완화하는 장치 역시 존재한다고 볼 수 없다.

다만, 「정보통신망 이용촉진 및 정보보호 등에 관한 법률」 제44조의7 제4항 본문에서는 취급거부 시 인터넷 게시판 관리·운영자나 해당 표현물을 게시한 이용자에게 미리 '의견제출의 기회'를 주도록 규정하고 있는바, 이는 '일방성' 요소를 완화할 수 있는 장치로 어느 정

---

3) 헌재 2014. 9. 25. 2012헌바325, 판례집 26-2상, 466, 473 참조.

도 작용할 수 있을 것이다. 그러나 같은 항 단서에서 '공공의 안전 또는 복리를 위하여 긴급히 처분을 할 필요가 있는 경우'(제1호) 등에는 의견제출의 기회를 주지 않을 수 있다고도 규정하고 있고, 의견제출의 기회를 보장하더라도 반드시 구두진술을 들어야 한다거나 대심적 구조를 갖춘 절차로 진행해야 한다는 것은 아니다.

이와 같은 점들을 종합해 볼 때, '의견제출의 기회'가 보장되어 있다는 것만으로는 검열의 전형적 해악인 자의성, 일방성, 비공개성, 시기지연성 등의 요소를 충분히 완화하고 있다고 할 수 없으므로, 이 결정에서 문제되는 조항들은 검열금지 법리에 위배된다고 판단될 여지가 있을 것이다.

2. 건강기능식품광고 사전심의 위헌결정에 관한 검토

가. 기존 법리에 따른 헌법재판소의 판단

2016헌가8등 결정에서는, 건강기능식품의 기능성에 대한 표시·광고를 하려면 사전심의를 받도록 하고 사전심의 받은 내용과 다른 내용의 광고를 하는 것을 금지하고 있는 「건강기능식품에 관한 법률」 제18조 제1항 제6호 등이 문제되었다.

헌법재판소는 이 결정에서 위 조항이 사전검열금지원칙에 위반된다는 이유로 위헌결정을 선고하였다. 기존 법리에 따른 검열의 4가지 요건을 충족하는지 여부만을 판단하였으며, 특히 '행정권이 주체가 된 사전심사절차'라는 시기 및 주체 요건에 관하여 해당 심의가 '광고의 발표 전'에 행해질 뿐만 아니라 심의를 행하는 한국건강기능식품협회는 실질적으로 '행정기관'에 해당하므로, 이 요건을 갖추었다고 판단하였다.[4]

---

4) 헌재 2018. 6. 28. 2016헌가8 등, 판례집 30-1하, 313, 328-330 참조.

나. 새로운 대안적 해석에 따른 판단

(1) 검열의 적극적 요건

새로운 대안적 해석에 의하더라도, 문제되는 조항은 전형적인 '행정권이 주체가 된 사전심사절차'의 형태를 규정하고 있으므로, 시기 및 주체 요건을 포함한 검열의 적극적 요건은 충족하였다고 판단될 것이다.

(2) 검열의 소극적 요건

그러나 새로운 대안적 해석에 의하면, 검열의 적극적 요건을 충족하였다고 하여 곧바로 검열에 해당한다는 결론을 내릴 수 있는 것은 아니며, 검열의 소극적 요건, 즉, 검열의 전형적 해악인 4가지 요소를 완화시키는 절차적 보호장치가 있는지 여부를 판단하는 과정이 뒤따라야 할 것이다.

위 결정에서 건강기능식품광고 사전심의제도를 개관하면서 설시한 내용들을 살펴보면, 먼저 '시기지연성' 요소를 완화하는 장치들이 눈에 띈다. 한국건강기능식품협회는 심의를 신청받은 날부터 10일 이내에 그 결과를 신청인에게 통지하여야 하며, 신청인은 위 심의결과에 대하여 이의가 있는 경우 1개월 이내에 위 협회에 재심의를 요청할 수 있고 10일 이내에 그 결과가 통지되어야 한다. 심의 및 재심의 결과에 이의가 있는 자는 심의결과를 통지받은 날부터 1개월 이내에 식품의약품안전처장에게 이의를 신청할 수 있고, 역시 10일 이내에 이의신청 결과가 통지되어야 한다.[5] 위와 같이 설정된 기간이 건강기능식품광고라는 표현물의 특성상 충분히 신속성을 갖춘 것인지는 현 단계에서 파악하기 어려우나, '시기지연성' 요소를 완화하는

---

5) 헌재 2018. 6. 28. 2016헌가8 등, 판례집 30-1하, 313, 325-326 참조.

장치에 해당할만한 것이 존재한다는 사실은 분명하다.

다음으로, '비공개성' 요소를 완화하는 장치도 어느 정도 존재한다고 볼 수 있다. 완전히 개방된 일반 대중에 의한 평가 기회가 보장되지는 않지만, 심의주체인 한국건강기능식품협회 내 표시·광고심의위원회 위원은, 건강기능식품 관련 단체의 장이 추천한 사람, 시민단체의 장이 추천한 사람과 같이 산업계에 소속된 자나 소비자의 이익을 대변할 수 있는 자 등을 포함하여 총 25명 이내로 구성하도록 되어 있기 때문이다.6) 마찬가지로, '일방성' 요소를 완화하는 장치도 다소 존재한다고 볼 수 있다. 대심적 구조를 갖춘 절차나 청문의 기회까지 보장되는 것은 아니지만, 앞서 살펴본 협회에 대한 재심의 요청, 식품의약품안전처장에 대한 이의신청 등의 절차를 통해 여러 차례의 의견제출 및 이의제기 가능성이 보장되고 있다.

반면, 심의절차에서 사법기관의 판단이 선행되어야 한다거나 무재량성이 인정될 만큼의 심의기준을 두고 있다고 보기는 어려우므로, '자의성' 요소를 완화하는 장치는 존재하다고 보기 힘들다.

지금까지 살펴본 내용을 종합해 본다면, 건강기능식품광고 사전심의제도는 앞서 살펴본 정보통신심의제도에 비해 확실히 검열의 전형적인 해악을 완화시키는 장치들을 가지고 있다. 위 결정에 설시된 내용에 한하여 검토한 것이기에 당장 검열에 해당하지 않는다고 단정하기 어렵지만, 이처럼 기존 법리와 달리 '행정권이 주체가 된 사전심사절차'라고 하더라도 절차적 보호장치들을 검토함으로써 검열금지 법리에 위배되지 않는다고 판단되는 경우가 존재할 수 있음을 확인할 수 있을 것이다.

---

6) 헌재 2018. 6. 28. 2016헌가8 등, 판례집 30-1하, 313, 325 참조.

제5장

결 론

1. 이 책에서는 검열금지 법리에 관하여 새로운 해석론을 제시함으로써, 오늘날 등장하고 있는 다양한 표현금지 행위 전반에 적용됨과 동시에 그 적용영역 내에서 구체적 타당성도 기할 수 있도록 하는 방안을 모색해 보았다.

이를 위해, 그동안 검열금지 법리가 전개되어 온 모습 및 매체환경의 변화로 인해 기존 법리의 적용영역 내외에서 발생한 한계점들을 짚어보고(제2장), 국외의 유사 법리 및 다양한 판결례, 입법례 등을 살펴봄으로써 기존 법리의 한계점을 극복할 수 있는 해석론 전개에 필요한 시사점을 얻은 뒤(제3장), 검열의 적극적 요건 중 주체 및 시기 요건으로 제시된 '행정권이 주체가 된 사전심사'라는 요소를 확장해석 함과 동시에, '절차적 보호장치'라는 검열의 소극적 요건을 도입하는 내용의 대안적 해석 방안을 제시해 보았다(제4장).

주요 내용을 요약해보면, 다음과 같다.

2. 검열금지 법리는, 영국의 출판허가제가 폐지되는 과정에서 등장하였던 밀턴과 로크 등의 저작에 기원을 두고 있었다. 이 사상은 영국 보통법에 관한 블랙스톤의 이론을 매개하여 미국 수정헌법 제1조로 수용되었고, 이에 따라 표현의 자유 보장이 검열금지와 동일한 것으로 이해되었던 시기도 존재하였다. 비슷한 시기에 유럽대륙에서는 성문헌법에 검열금지에 관한 조항들이 등장하기 시작하였다. 한편, 검열금지 법리의 이론적 기초는, 사상의 자유시장 이론과 형사처벌과의 구별론에서 찾아볼 수 있었다.

3. 이를 통해 검열금지 법리의 본질은, 표현의 내용을 심사하여 금지 여부를 결정하는 행위 중에서도, 자의성(권력자에 의한 자의적

결정가능성 존재), 일방성(표현 금지 여부 결정 과정에서 표현자 배제), 비공개성(일반 대중에 의한 평가 기회 상실), 시기지연성(표현의 시기 지연) 등 4가지 요소의 측면에서 강한 표현억제적 효과를 지니는 행위를 금지하겠다는 것에 있음을 도출해 볼 수 있었다. 이러한 4가지 요소를 지닌 구체적인 행위의 모습이 어떠한지는 시대와 상황에 따라 얼마든지 달라진다고 할 수 있다(이상 제2장 제1절).

4. 우리나라의 경우, 1960년 헌법에서 처음으로 검열금지 조항이 도입되었으나, 당시에는 기본권에 관한 일반적 법률유보 조항의 일부로 규정되었다. 1962년 헌법부터는 검열금지 조항이 표현의 자유 조항의 일부로 규정되었으나, 영화와 연예에 대해서는 검열을 허용하는 예외조항이 존재하였다. 1972년 헌법부터 1980년 헌법까지는 검열금지 조항이 삭제되었다가 현행 헌법에서 예외조항이 없는 형태로 다시 부활하였는데, 제헌헌법부터 현행 헌법에 이르기까지 학계에서는 검열금지 법리가 검열금지 조항의 존부와 관계없이 헌법 해석상 도출될 수 있다고 인식하여 왔음을 확인할 수 있었다.

5. 우리나라에서 검열금지 법리는 헌법재판소에 의한 일련의 결정례에 의해 형성되고 구체화되어 왔다. 헌법재판소는 검열금지 법리 위반으로 판단한 첫 사건(93헌가13등 결정)부터 그 요건을 '행정권이 주체가 된 사전심사절차' 등 4가지로 엄격히 제시하여 적용영역을 한정하고, 그 효과를 일체의 예외가 허용되지 않는 '절대적 금지'로 설정한 뒤, 이를 반복적으로 적용해 왔다. 한때 상업광고를 검열금지 법리의 적용대상에서 배제하려는 시도도 행해진 바 있었으나, 최근에는 다시 모든 표현물에 대해 적용되는 법리임을 명확히 하였다(이상 제2장 제2절).

6. 이와 같은 기존의 검열금지 법리는, 오늘날 적용영역 내외에서 일정한 한계를 보이고 있다.

먼저 적용영역 외에서는, 기존 법리에서 파악하는 검열과 실질적으로 동일한 성격을 지닌 행위들이 인터넷상에서 이루어지고 있지만(이른바 '인터넷 검열'), 매체특성상 '행정권'에 의한 '사전심사'가 이루어질 수 없다는 측면에서 검열금지 법리가 전혀 적용되지 못하고 있는 상황이다.

다음으로 적용영역 내에서는 지나친 경직성으로 인해 '행정권'에 의한 '사전심사'에 해당하기만 하면, 문제되는 행위가 실제로 검열의 4가지 전형적인 표현억제적 요소(자의성, 일방성, 비공개성, 시기지연성)를 지니는지 여부를 불문하고 무조건 금지되고 있다. 적용영역 내의 한계와 관련하여, 일정한 표현물 범주에 따른 예외를 인정하는 방식으로 구체적 타당성을 기하려는 시도가 있어 왔지만, 이는 실체적 한계가 아닌 절차적 한계를 다루는 검열금지 법리와 맞지 않는 방식이다.

기존의 검열금지 법리는 헌법재판소의 해석론으로 전개되어 온 것이므로, 기존의 해석이 한계에 봉착한 상황에서는 그 해석을 수정하는 방식을 택함으로써 해결방안을 찾아볼 수 있을 것이다(제2장 제3절).

7. 독일 연방헌법재판소와 일본 최고재판소에 의해 전개된 사전검열금지원칙은, 우리나라의 기존 법리와 그 내용이 거의 동일하다. 그러나 이들 국가에서도, 검열의 주체 및 시기 요건을 확장해석하거나, 절대적 금지라는 검열의 효과에 의문을 표하면서 절차적 보호장치의 존재를 전제로 한 헌법적 정당화 가능성을 제기하는 등 기존 법리에 대한 비판담론들이 존재하고 있었다. 독일의 경우 「네트워크법집행법」을 둘러싸고, 일본의 경우 '평화의 소녀상 전시 중단'을 둘

러싸고 최근까지도 이러한 견해의 대립이 있었음을 목격할 수 있었
다(제3장 제1절).

8. 미연방대법원에서 전개되어 온 사전제한금지법리는, 우리나라
의 기존 법리와 달리 사전제한 전반에 대하여 동일한 법리를 적용하
는데, 위헌으로 강력히 추정되고 국가에 무거운 입증책임을 부담시
킬 뿐 그 자체가 절대적으로 금지되는 것이라고 보지는 않는다. '사
전'의 의미에 관해 '사법기관이 표현물의 최종적인 위법성을 판단하
기 이전 시점'으로 이해하는 모습을 보이며, 우리나라의 검열과 유사
한 개념 범주인 '행정기관에 의한 허가 체계'에 대해 절차적 보호장
치를 요구하는 방식으로(이른바 'Freedman 기준') 사전제한이 허용될
여지를 인정해 왔다(제3장 제2절).

9. 아직 특유한 법리가 형성되어 있다고 보기는 어렵지만, 참조할
만한 다양한 입법례와 판결례 등이 존재하는 곳들도 존재하였다. 프
랑스, 캐나다, 영국과 같은 국가들과 유럽인권재판소, UN을 비롯한
각종 국제기구들이 이에 해당한다. 단편적인 사례들을 통해 얻을 수
있는 각각의 시사점에는 차이가 있었지만, 대체적으로 우리나라의
기존 법리보다는 검열의 주체 및 시기 요건을 넓게 파악하면서 일정
한 절차적 보호장치의 요소를 고려하여 헌법적 정당성 여부를 파악
하는 흐름을 읽을 수 있었다. 이는 독일과 일본의 기존 법리에 대한
비판 담론 및 미연방대법원의 사전제한금지법리와 상통하는 측면이
라 할 수 있다(제3장 제3절).

10. 우리나라에서도 그동안 기존의 검열금지 법리에 관한 대안적
해석들이 여러 차례 시도된 바 있었다. 엄격한 기준의 과잉금지원칙
심사로 이해하는 방식이나, 미연방대법원의 사전제한금지법리를 적

극 수용하는 방식, 표현의 자유를 구성하는 기본권의 한 내용으로 이해하는 방식 등이 이에 해당한다. 이들은 모두 '절대적 금지'라는 검열의 효과까지 수정하려는 시도로서, 각각 일정한 한계점들이 존재하였다(제4장 제1절).

11. 이 책에서는 검열금지 법리에 대한 새로운 대안적 해석으로, '절대적 금지'라는 검열의 효과는 그대로 유지한 채, 검열의 적극적 요건을 확장해석 함과 동시에 소극적 요건을 도입하는 방안을 제시해 보았다. 기존 법리에서 제시하는 검열의 4가지 요건을 검열의 적극적 요건으로 하되 '행정권이 주체가 되는 사전심사절차'라는 주체 및 시기 요건을 최대한 확장해석 하는 한편, 일정한 '절차적 보호장치'가 존재한다면 검열에 해당하지 않을 수 있다는 검열의 소극적 요건을 상정하는 방식이다. 이러한 과정을 통해 검열에 해당하지 않는다고 판단될 경우에만, 비로소 과잉금지원칙 심사 등을 통한 실체적인 법익형량이 가능하게 된다(제4장 제2절).

12. 검열의 시기 요건에 관해, 기존 법리는 '표현의 발표 또는 유통 단계에서' 표현의 내용을 심사하여 금지 여부를 결정하는 경우로 한정한다.

그러나 '표현 수용 단계'에서 행해지는 금지라고 하더라도, 수용 가능성까지 포함하는 표현의 자유의 본질상 그 이전 시점에 행해지는 금지와 규범적 관점에서 차이가 없고, 표현자의 입장에서는 발표의 금지보다 수용의 금지를 더 인지하거나 회피하기 어렵다는 점에서 오히려 표현억제적 효과가 더 클 수 있으며, 인터넷 접근 자체를 표현의 자유 보장내용 일부로 파악하는 '인터넷 접근권' 논의에 의할 때 인터넷 접근 차단도 기존의 검열과 동일한 효과를 발생시킬 수 있다는 점에서, 검열금지 법리를 적용함이 타당하다.

　나아가, '표현 수용 이후 단계'에서 행해지는 금지라고 하더라도 그것이 법원에 의한 최종적인 위법성 판단 전에 행해지는 경우라면, 여전히 자의성, 일방성, 비공개성, 시기지연성 등의 요소가 존재할 여지가 있다는 점에서 기존의 검열과 다르지 않고, 표현자 스스로 사전제한을 선호할 만큼 표현억제적 효과가 더 큰 경우 역시 존재하며, '사전' 개념의 상대성 논의에 의할 때 사전, 사후의 구별 시점이 명확한 것도 아니라는 점에서, 검열금지 법리를 적용함이 타당하다.

　13. 검열의 주체 요건에 관해, 기존 법리는 '행정기관이 직접' 표현 내용을 심사하여 금지 여부를 결정하는 경우로 한정한다.

　그러나 국가의 신청으로 '사법기관'이 행하는 행위라고 하더라도 그것이 표현을 금지하는 절차라면 표현 자체는 허용하되 형사처벌 등의 제재를 가하는 절차와 달리 기존의 검열과 공통된 속성을 공유할 수 있으며, 미국 법원들의 표현에 대한 금지명령 발령 양태를 살펴보면 기존의 검열보다 표현억제적 효과가 더 크게 나타나기도 하고, 표현물 압수에 관해서는 일반적인 압수보다 강화된 특별요건을 요구하는 논의들이 존재해 왔다는 점에서, 검열금지 법리를 적용함이 타당하다.

　나아가 국가의 강제에 의해 '사인'이 표현의 내용을 심사하여 금지 여부를 결정하는 행위 역시, 특정 표현을 우월한 주체에 의해 사상의 자유시장에서 도태시킨다는 점에서 기존의 검열과 다르지 않고, 사인은 표현금지 의무 위반으로 인한 국가의 제재를 회피하기 위해 과도한 금지를 할 가능성이 높으므로 기존의 검열보다 표현억제적 효과가 크게 나타날 수 있으며, 정보매개자에게 일반적 감시의무 부과하는 것을 금지하려는 논의에 비추어 볼 때, 검열금지 법리를 적용함이 타당하다.

14. 한편, 검열의 소극적 요건에 해당하는 절차적 보호장치는 검열의 전형적인 4가지 해악에 따른 표현억제적 효과를 충분히 완화시킬 수 있을만한 것이어야 한다.

'자의성' 요소를 완화하는 장치로는, 사법기관의 판단이 선행되거나, 표현금지에 관한 판단의 무재량성을 전제로 하여 신속한 사후적 사법심사가 이루어질 것, 위법한 표현금지에 대한 배상제도를 갖출 것 등을 생각해 볼 수 있다. '일방성' 요소를 완화하는 장치로는, 대심적 구조의 형성 및 의견제출의 기회 보장, 이의제기 절차 등을 상정해 볼 수 있다.

'비공개성' 요소를 완화하는 장치로는, 표현의 금지 여부 결정 시 일반 대중의 참여 기회를 보장하거나, 표현의 금지 여부 결정 주체의 구성을 다양화하는 방식 등을 생각해 볼 수 있고, '시기지연성' 요소를 완화하는 장치로는, 표현 금지 여부 결정 및 이에 대한 사법기관의 판단이 신속히 이루어질 것 등을 상정해 볼 수 있다.

제시된 절차적 보호장치들은 예시적인 것으로서, 이들 모두를 갖추어야만 검열에 해당하지 않게 된다는 의미가 아니라, 존재하는 장치들을 종합적으로 고려하여 검열이 지니는 4가지 요소의 전형적 해악을 다른 형태의 표현의 자유 제한 수단만큼 낮추고 있는지 여부에 관해 평가해야 한다는 의미이다(이상 제4장 제3절).

15. 이 책은 그동안 너무나 확고히 확립되어 당위로까지 받아들여져 온 기존의 검열금지 법리에 대해, 충분히 다른 방식의 이해도 가능함을 밝힌 것에서 그 의의를 찾을 수 있을 것이다. 이 책에 의하면, 검열금지 법리에 따라 절대적으로 금지되는 '검열'이란, '국가가 직접 또는 다른 주체를 통하여(적극적 요건 중 주체 요건 확장해석), 해당 표현에 대한 최종적인 위법성이 사법기관에 의해 판단되기 이전에(적극적 요건 중 시기 요건 확장 해석) 그 내용을 심사하여 금지

여부를 결정하는 행위 가운데, 일정한 절차적 보호장치를 결여하고 있는 것(소극적 요건의 도입)'이라고 재구성된다.

16. 도입 초기부터 한 방향으로 오랜 시간 전개되어 온 법리의 해석방식을 당장 다른 것으로 바꾸기란 쉽지 않을 것이다. 그러나 검열은 완전히 닫힌 정의를 가지고 있는 불변의 개념이 아니며, 역사적인 맥락 하에 구체적인 차원에서 고려될 필요가 있다.[1] 표현의 자유의 출발점이었던 검열금지 법리가 변화된 매체환경에서 담당할 수 있는 역할은 무엇일지, 어느 때보다 깊은 고민이 필요한 시점이라 하겠다.

---

1) R. Burt, "Introduction: The "New" Censorship", R. Burt ed., *The Administration of Aesthetics: Censorship, Political Criticism, and the Public Sphere*, University Of Minnesota Press, 1994. pp.xxiv-xxv 참조.

참고문헌

1. 단행본

[국내서]

갈봉근, 「유신헌법론」, 한국헌법학회, 1976.

강광문, 「일본 헌법과 헌법소송」, 박영사, 2020.

권영성, 「(시론집)한국적 헌법문화」, 법문사, 1999.

김기범, 「한국헌법」, 교문사, 1973.

김동철, 「자유언론법제연구」, 나남, 1987.

김옥조, 「미디어 법」, 2009년 개정판, 커뮤니케이션북스, 2009.

김재형, 「언론과 인격권」, 박영사, 2012.

김진영, 「자아 커뮤니케이션」, 커뮤니케이션북스, 2015.

김철수, 「(판례교재)헌법」, 증보판, 법문사, 1977.

김철수 외, 「주석헌법」, 개정2판, 법원사, 1996.

김하열, 「헌법강의」, 박영사, 2018.

김학성·박용숙, 「세계 각국의 헌법전」, 북스힐, 2018.

문재완, 「언론법」, 늘봄, 2008.

문홍주, 「한국헌법」, 법문사, 1971.

문홍주, 「한국헌법론」, 일조각, 1960.

박경신, 「표현·통신의 자유: 이론과 실제」, 논형, 2013.

박상익, 「언론 자유의 경전 아레오파기티카」, 소나무, 1999.

박용상, 「표현의 자유」, 현암사, 2002.

박일경, 「신헌법해의」, 진명문화사, 1963.

박일경, 「혁명정부와 헌법」, 진명문화사, 1961.

박정순, 「대중매체의 기호학」, 개정판, 커뮤니케이션북스, 2009.

성낙인, 「언론정보법」, 나남출판, 1998.

송석윤, 「위기시대의 헌법학: 바이마르 헌법학이 본 정당과 단체」, 정우사, 2002.

신선우, 「일본헌법의 이해」, 책나무, 2015.

양건, 「헌법강의」, 제7판, 법문사, 2018.

양영철, 「영화산업」, 집문당, 2006.

유진오, 「(신고)헌법해의」, 일조각, 1953.

윤석민, 「커뮤니케이션의 이해」, 커뮤니케이션북스, 2007.

이재진·이정기, 「표현, 언론 그리고 집회결사의 자유」, 한양대학교출판부, 2011.

장영수, 「헌법학」, 제11판, 홍문사, 2019.

정재각, 「왜 다시 자유여야 하는가? 밀의 자유론: 사유와 비판」, 박영사, 2019.

팽원순, 「매스코뮤니케이션법제이론」, 법문사, 1984.

한병구, 「언론과 윤리법제」, 증정판, 서울대학교 출판부, 2000.

한영학, 「일본 언론법 연구」, 한울, 2012.

한태연, 「신헌법」, 개정판, 법문사, 1960.

한태연, 「헌법학」, 2정판, 법문사, 1977.

[번역서]

도이츠헌법판례연구회 편, 전정환 역, 「독일헌법판례 (II-상)」, 제2판, 원광헌법학연구회, 2007.

레베카 매키넌, 김양욱·최형우 역, 「인터넷 자유 투쟁」, 커뮤니케이션북스, 2013.

로버트 하그리브스, 오승훈 역, 「표현 자유의 역사」, 시아출판사, 2006.

뤼시앵 페브로·앙리 장 마르탱, 강주헌·배영란 역, 「책의 탄생: 책은 어떻게 지식의 혁명과 사상의 전파를 이끌었는가」, 돌베개, 2014.

리처드 도킨스, 홍영남 역, 「이기적 유전자」, 30주년 기념판, 을유문화사, 2006.

마리안 파쉬케, 이우승 역, 「독일 미디어법」, 한울, 1998.

브룬힐데 슈테클러, 이화행 역, 「독일의 인터넷 법제: 저작권법, 미디어법, 광고법의 이해」, 커뮤니케이션북스, 2007.

수전 블랙모어, 김명남 역, 「문화를 창조하는 새로운 복제자 밈」, 바다출판사, 2010.

앤서니 루이스, 박지웅·이지은 역, 「우리가 싫어하는 생각을 위한 자유: 미국 수정헌법 1조의 역사」, 간장, 2010.

잭 골드스미스·팀 우, 송연석 역, 「(사이버 세계를 조종하는)인터넷 권력전쟁」, NEWRUN, 2006.

존 노왁·로널드 로툰다, 이부하 역, 「표현의 자유와 미국헌법」, 한국학술정보, 2007.

존 밀턴, 임상원 역주, 「아레오파지티카」, 나남출판, 1998.

존 스튜어트 밀, 서병훈 역주, 「자유론」, 개정 2판, 책세상, 2018.

존 스튜어트 밀, 이주명 역, 「자유에 대하여」, 필맥, 2008.

켄트 미들턴·윌리엄 리, 강명일 역, 「공공 커뮤니케이션 법」, 커뮤니케이션북스, 2014.

콘라드 헷세, 계희열 역, 「통일독일헌법원론」, 제20판, 삼영사, 2001.

LS헌법연구회 편, 민병로·손형섭 역, 「일본판례헌법」, 전남대학교출판부, 2011.

[외국서]

András Koltay, *New Media and Freedom of Expression: Rethinking the Constitutional Foundations of the Public Sphere*, Hart Publishing, 2019.

Ansgar Koreng, *Zensur im Internet: Der verfassungsrechtliche Schutz der digitalen Massenkommunikation*, Nomos, 2010.

Anthony Gray, *Freedom of Speech in the Western World: Comparison and Critique*, Lexington Books, 2019.

Deutschland Bundesverfassungsgericht, *Decisions of the Bundesverfassungsgericht – Federal Constitutional Court – Federal Republic of Germany*, Vol.2, Nomos, 1992.

Erwin Chemerinsky, *Constitutional Law: Principles and Policies*, 6th ed., Wolters Kluwer, 2019.

Fred S. Siebert, *Freedom of the Press in England, 1476-1776*, University of Illinois Press, 1952.

Geoffrey R. Stone et al., *The First Amendment*, 4th ed., Wolters Kluwer Law & Business, 2012.

Jacob Mchangama & Joelle Fiss, *The Digital Berlin Wall: How Germany (Accidentally) Created a Prototype for Global Online Censorship*, Justitia, 2019.

Jacob Mchangama & Joelle Fiss, *The Digital Berlin Wall: How Germany (Accidentally) Created a Prototype for Global Online Censorship-Act Two*, Justitia, 2020.

Joakim Nergelius, *Media Law in Sweden*, Wolters Kluwer Law & Business, 2015.

John Feather, *A History of British Publishing*, 2nd ed., Routledge, 2006.

L. H. Tribe, *American Constitutional Law*, 2nd ed., Foundation Press, 1988.

Lee C. Bollinger & Geoffrey R. Stone eds., *The Free Speech Century*, Oxford University Press, 2019.

Margaret E. Roberts, *Censored: Distraction and Diversion Inside China's Great Firewall*, Princeton University Press, 2018.

Mark Tushnet, *Advanced Introduction to Freedom of Expression*, Edward Elgar Publishing, 2018.

Maunz (Hrsg.), *Grundgesetz: Kommentar*, 83 Lieferung, Beck, 2018.

Murad Erdemir, *Filmzensur und Filmverbot: Eine Untersuchung zu den verfassungsrechtlichen Anforderungen an die strafrechtliche Filmkontrolle im Erwachsenenbereich*, Elwert, 2000.

Peter W. Hogg, *Constitutional Law of Canada*, 5th ed., Vol.2, Thomson/Carswell, 2007.

Pieroth/Schlink, *Grundrechte Staatsrecht II*, 28 neu bearb. Aufl., C.F. Müller, 2012.

Robert E. Trager et al., *The Law of Journalism and Mass Communication*, 4th ed., CQ Press, 2014.

Roy L Moore et al., *Media Law and Ethics*, 5th ed., Routledge, 2018.

T. Barton Carter et al., *Mass Communication Law in a Nutshell*, 8th ed., West Academic Publishing, 2020.

T. C. O'Guinn et al., *Advertising and Integrated Brand Promotion*, 3rd ed., Thomson South-Western, 2003.

W. R. Lane & J. T. Russell, *Advertising: A Framework*, Prentice Hall, 2001.

W. Wat Hopkins ed., *Communication and the Law*, 2009 ed., Vision Press, 2009.

William Blackstone, *Commentaries on the Laws of England: (Volume 4) A Facsimile of the First Edition of 1765-1769*, The University of Chicago Press, 1979

Wolfgang Hoffmann-Riem, *Kommunikationsfreiheiten: Kommentierungen zu Art. 5 Abs. 1 und 2 sowie Art. 8 GG*, Nomos-Verl.-Ges. 2002.

宮澤俊義, 「憲法Ⅱ」, 新版, 有斐閣, 1971.

芦部信喜, 「憲法學Ⅲ人權各論⑴」, 增補版, 日本評論社, 2000.

石村善治, 「言論法硏究 Ⅱ」, 信山社, 1993.

石村善治, 「言論法制と表現の自首」, 立花書房, 1979.

松井茂記, 「「マス・メディアと法」入門」, 弘文堂, 1988.

松井茂記, 「マス・メディアの表現の自由」, 日本評論社, 2005.

阿部照哉, 「基本的人權の法理」, 有斐閣, 1976.
奥平康弘, 「表現の自由 L」, 有斐閣, 1983.
佐藤幸治, 「憲法」, 第3版, 靑林書院, 1995.
阪本昌成, 「憲法理論 IL」, 成文堂, 1995.

2. 논문

[국내논문]

계희열, "헌법상 언론·출판의 자유", 「법학논집」 제34집, 1998.

권순현, "상업광고에 관한 헌법상 제한의 원리", 「토지공법연구」 제69집, 2015.

권용진·임영덕, "의료광고 사전심의제도에 관한 법적 고찰", 「유럽헌법연구」 제10호, 2011.

권은정, "소셜 미디어 규제의 공법적 타당성에 관한 소고: 허위정보 유통 규제를 중심으로", 「유럽헌법연구」 제31호, 2019.

권헌영, "인터넷상 표현의 자유보장에 관한 헌법구조적 한계와 과제", 「언론과 법」 제10권 제2호, 2011.

김문현, "영화에 대한 검열의 허용여부 및 검열의 개념", 「고시연구」 제26권 제9호, 1999.

김민배, "인터넷에서 언론의 자유와 검열", 「민주법학」 제29호, 2005.

김민정, "소셜미디어 플랫폼상의 혐오표현 규제", 「방송문화연구」 제32권 제1호, 2020.

김배원, "언론·출판의 자유와 사전검열금지원칙", 「공법학연구」 제16권 제1호, 2015.

김범진, "명예훼손법의 기초이론에 관한 연구: 명예권의 역사, 이론 및 시사점", 서울대학교 박사학위논문, 2018.

김승주, "강화된 불법 음란물 차단 정책: 인터넷 사전 검열인가, 디지털 성범죄 방지책인가", 「언론중재」 2019년 여름호, 2019.

김웅규, "상업적 광고에 관한 센트럴 허드슨기준에 대한 비판적 분석과 대안", 「홍익법학」 제13권 제4호, 2012.

김주환·류병운, "한국의 인터넷 규제에 대한 국제·비교적 검토", 「홍익법학」 제12권 제1호, 2011.

김진용, "중국의 인터넷 통제 메커니즘", 「정보화정책」 제20권 제1호, 2013.

김진용, "중국의 정보혁명: 모바일 인터넷 통제와 정치 안정성", 「세계정치」 제27호, 2017.

김창록, "일제강점기 언론·출판법제", 「한국문학연구」 제30집, 2006.

김태연, "해외 불법·유해정보 내용규제 실효성 연구: SNI 필드 차단 기술 도입 및 해외 사업자 자율규제 현황을 중심으로", 서울대학교 석사학위논문, 2020.

김한성, "언론·출판의 자유의 절차적 보호", 「미국헌법연구」 제5권, 1994.

김형성, "간행물 심의와 표현의 자유", 「성균관법학」 제17권 제2호, 2005.

나강, "온라인서비스제공자의 책임 제한 규정체계 개선에 대한 소고- 일반적 감시 의무를 중심으로", 동아법학 제80호, 2018.

문재완, "인터넷상 사적 검열과 표현의 자유", 「공법연구」 제43집 제3호, 2015.

문재완, "표현의 자유와 민주주의", 「세계헌법연구」 제17권 제2호, 2011.

박경신, "사전검열법리와 정보통신윤리위원회의 활동: 법과학적 방법으로", 「인권과 정의」 제312호, 2002.

박상익, "밀턴과 잉글랜드의 검열제", 「영국 연구」 창간호, 1997.

박선영, "영화에 대한 사전심의의 위헌 여부", 「법조」 제483권 제12호, 1996.

박신욱, "온라인서비스제공자의 책임 및 그 확장과 관련된 독일 네트워크 법집행법(NetzDG) 연구", 「법학연구」 제21집 제2호, 2018.

박용상, "영화에 대한 사전검열의 금지", 김용준헌법재판소장화갑기념논문집 간행위원회 편, 「재판의 한 길」, 박영사, 1998.

박용상, "한국의 언론법사", 「법조」 제439권 제4호, 1993.

박용상, "한국의 언론법사(하)", 「법조」 제32권 제2호, 1983.

박용상, "헌법상 사전검열금지의 원칙", 「헌법논총」 제21집, 2010.

박종현, "게임광고 심의에 대한 헌법적·정책적 고찰: 광고 사전심의제도 관련 헌법재판소 결정례들에 대한 분석을 중심으로", 「법학논총」 제31권 제3호, 2019.

박지윤, "아이치트리엔날레와 '표현의 부자유' 전", 「아세아여성법학」 제22호, 2019.

박찬권, "헌법체계상 인격권과 표현의 자유의 규범적 위상 및 상호관계: 상업광고의 기본권 보호범위에 관한 보론", 「공법연구」 제48집 제1호, 2019.

방석호, "사이버 스페이스에서의 검열과 내용 규제", 「사이버커뮤니케이션학보」 제3호, 1998.

방석호, "인터넷 내용규제 관련 현행법제의 비교분석", 「언론중재」 1999년 봄호, 1999.

송석윤, "군민공치와 입헌군주제헌법: 비교헌정사적 연구", 「서울대학교 법학」 제53권 제1호, 2012.

안경환, "표현의 자유와 사전제한: 미국 헌법이론을 중심으로", 「인권과 정의」 제153호, 1989.

안수길, "가짜뉴스에 맞서는 독일 '사회관계망법집행법'의 내용과 쟁점", 「법학논총」 제36집 제1호, 2019.

양건, "표현의 자유", 한국공법학회 편, 「미국헌법과 한국헌법」, 대학출판사, 1989.

양건, "헌법상 검열금지의 해석: 헌법재판소의 영화 사전심의 위헌결정에 대한 비판적 분석과 새로운 해석의 제시", 「법학논총」 제15집, 1998.

양선희·김재영, "통신심의 실태에 관한 비판적 고찰: 방송통신심의위원회 산하 통신심의소위원회 회의록 분석을 중심으로", 「한국언론정보학보」 통권 제55호, 2011.

양태건 번역, 송석윤 감수, "1850년 프로이센 헌법", 「서울대학교 법학」 제54권 제2호, 2013.

이권일, "소셜 네트워크 시대에 가짜뉴스(fakenews) 규제에 관한 헌법적 고찰: 독일의 소셜네트워크법(Netzwerkdurchsetzungsgesetz)에 대한 분석을 중심으로", 「공법학연구」 제20권 제1호, 2019.

이규진, "언론자유와 사전제한의 법리: 방영금지가처분 합헌 결정을 중심으로", 「언론중재」 2001년 겨울호, 2001.

이노홍, "상업적 광고규제와 표현의 자유 보호론 재검토", 「홍익법학」 제17권 제1호, 2016.

이동진, "전문직 표시·광고규제의 몇 가지 쟁점: 의료광고를 중심으로", 「의료법학」 제17권 제2호, 2016.

이부하, "방송광고와 관련한 청소년보호법제: 독일의 법제도를 중심으로", 「한독사회과학논총」 제22권 제1호, 2012.

이승선, "'방송불가' 판정 광고사전심의의 위헌성에 관한 연구: 과잉금지원칙을 중심으로", 「광고연구」 제69호, 2005.

이우영, "표현의 자유 법리와 헌법재판소의 위헌법률심사기준", 「서울대학교 법학」 제53권 제2호, 2012.

이유진, "네트워크집행법, 진실이 아닌 표현은 보호의 대상이 아니다", 「신문과 방송」 2019년 11월호, 2019.

이유진, "독일 네트워크 법집행법 개정안 발의: SNS 사업자 책임은 더 강화하고, 이용자 보호는 더 철저히", 「언론중재」 2020년 여름호, 2020.

이인호, "뉴미디어의 발전과 언론자유법의 새로운 전개", 「헌법논총」 제8집, 1997a.

이인호, "영화검열법제에 대한 비판과 그 개선방향: 엄격한 의미의 음란에 대한 사전검열의 정당화요건", 「법과사회」 제26권, 2004.

이인호, "표현의 자유와 검열금지의 원칙: 헌법 제21조 제2항의 새로운 해석론", 「법과사회」 제15권, 1997b.

이재명, "상영등급분류제도의 헌법적 검토", 「중앙법학」 제21집 제4호, 2019.

이재진, "표현으로서의 광고의 보호 정도에 대한 탐구: 인격권 관련 판례에 대한 분석을 중심으로", 「한국언론정보학보」 통권 제32호, 2006.

이준일, "블랙리스트의 헌법적 쟁점", 「세계헌법연구」 제23권 제1호, 2017.

이진구, "독일헌법 제5조의 의사공시권 보장에 관한 고찰", 「사회과학논집」 제25권 제2호, 2006.

이춘구, "사상의 자유시장 이론 전개의 법적 고찰: 연원과 현대적 발전을 중심으로", 「국가법연구」 제10집 제1호, 2014.

임석순, "통신사업자의 불법게시물 유통방지의무: 이른바 'n번방 방지법'과 독일 네트워크단속법(NetzDG)의 비교를 중점으로", 「고려법학」 제98호, 2020.

임승은, "헌법상 표현의 자유와 검열금지원칙", 서울대학교 석사학위논문, 2011.

임지봉, "미국헌법상의 표현의 자유와 사전억제금지의 원칙", 「미국헌법연구」 제20권 제2호, 2009.

임효준, "검열금지 법리의 시기 요건에 관한 재검토", 「법학논집」 제24권 제1호, 2019a.

임효준, "검열금지의 법적 성격에 관한 재검토", 「언론과 법」 제18권 제2호, 2019b.

임효준, "매체물의 특성을 고려한 심의제도 구축에 관한 시론적 연구", 「미디어와 인격권」 제2권, 2016a.

임효준, "상업광고 제한 입법에 대한 헌법재판소의 완화된 심사기준: 헌법재판소 결정의 동향 및 비판적 검토", 「헌법재판연구」 제3권 제2호, 2016b.

임효준, "음악영상물 심의제도의 연혁 및 외국의 입법례: 현행 심의제도 개선에 관한 시사점 도출을 위하여", 「입법과 정책」 제10권 제1호, 2018.

장석권, "광고 사전심의 제도의 위헌성에 대한 헌법적 고찰: 의료기기 광고 사전심의 제도의 위헌성에 대한 검토를 중심으로", 「법학논집」 제23권 제1호, 2018.

장재옥·이인호, "정보화와 예술의 자유: 예술표현의 자유와 한계를 중심으로", 「중앙법학」 제4집 제2호, 2002.

장철준, "디지털 시대 헌법상 표현의 자유 개념 변화를 위한 시론: 혐오표현 문제를 중심으로", 「언론과 법」 제18권 제1호, 2019.

전정환, "방송위원회의 방송광고에 대한 사전심의·의결의 위헌성 여부", 「헌법학연구」 제12권 제3호, 2006.

전학선, "프랑스에서 인터넷상의 혐오표현에 대한 규제: 헌법재판소 2020. 6. 18. 아비아법률 결정을 중심으로", 「외법논집」 제44권 제3호, 2020.

정근식, "식민지적 검열의 역사적 기원: 1904~1910년", 「사회와 역사」 제64권, 2003.

정연주, "영화상영등급분류보류와 언론·출판의 자유: 헌재결 2001. 8. 30 2000헌가9 영화진흥법 제21조 제4항 위헌제청사건을 중심으로", 「헌법판례연구」 제5권, 2003.

정재황, "영화에 대한 사전심의의 위헌성여부", 「고시계」 제36권 제11호, 1991.

정재황, "헌법개정과 기본권", 「저스티스」 통권 제134-2호, 2013.

정필운, "언론·출판의 자유의 제한 체계", 「연세법학연구」 제14권 제1호, 2004.

조동기, "사이버 공간의 문화적 특성과 '인터넷 밈'의 확산에 대한 연구", 「철학사상문화」 제21호, 2016.

조소영, "광고규제에 대한 헌법적 검토: 상업광고에 대한 논의를 중심으로", 「공법학연구」 제18권 제2호, 2017.

조소영, "상업적 언론(Commercial Speech)을 진정한 표현의 자유권화하기 위한 헌법적 논의", 「법조」 제52권 제9호, 2003.

조소영, "언론기본권과 개헌", 「언론과 법」 제17권 제2호, 2018.

차진아, "표현의 자유의 구조와 성격에 관한 연구: 오프라인과 온라인상 실현방식에 대한 비교를 중심으로", 「법학연구」 제53권 제3호, 2012.

한동훈, "프랑스의 정보조작대처법률에 대한 헌법적 검토", 「세계헌법연구」 제25권 제1호, 2019.

한만수, "식민지시기 교정쇄 검열제도에 대하여", 「한국문학연구」 제28집, 2005.

한위수, "영화등급제와 표현의 자유", 「세계헌법연구」 제8호, 2003.

허진성, "온라인서비스제공자의 불법정보 삭제·차단의무에 대한 연구: 전기통신사업법과 정보통신망법의 개정 내용을 중심으로", 「언론과 법」

제19권 제2호, 2020.

홍강훈, 「「기본권 제한 입법의 이원적 통제이론」에 따른 헌법 제21조 언론 출판의 자유에 대한 허가 및 검열금지의 법적 의미", 「공법연구」 제 48집 제4호, 2020.

홍남희, "디지털 플랫폼에 의한 '사적 검열(private censorship)'", 「미디어와 인 격권」 제4권 제2호, 2018.

홍남희, "SNS 검열의 제도화 과정에 대한 연구: '신 검열(new censorship)' 논 의를 통한 법적 검열 개념의 확장을 중심으로", 「커뮤니케이션이론」 제12권 제4호, 2016.

홍성방, "영화법 제12조 등에 대한 위헌결정(1996년 10월 4일 선고, 93 헌가 13, 91 헌바 10 결정)", 「한림법학 FORUM」 제6권, 1997.

홍성주, "방송금지 가처분 신청의 현황과 위헌성 논란", 「관훈저널」 2001년 겨울호, 2001.

홍승기, "방송광고 사전심의 위헌 판단의 함의: 헌법재판소 2005헌마506 사 건을 중심으로", 「행정법연구」 제37호, 2013.

황도수, "표현의 자유에 대한 사전제한", 청암 정경식박사 화갑기념논문집 간행위원회 편, 「법과 인간의 존엄」, 박영사, 1997.

황성기, "가짜뉴스에 대한 법적 규제의 문제", 「관훈저널」 2018년 봄호, 2018.

황성기, "불법정보에 대한 방송통신위원회의 취급거부·정지·제한명령제도의 헌법적 및 합헌적 해석·적용의 방향: 한총련 웹사이트 폐쇄사건을 중심으로", 「법학평론」 제6권, 2016.

황성기, "사이버스페이스와 불온통신규제", 「헌법학연구」 제6권 제3호, 2000.

황성기, "사적 검열에 관한 헌법학적 연구", 「세계헌법연구」 제17권 제3호, 2011.

황승흠, "사이버 포르노그라피에 관한 법적 통제의 문제점", 「정보와 법연구」 제1호, 1999.

황용석, "표현매체로서 SNS(Social Network Service)에 대한 내용규제의 문제점 분석: 법률적·행정적 규제를 중심으로", 「한국언론정보학보」 통권 제 58호, 2012.

황용석 외, "미디어 책무성 관점에서의 인터넷 자율규제제도 비교연구", 「언 론과 사회」 제17권 제1호, 2009.

M. Lutfi Chakim, "Institutional Improvement of the Indonesian Constitutional Court: Based on Comparative Study with South Korea and Germany", 서 울대학교 석사학위논문, 2020.

[외국논문]

Alec Harrell, "Who Cares about Prior Restraint? And Analysis of the FCC's Enforcement of Indecency Forfeiture Orders", *Southern California Law Review*, Vol.70 No.1, 1996.

Alex Kozinski & Stuart Banner, "Who's Afraid of Commercial Speech?", *Virginia Law Review*, Vol.76 No.4, 1990.

Amélie Pia Heldt, "Upload-Filters: Bypassing Classical Concepts of Censorship", *Journal of Intellectual Property, Information Technology, and Electronic Commerce Law*, Vol.10 No.1, 2019.

András Koltay, "The Possibilities of the Restraint of Media Consent Prior to Publication", *Hungarian Yearbook of International Law and European Law 2014*, 2014.

Ariel L. Bendor, "Prior Restraint, Incommensurability, and the Constitutionalism of Means", *Fordham Law Review*, Vol.68 No.2, 1999.

Ariel L. Bendor & Michal Tamir, "Prior Restraint in the Digital Age", *William & Mary Bill of Rights Journal*, Vol.27 No.4, 2019.

Artūrs Kučs & Jukka Viljanen, "Updating Freedom of Expression Doctrines in the New Media Cases", Mart Susi et al. eds., *Human Rights Law and Regulating Freedom of Expression in New Media: Lessons From Nordic Approaches*, Routledge, 2018.

Blake D. Morant, "Restraint of Controversial Musical Expressions after Skyywalker Records, Inc. v. Navarro and Barnes v. Glen Theatre, Inc.: Can the Band Play On", *Denver University Law Review*, Vol.70 No.1, 1992.

Christina Angelopoulos & Stijn Smet, "Notice-and-Fair-Balance: How to Reach a Compromise between Fundamental Rights in European Intermediary Liability", *Journal of Media Law*, Vol.8 No.2, 2016.

Christine C. Peaslee, "Constitutional Law - Action for Children's Television v. FCC: Indecency Fines and the Broadcast Medium - When Subsequent Punishments become Prior Restraints: A Subsequent Restraint Review", *Western New England Law Review*, Vol.20 No.1, 1998.

Christopher S. Yoo, "Free Speech and the Myth of the Internet as an Unintermediated Experience", *George Washington Law Review*, Vol.78 No.4, 2010.

Christopher Stevenson, "Breaching the Great Firewall: China's Internet Censorship and the Quest for Freedom of Expression in a Connected World", *Boston College International and Comparative Law Review*, Vol.30 No.2, 2007.

Constance Bitso et al., "Trends in Transition from Classical Censorship to Internet Censorship: Selected Country Overviews", *Innovation*, Vol.46, 2013.

David S. Bogen, "First Amendment Ancillary Doctrines", *Maryland Law Review*, Vol.37 No.4, 1978.

Dawn C. Nunziato, "The Beginning of the End of Internet Freedom", *Georgetown Journal of International Law*, Vol.45 No.2, 2014.

Donald M. Gillmor & Everette E. Dennis, "Legal Research in Mass Communication", Guido H. Stempel & Bruce H. Westley eds., *Research Methods in Mass Communication*, Prentice-Hall Inc., 1981.

Douglas B. Mckechnie, "Facebook is Off-limits? Criminalizing Bidirectional Communication via the Internet is Prior Restraint 2.0", *Indiana Law Review*, Vol.46 No.3, 2013.

Edward L. Carter & Brad Clark, "Death of Procedural Safeguards: Prior Restraint, Due Process and the Elusive First Amendment Value of Content Neutrality", *Communication Law and Policy*, Vol.26, 2006.

Frederick Schauer, "The Ontology of Censorship", Robert C. Post ed., *Censorship and Silencing: Practices of Cultural Regulation*, Getty Publications, 1998.

Gordon Hull, "Overblocking Autonomy: The Case of Mandatory Library Filtering Software," *Continental Philosophy Review*, Vol.42, 2009.

Harold Lasswell, "The Structure and Function of Communication in Society", Lyman Bryson ed., *The Communication of Ideas*, New York, Harper & Row, 1948.

Henry P. Monaghan, "First Amendment "Due Process"", *Harvard Law Review*, Vol.83 No.3, 1970.

Hilary Delany, "Prior Restraint Orders and Freedom of Expression-towards a Unified Approach", *Irish Jurist*, Vol.40, 2005.

Howard O. Hunter, "Toward a Better Understanding of the Prior Restraint Doctrine: A Reply to Professor Mayton", *Cornell Law Review*, Vol.67 No.2, 1982.

Ivar A. Hartmann, "A New Framework for Online Content Moderation", *Computer*

Law & Security Review, Vol.36, 2020.

J. C. Jeffries, Jr., "Rethinking Prior Restraint", *Yale Law Journal*, Vol.92 No.3, 1983.

J. David Guerrera, "Constitutional Law: The Meaning of Prompt Judicial Review under the Prior Restraint Doctrine after FW/PBS v. City of Dallas", *Brooklyn Law Review*, Vol.62 No.3, 1996.

Jack M. Balkin, "Free Speech is Triangle", *Columbia Law Review*, Vol.118 No.7, 2018.

Jack M. Balkin, "Old-School/New-School Speech Regulation", *Harvard Law Review*, Vol.127 No.8, 2014.

Jeffery A. Smith, "Prior Restraint: Original Intentions and Modern Interpretations", *William and Mary Law Review*, Vol.28 No.3, 1987.

Jenneth J. Arenson, "Prior Restraint: A Rational Doctrine or an Elusive Compendium of Hackneyed Cliches", *Drake Law Review*, Vol.36 No.2, 1986.

John A. Luchsinger, "A Blueprint for Censorship of Obscene Material: Standards for Procedural Due Process", *Villanova Law Review*, Vol.11 No.1, 1965.

Joseph Blocher, "Categoricalism and Balancing in First and Second Amendment Analysis", *NYU Law Review*, Vol.84 No.2, 2009.

Justin Hughes, "Locke's 1694 Memorandum(and More Incomplete Copyright Historiographies)", *Cardozo Arts & Entertainment Law Journal*, Vol.27 No.3, 2010.

Karl Joachim Hemeyer, "Zensur durch den Zivilrichter?", *Zeitschrift für Rechtspolitik*, Bd.4 Heft.8, 1971.

Kathryn F. Whittington, "The Prior Restraints Doctrine and the Freedman Protections: Navigating a Gigantic Labyrinth", *Florida Law Review*, Vol.52 No.4, 2000.

L. Levy, "Liberty and the First Amendment: 1790~1800", Lawrence M. Friedman & Harry N. Scheiber eds., *American Law and the Constitutional Order: Historical Perspective*, Harvard University Press, 1988.

Marin Scordato, "Distinction without a Difference: A Reappraisal of the Doctrine of Prior Restraint", *North Carolina Law Review*, Vol.68 No.1, 1989.

Marjorie Heins, "The Brave New World of Social Media Censorship", *Harvard Law Review Forum*, Vol.127, 2014.

Martin H. Redish, "The Proper Role of the Prior Restraint Doctrine in First

Amendment Theory", *Virginia Law Review*, Vol.70 No.1, 1984.

Martin Löffler, "Das Zensurverbot der Verfassung", *Neue Juristische Wochenschrift*, Bd.22, 1969.

Michael I. Meyerson, "Neglected History of the Prior Restraint Doctrine: Rediscovering the Link between the First Amendment and the Separation of Powers", *Indiana Law Review*, Vol.34 No.2, 2001a.

Michael I. Meyerson, "Rewriting Near v. Minnesota: Creating a Complete Definition of Prior Restraint", *Mercer Law Review*, Vol.52 No.3, 2001b.

Michael Köhne, "Das Zensurverbot des Grundgesetzes", *Recht und Politik*, Bd.49, 2013.

Michael Patty, "Social Media and Censorship: Rethinking State Action Once Again", *Mitchell Hamline Law Journal of Public Policy and Practice*, Vol.40, 2019.

Monika Bickert, "Defining the Boundaries of Free Speech on Social Media", Lee C. Bollinger & Geoffrey R. Stone eds., *The Free Speech Century*, Oxford University Press, 2019.

Murad Erdemir, "Das Zensurverbot im Prozess des Wandels und der inhaltlichen Neubestimmung", *Jugend Medien Schutz-Report*, Bd.41, 2018.

Néstor Pedro Sagüés, "Judicial Censorship of the Press in Argentina", *Southwestern Journal of Law and Trade in the Americas*, Vol.4 No.1, 1997.

Owen M. Fiss, "In Search of a New Paradigm", *Yale Law Journal*, Vol.104 No.7, 1995.

Owen M. Fiss, "State Activism and State Censorship", *Yale Law Journal*, Vol.100 No.7, 1991.

Paul A. Freund, "The Supreme Court and Civil Liberties", *Vanderbilt Law Review*, Vol.4 No.3, 1951.

R. Burt, "Introduction: The "New" Censorship", R. Burt ed., *The Administration of Aesthetics: Censorship, Political Criticism, and the Public Sphere*, University Of Minnesota Press, 1994.

Rain Veetõusme et al., "Estonia-raising High the Roof Beams of Freedom of Expression", Mart Susi et al. eds., *Human Rights Law and Regulating Freedom of Expression in New Media: Lessons From Nordic Approaches*, Routledge, 2018.

Rebecca Tushnet, "Power Without Responsibility: Intermediaries and the First

Amendment", *George Washington Law Review*, Vol.76 No.4, 2008.

Richard Favata, "Filling the Void in First Amendment Jurisprudence: Is There a Solution for Replacing the Impotent System of Prior Restraints?", *Fordham Law Review*, Vol.7 No.1, 2003.

Roger Haydock, "Constitutional Law — Freedom of Expression — Permissive Bounds of Prior Restraint of Movies", *DePaul Law Review*, Vol.17, 1968.

Seth F. Kreimer, "Censorship by Proxy: The First Amendment, Internet Intermediaries, and the Problem of the Weakest Link", *University of Pennsylvania Law Review*, Vol.155 No.1, 2006.

Stephen R. Barnett, "The Puzzle of Prior Restraint", *Stanford Law Review*, Vol.29 Vo.3, 1977.

Steve Helle, "Prior Restraint by the Backdoor: Conditional Rights", *Villanova Law Review*, Vol.39 No.4, 1994.

Thomas I. Emerson, "The Doctrine of Prior Restraint", *Law & Contemporary Problems*, Vol.20 No.4, 1955.

Thomas I. Emerson, "Toward a General Theory of the First Amendment", *Yale Law Journal*, Vol.72 No.5, 1963.

Thomas Kasakowskij et al., "Network Enforcement as Denunciation Endorsement? A Critical Study on Legal Enforcement in Social Media", *Telematics and Informatics*, Vol.46, 2020.

Thomas R. Litwack, "The Doctrine of Prior Restraint", *Harvard Civil Rights-Civil Liberties Law Review*, Vol.12 No.3, 1977.

Thomas Scanlon, "A Theory of Freedom of Expression", *Philosophy & Public Affairs*, Vol.1 No.2, 1972.

Thomas Scanlon, "Freedom of Expression and Categories of Expression", *University of Pittsburgh Law Review*, Vol.40 No.4, 1979.

Tim Wu, "Is the First Amendment Obsolete?", Lee C. Bollinger & Geoffrey R. Stone eds., *The Free Speech Century*, Oxford University Press, 2019.

Vincent Blasi, "Toward a Theory of Prior Restraint: The Central Linkage", *Minnesota Law Review*, Vol.66 No.1, 1981.

W. Schramm, "How Communication Works", W. Schramm ed., *The Process and Effects of Mass Communication*, University of Illinois Press, 1954.

William Medlen, "Inside Edition: Out of a Prior Restraint and above the Law?", *Loyola of Los Angeles Entertainment Law Review*, Vol.13 No.1, 1992.

William T. Mayton, "Toward a Theory of First Amendment Process: Injunctions of Speech Subsequent Punishment and the Costs of the Prior Restraint Doctrine", *Cornell Law Review*, Vol.67 No.2, 1982.

健助久保, "檢閱の槪念に關する諸說の關係について", 「日本女子體育大學紀要」 33號, 2003.

高橋正俊, "檢閱について", 「法學」 50卷 7號, 1987.

高野敏樹, "「表現の自由」の事前抑制と「檢閱」: 裁判所による出版の事前差止めの合憲性", 「調布學園女子短期大學紀要」 20號, 1987.

廣瀨孝, "名譽權に基づく出版差止め北方ジャーナル事件以降の裁判例の整理", 「判例タイムズ」 1470號, 2020.

芦部信喜, "機能的『檢閱』槪念の意義と限界", 芦部編, 「日本國憲法の理論-佐藤功先生古稀記念論文集」, 有斐閣, 1986.

浜田純一, "稅關檢査と檢閱", 樋口·野中編, 「憲法の基本判例」, 第2版, 有斐閣, 1996.

山內一夫, "「稅關檢閱」の合憲性", 「ジュリスト」 232號, 1961.

山內一夫, "稅關檢査合憲判決に對する批判: 結論はともかく, 論旨が問題", 「ジュリスト」 830號, 1985.

三浦嘉久, "わが國における映畫檢閱槪念の成立", 「法律時報」 54卷 3號, 1982.

長岡徹, "檢閱と事前抑制", 「ジュリスト」 1089號, 1996.

佐藤幸治, "表現の自由", 芦部編, 「憲法Ⅱ人權(1)」, 有斐閣, 1978.

中村睦男, "表現の自由と事前規制の合憲性", 「ジュリスト」 830號, 1985.

池端忠司, "表現の事前抑制と檢閱", 高橋·大石編, 「憲法の爭点」, 第3版, 有斐閣, 1999.

太下義之, "文化專門職と表現の自由", 「法學セミナー」 786號, 2020.

阪本昌成, "プライバシー權と事前抑制·檢閱", 「ジュリスト」 867號, 1986.

浦部法穗, "教科書檢定の檢閱性", 「ジュリスト」 863號, 1986.

海野敦史, "「通信に對する檢閱」の可能性を踏まえた檢閱禁止の法理の再評價", 「InfoCom REVIEW」 63號, 2014.

戶波江二, "檢閱槪念の再檢討", 高兒勝利ほか編, 「日本國憲法解釋の再檢討」, 有斐閣, 2004.

和田洋一, "檢閱とは何か-檢定の問題をも含めて-", 「人文學」 87號, 1966.

橫田耕一, "有害圖書規制による靑少年保護の合憲性", 「ジュリスト」 947號, 1989.

3. 세미나 자료

국회입법조사처·국회의원 송희경/신용현/김경진 주최, 「인터넷 접속 차단 정책 현황 및 과제 세미나 자료집」, 2019.

문재완, "SNS 규제와 표현의 자유", 「제38대 한국언론학회 제1차 기획연구 '한국사회의 정치적 소통과 SNS' 세미나 자료집」, 2012.

이종훈, "상업광고에 대한 사전검열의 헌법적 문제: 헌법재판소 판례이론을 중심으로", 「헌법실무연구」 제17권, 2017.

이준상, "지정토론문", 제8회 한국법률가대회 제1세션 제1분과 세미나, 「저스 티스」 통권 제134-2호, 2013.

조소영, "헌법실무연구회 제149회 발표회 지정토론문", 「헌법실무연구」 제17 권, 2017.

지성우, "한국 헌법상 표현의 자유에 관한 고찰: 역사, 현재 그리고 미래", 「헌법재판연구원 제8회 국제학술심포지엄 발표자료집」, 2019.

올리버 쥬메, "유럽의 정보매개자 책임: 전자상거래 지침을 중심으로", 사단 법인 오픈넷·국회입법조사처 외 주최, 「정보매개자책임의 국제적 흐름 세미나 자료집」, 2015.

4. 기관 발간물

[국가기관 발간물]

국가인권위원회 상임위원회 결정, 정보통신심의제도에 대한 개선권고, 2010. 10. 18.

국회 제35회(임시회), 본회의 제34차 회의 회의록, 1960. 6. 11.

국회 제103회, 헌법개정심의특별위원회 제7차 회의(공청회) 회의록, 1980. 1. 16.

국회 제103회, 헌법개정심의특별위원회 제8차 회의(공청회) 회의록, 1980. 1. 18.

국회 제103회, 헌법개정심의특별위원회 제9차 회의(공청회) 회의록, 1980. 1. 19.

국회 제103회, 헌법개정심의특별위원회 제10차 회의(공청회) 회의록, 1980. 1. 22.

국회 제103회, 헌법개정심의특별위원회 제11차 회의(공청회) 회의록, 1980. 1. 23.

국회 제103회, 헌법개정심의특별위원회 제20차 회의 회의록, 1980. 5. 9.

국회 제135회, 헌법개정특별위원회 제7차 회의 회의록(부록), 1987. 8. 31.

국회도서관,「세계의 헌법: 40개국 헌법 전문」, 제3판, 2018.

김문현 외,「기본권 영역별 위헌심사의 기준과 방법」, 헌법재판소, 2008.

김민규 외,「검열과 등급분류 사이: 세계 심의제도 현황」, 한국콘텐츠진흥원, 2003.

김상환, "표현행위의 사전금지를 구하는 가처분사건에 관한 법원의 심사기준과 절차(대법원 2005. 1. 17. 자 2003마1477 결정)", 대법원 헌법연구회 편저,「헌법판례해설 1」, 사법발전재단, 2010.

김선희,「캐나다에서의 헌법적 대화」, 헌법재판연구원, 2018.

김유향, "허위정보 해외법제 현황",「외국입법 동향과 분석」제20호, 국회입법조사처, 2019.

김종현,「이른바 '가짜뉴스'에 관한 헌법적 연구」, 헌법재판연구원, 2019.

김현귀,「인터넷 서비스 제공자를 통한 인터넷상 표현의 자유 제한」, 헌법재판연구원, 2014.

김현귀,「인터넷 접근권에 대한 연구: 표현의 자유에 의하여 보호되는 새로운 기본권」, 헌법재판연구원, 2019.

대한민국국회,「헌법개정심의록」제1집, 1967a.

대한민국국회,「헌법개정심의록」제2집, 1967b.

박선영, "헌법 제21조", 한국헌법학회 편,「헌법주석서 Ⅰ」, 법제처, 2010.

박찬호,「비교법 연구 방법론에 대한 고찰」, 한국법제연구원, 2006.

박희영, "독일의 가짜뉴스에 대처하기 위한 '소셜 네트워크 법집행법'",「최신외국법제정보」2018년 제4호, 한국법제연구원, 2018.

방송통신위원회, (보도자료) 방통위, "불법정보를 유통하는 해외 인터넷사이트 차단 강화로 피해구제 확대", 2019. 2. 12.

방송통신위원회, (설명자료) 해외 불법사이트 차단은 통신·데이터 감청과 무관합니다., 2019. 2. 14.

법제처 편,「헌법연구반 보고서」, 1980.

이동후 외,「온라인 상 혐오표현 유통방지를 위한 법제도 개선 방안 연구」, 방송통신위원회, 2019.

이인호, "표현의 자유", 헌법재판연구원 편,「헌법재판 주요선례연구 1」, 헌법재판연구원, 2012.

이인호 외,「정보통신기술의 발전과 기본권에 관한 연구」, 헌법재판소, 2014.

이향선,「가짜뉴스 대응 개선을 위한 정책 방향 연구」, 방송통신심의위원회, 2018.

이혜진,「일본헌법재판의 최신동향: 2000년대 이후를 중심으로」, 헌법재판연구원, 2017.

정관선·박진애, "유럽의 허위조작정보 대응 입법례", 「최신 외국입법정보」 제110호, 국회도서관, 2019.

정재황 외, 「사이버공간상의 표현의 자유와 그 제한에 관한 연구」, 헌법재판소, 2002.

지성수, "구 음반·비디오물 및 게임물에 관한 법률 제18조 제5항 위헌소원", 「헌법재판소결정해설집 2007」, 2008.

최규환, 「인터넷콘텐츠호스트의 사적 검열에 대한 헌법적 검토」, 헌법재판연구원, 2019.

최진응·신용우, "https 접속 차단 정책의 현황 및 개선 과제", 「이슈와 논점」 제1575호, 2019.

헌법위원회, 「헌법재판자료」 제3집, 1980.

헌법재판연구원, "정보조작대처법률이 헌법에 합치하는지 여부", 「세계헌법재판동향」 2019년 제4호, 2019.

Kathleen A. Ruane, *Freedom of Speech and Press: Exceptions to the First Amendment*, Congressional Research Service, 2014.

[국제기구 발간물]

D. Kaye, Open Letter to the German Chancellor Concerning the Draft Law "Netzwerkdurchsetzungsgesetz", United Nations Human Rights Council, OL DEU 1/2017, 2017.

D. Kaye, Report of Special Rapporteur on the Promotion and Protection of the Right to Freedom of Opinion and Expression, United Nations Human Rights Council, A/HRC/38/35, 2018.

Frank La Rue, Report of Special Rapporteur on the Promotion and Protection of the Right to Freedom of Opinion and Expression, United Nations Human Rights Council, A/HRC/17/27, 2011.

Recommendation CM/Rec(2016) of the Committee of Ministers to Member States on Internet Freedom, adopted by the Committee of Ministers on 13 April 2016 at the 1253rd meeting of the Ministers' Deputies.

UN Human Rights Committee, General Comment 34, CCPR/C/GC/34, 2011.

Wiener Akademikerbund, Identifying and Countering New Forms of Censorship, OSCE Office for Democratic Institutions and Human Rights, NGO/0038/17/EN, 2017.

5. 신문기사

뉴스1, '소녀상 전시 중단 요구' 日나고야시 시장 "검열 아니다", 2019. 8. 9., http://news1.kr/articles/?3692059(최종접속일: 2021.9.6.)

뉴스1, 소녀상 전시 중단은 '검열'…재개 기쁘지만 조건부라 죄송, 2019. 10. 10., http://news1.kr/articles/?3740356(최종접속일: 2021.9.6.)

서울경제, [단독]'불법사이트 차단 조치' 위헌 심판 받는다, 2019. 8. 12., https://www.sedaily.com/NewsVIew/1VMXWOF16I(최종접속일: 2021.9.5.)

슬로우뉴스, 프랑스 '인터넷 혐오 표현 금지법', 결국 통과하다, 2020. 5. 21., https://slownews.kr/76333(최종접속일: 2021.9.6.)

슬로우뉴스, 프랑스 '정보조작대처법', 결국 통과되다, 2018. 11. 21., https://slownews.kr/71699(최종접속일: 2021.9.6.)

임상혁, 헌재 판례상 검열기관의 의미에 관한 재고찰, 법률신문, 2005. 10. 17., https://www.lawtimes.co.kr/Legal-Opinion/Legal-Opinion-View?serial=17266(최종접속일: 2021.9.5.)

중앙일보, 소녀상 철거에 일본서도 반발…"전후 일본 최대 검열사건", 2019. 8. 4., https://news.joins.com/article/23543422(최종접속일: 2021.9.6.)

The New York Times, "Korea Policing the Net. Twist? It's South Korea", 2012. 8. 12., https://www.nytimes.com/2012/08/13/world/asia/critics-see-south-korea-internet-curbs-as-censorship.html(최종접속일: 2021.9.4.)

6. 인터넷 자료

국가인권위원회, 세계인권선언, https://www.humanrights.go.kr/common/download.jsp?fn=UNIVERSAL_DECLARATION_OF_HUMAN_RIGHTS(korean).pdf&realname=UNIVERSAL_DECLARATION_OF_HUMAN_RIGHTS(korean).pdf (최종접속일: 2021.9.5.)

국립국어원 표준국어대사전, 검열1, https://stdict.korean.go.kr/search/searchView.do?word_no=391695&searchKeywordTo=3(최종접속일: 2021.9.4.)

김도경, "인터넷상 혐오 발언 처벌법, 표현과 소통의 자유와 공공질서 유지 사이의 갈등: 프랑스 헌법재판소 2020년 6월 18일 결정을 중심으로", 헌법재판연구원 국외통신원 소식, 2020. 8. 26., https://ri.ccourt.go.kr/cckri/cri/world/stringerNewsInfoView.do(최종접속일: 2021.9.6.)

두산백과, 성실재판소, https://www.doopedia.co.kr/doopedia/master/master.do?
　　_method=view&MAS_IDX=101013000734548(최종접속일: 2021.9.4.)
사단법인 오픈넷, 부가통신사업자에 불법촬영물 유통방지 의무 지우는 전기
　　통신사업법 시행령 개정령안에 대한 의견서 제출, 2020. 9. 20., https:
　　//opennet.or.kr/18773(최종접속일: 2021.9.4.)
사단법인 오픈넷, 세계 각국의 정보인권단체들, 정보매개자책임에 관한 마
　　닐라원칙 선언, 2015. 3. 31., https://opennet.or.kr/8732(최종접속일: 20
　　21.9.6.)
사단법인 오픈넷, 정보매개자에게 일반적 감시의무 지우는 전기통신사업법
　　제22조의5 제2항은 위헌! 오픈넷, n번방 방지를 빙자한 인터넷 검열
　　감시법에 대해 헌법소원 청구, 2021. 3. 15., https://opennet.or.kr/19463
　　(최종접속일: 2021.9.4.)
사단법인 오픈넷, n번방 방지법에 중요한 시사점을 던져주는 프랑스 헌법재판
　　소의 인터넷 혐오표현 금지법(아비아법) 위헌 결정을 환영한다, 2020.
　　7. 20., https://opennet.or.kr/18500(최종접속일: 2021.9.6.)
청와대 국민청원, https 차단 정책에 대한 반대 의견, https://www1.president.go.
　　kr/petitions/522031(최종접속일: 2021.9.5.)
ARTICLE 19, France: Avia Law is Threat to Online Speech, 2020. 5. 13., https://
　　www.article19.org/resources/france-avia-law-is-threat-to-online-speech
　　(최종접속일: 2021.9.6.)
Belgium's Constitution of 1831 – Constitute, https://constitute-staging.appspot.com/
　　constitution/Belgium_1831.pdf?lang=en(최종접속일: 2021.9.4.)
Freedom House, Freedom on the Net 2018: The Rise of Digital Authoritarianism,
　　https://freedomhouse.org/report/freedom-net/2018/rise-digital-authorita
　　rianism(최종접속일: 2021.9.4.)
HeinOnline, World Constitutions Illustrated, http://lps3.heinonline.org.libproxy.snu.
　　ac.kr/HOL/Index?collection=cow&set_as_cursor=clear(최종접속일: 2021.
　　9.4.)
Internet Hotline Center Japan, http://www.internethotline.jp(최종접속일: 2021.9.5.)
Law of the Russian Federation: ON MASS MEDIA, https://www.wipo.int/edocs/lex
　　docs/laws/en/ru/ru235en.pdf(최종접속일: 2021.9.5.)
Manila Principles on Intermediary Liability, https://www.manilaprinciples.org/ko
　　(최종접속일: 2021.9.6.)
On Mass Media: The Law of the Republic of Kazakhstan dated 23 July 1999 No.

451-I, https://www.wipo.int/edocs/lexdocs/laws/en/kz/kz084en.pdf(최종
　　접속일: 2021.9.5.)

OpenNet Initiative, About Filtering, https://opennet.net/about-filtering(최종접속
　　일: 2021.9.5.)

OpenNet Initiative, Global Internet Filtering in 2012 at a Glance, 2012. 4. 3., https:
　　//opennet.net/blog/2012/04/global-internet-filtering-2012-glance(최종접
　　속일: 2021.9.4.)

The Constitution of 1791, https://wp.stu.ca/worldhistory/wp-content/uploads/sites
　　/4/2015/07/French-Constitution-of-1791.pdf(최종접속일: 2021.9.4.)

University of Minnesota Human Rights Library, 미주인권협약, http://hrlibrary.
　　umn.edu/instree/K-zoas3con.html(최종접속일: 2021.9.4.)

You Rate It, https://www.yourateit.eu(최종접속일: 2021.9.5.)

찾아보기

밈(meme) 229

바

방송통신심의위원회 68, 209-210, 220

방송통신위원회 220, 227, 261, 262-264

방화장성(防火長城, the Great Firewall) 65-66, 210, 217

불법촬영물 68, 240

비공개성 38, 65, 75, 203, 223, 248, 254-255, 264-265, 267

사

사문제도(査問制度, inquisition) 17

사법기관 12, 32-36, 57, 74, 103, 107, 114, 119, 125-129, 134, 136, 144, 146-147, 152-153, 155, 157, 160-161, 165, 173, 175, 201, 202, 220, 224, 231-238, 242, 248-250, 253, 257, 263, 267

사상의 자유시장 29-30, 36, 37-38, 181, 195, 227, 234, 241

사적 검열 69, 179, 238, 241, 245

사전검열 25, 40, 43, 54, 57, 60-63, 93-96, 98, 101-103, 107, 115, 173, 192-196

사전심의 51, 54, 55, 62, 190, 192, 200, 256, 261, 265-266

사전제한 22-26, 31-37, 46, 74, 76, 111, 114-115, 131-153, 162, 165-167, 170, 181-182, 187, 221, 227, 250

사후검열 94-95, 101-103, 107

사후처벌 23, 29, 31-38, 181, 221, 236

상업광고 3, 59-63, 77-78, 80-81, 82-83, 85, 87

서적상조합(stationers' company) 17-20, 39, 239

순환적 커뮤니케이션 모델 228-229

시기지연성 38, 65, 75, 175, 203, 207, 223, 248, 257, 264-265, 266

신문지법 224-225

판례색인

1. 국내판례

2. 외국판례

[미국]

임효준

[약력]

서울대학교 법과대학 졸업(법학사)
서울대학교 법학전문대학원 졸업(법학전문석사)
서울대학교 대학원 박사과정 졸업(법학박사, 헌법전공)
제5회 변호사시험 합격
방송통신위원회, 북부지방산림청 공익법무관
現 헌법재판소 헌법연구관

[주요논문]

인터넷 매체 선거운동의 활성화를 통한 소수자의 정치적 표현의 자유 제고(공저, 공익과 인권
　　통권 제12호, 2012)
상업광고 제한 입법에 대한 헌법재판소의 완화된 심사기준(헌법재판연구 제3권 제2호, 2016)
현행 음악영상물 심의제도의 문제점과 개선방안(미디어와 인격권 제3권 제2호, 2017)
공개된 개인정보의 동의 없는 수집·이용의 범위(경제규제와 법 제11권 제1호, 2018)
헌법상 검열금지 법리에 관한 연구-매체환경 변화와 관련하여-(서울대학교 법학박사학위
　　논문, 2021)

매체환경 변화와 검열금지

초판 인쇄　2022년 2월　3일
초판 발행　2022년 2월 10일

저　　자　임효준
펴낸이　　한정희
펴낸곳　　경인문화사
등　록　　제406-1973-000003호
주　소　　경기도 파주시 회동길 445-1 경인빌딩 B동 4층
전　화　　(031) 955-9300　팩　스　(031) 955-9310
홈페이지　www.kyunginp.co.kr
이메일　　kyungin@kyunginp.com

ISBN　978-89-499-6612-0　93360
값　24,000원

● 학술원 우수학술 도서
▲ 문화체육관광부 우수학술 도서